普通高等教育"三海一核"系列规划教材

极地船舶的冰区航行性能

倪宝玉 薛彦卓 武奇刚 韩端锋 袁广宇 编著

科学出版社

北京

内 容 简 介

极地开发的迫切需求促使了极地船舶的大力发展。与开敞水域不同，极地船舶遭受的主要环境载荷由波浪变为了海冰，海冰引起的船舶航行性能的巨大变化已经成为制约极地船舶设计研发和安全运行面临的核心问题之一。由于海冰力学性质和船-冰作用过程的复杂性，对于极地船舶的阻力、推进和操纵等航行特性，无论在理论、数值还是实验分析上都存在巨大挑战。以此为背景，本书围绕极地船舶的冰区航行性能这一主题，遵循"海冰和极地船舶(两基础)→阻力、推进和操纵性能(三核心)→结冰稳性、风险评估和破冰方法(三扩展)"的逻辑，分别介绍了海冰基本性质和极地船舶的分类及特点，极地船舶的阻力、推进及操纵性能，极地船舶的结冰稳性，风险评估和辅助破冰方法等内容。

本书既可以作为高年级本科生或研究生相应课程的教学用书，也可为从事极地船舶与海洋工程相关专业工作的科技人员提供一些参考。

图书在版编目(CIP)数据

极地船舶的冰区航行性能 / 倪宝玉等编著. —— 北京：科学出版社，2025.3.
(普通高等教育"三海一核"系列规划教材). —— ISBN 978-7-03-080807-3

I. U675.5

中国国家版本馆 CIP 数据核字第 2024 JM3839 号

责任编辑：刘信力　田轶静／责任校对：高辰雷
责任印制：张　伟／封面设计：蓝正设计

科学出版社 出版
北京东黄城根北街16号
邮政编码：100717
http://www.sciencep.com

北京九州迅驰传媒文化有限公司印刷
科学出版社发行　各地新华书店经销
*
2025年3月第 一 版　开本：787×1092　1/16
2025年7月第二次印刷　印张：11 1/2
字数：286 000
定价：88.00元
(如有印装质量问题，我社负责调换)

前　言

由于北极海冰的覆盖面积和厚度持续缩减，北极的拓展开发日趋现实和重要，巨大的经济利益和重要的发展意义促使国际市场对极地船舶的需求越来越迫切。极地是我国四大战略新疆域之一，极地战略是"海洋强国"战略的重要组成部分。开发极地，极地海洋装备研发必须先行。船舶从开敞水域进入极地水域面临严峻挑战，遭受的主要环境载荷由波浪变为海冰，对船-冰作用特征及海冰引起的船舶航行性能变化认识不充分已经成为制约极地船舶设计研发和安全运行面临的核心问题之一。由于海冰物理和力学性质的复杂性，船-冰作用过程的不确定性，对于极地船舶的阻力、推进和操纵等航行特性，无论在理论、数值还是实验分析上都存在巨大挑战。近年来，极地船舶航行性能方面的研究也成为船舶与海洋工程领域的一大热点和难点问题。

在国内外相关研究的基础上，本书围绕极地船舶的冰区航行性能这一主题，循序渐进、由简入繁地阐述了相关方面的研究和应用情况。全书共分为8章：第1章为海冰基本性质，主要介绍海冰的物理和力学性质，为后续极地船舶的冰区性能分析提供载荷输入；第2章为极地船舶的分类及特点，主要介绍极地船舶的分类方法及极地船舶的典型特征；第3章为极地船舶的阻力特性，主要介绍极地船舶的阻力成分、阻力预报方法及减阻技术；第4章为极地船舶的推进特性和主机功率预报，主要介绍极地船舶推进器特征及其与海冰的相互作用，极地船舶的主机功率预报方法；第5章为极地船舶的操纵特性，从经验、试验以及数值三个方面对极地船舶操纵性能的预报方法进行介绍；第6章为极地船舶的结冰稳性，主要介绍船舶结冰机理、积冰预报方法以及船舶结冰稳性的研究进展；第7章为极地船舶的风险评估，主要介绍海冰条件下极地船舶冰困风险评估原理及方法；第8章为气垫破冰船及其破冰原理，主要介绍气垫破冰船在低速破冰以及高速破冰两种模式下的破冰原理。本书第3章、第4章由倪宝玉统稿；第1章、第2章由武奇刚统稿；本书第5章、第7章由薛彦卓统稿；第6章由韩端锋统稿；第8章由袁广宇统稿。本书的整体逻辑关系是：海冰和极地船舶(两基础)→阻力、推进和操纵性能(三核心)→结冰稳性、风险评估和破冰方法(三扩展)。

本书部分内容是在哈尔滨工程大学极地装备技术工业和信息化部重点实验室、中国-俄罗斯极地技术与装备"一带一路"联合实验室研究工作成果上发展而来的(后续的相关研究仍在不断进展之中)，同时也参考和引用了国内外相关的大量经典研究和前沿进展成果，旨在更加全面系统地反映当前国内外在极地船舶的冰区航行性能方面的研究成果。本书既可以作为高年级本科生或研究生相应课程的教学用书，也可为从事极地船舶与海洋工程相关专业工作的科技人员提供一些参考。

书中部分研究成果得到国家自然科学基金(Nos.52192690，52192693和52371270)的资助，作者在此深表谢意。作者还要特别感谢哈尔滨工程大学王庆教授、鲁阳副教授(辅助撰写本书第7章)、狄少丞副教授、鞠磊副教授、王永魁(辅助撰写本书第6章)等在本书撰写过程中的有益讨论和帮助；感谢团队已毕业的研究生周朔、李好纯、王亚婷，在读博士生谭浩、张晨曦、魏宏宇、孙林华、周展羽、王鑫、刘玥君、熊航、梁闯和在读硕士生任旭晨、张育智等对本书编写工作的协助。

由于作者水平有限，书中存在疏漏和不足之处在所难免，敬请各位专家学者批评指正。

全体作者
2024 年 8 月 1 日于哈尔滨

目　　录

前言
符号表

第 1 章　海冰基本性质 ··· 1
1.1　概述 ··· 1
1.2　海冰的分类 ··· 1
1.2.1　依据海冰发展阶段分类 ··· 1
1.2.2　依据海冰表层形态分类 ··· 3
1.2.3　依据海冰密集度分类 ·· 4
1.2.4　依据海冰冰型分类 ··· 4
1.3　海冰的物理性质 ··· 5
1.3.1　海冰的晶体结构 ·· 5
1.3.2　海冰的结冰过程简述 ·· 9
1.3.3　海冰的主要物理参数 ·· 9
1.4　海冰的力学性质 ·· 14
1.4.1　海冰的强度及主要破坏模式 ··· 14
1.4.2　海冰的力学性质试验 ·· 15
1.4.3　影响海冰强度的物理因素 ·· 23
1.5　海冰的动力学本构关系和热力学过程 ·· 27
1.5.1　海冰动力学本构关系 ·· 27
1.5.2　海冰热力学过程 ··· 30
1.6　小结 ·· 33
参考文献 ·· 33

第 2 章　极地船舶的分类及特点 ·· 36
2.1　概述 ·· 36
2.2　极地船舶的分类 ·· 36
2.2.1　依据用途分类 ·· 36
2.2.2　依据冰级分类 ·· 39
2.3　极地船舶的典型特征 ·· 40
2.3.1　船舶结构与布置 ··· 40
2.3.2　船舶防寒 ·· 45
2.4　小结 ·· 48
参考文献 ·· 48

第 3 章　极地船舶的阻力特性 ··· 50
3.1　概述 ·· 50
3.2　冰阻力经验预报方法 ·· 51
3.2.1　平整冰区冰阻力预报方法 ······································· 51
3.2.2　浮冰区冰阻力预报方法 ·· 55
3.3　冰阻力模型试验研究方法 ··· 57
3.3.1　模型律和模型比尺 ··· 57
3.3.2　模型试验方法 ··· 58
3.3.3　模型试验结果分析方法 ·· 61
3.4　冰阻力数值模拟方法 ·· 63
3.4.1　CFD-DEM 耦合模拟基本理论 ································· 63
3.4.2　CFD-DEM 耦合模拟应用案例 ································· 67
3.5　极地船舶的减阻技术 ·· 70
3.5.1　气泡辅助破冰系统 ··· 70
3.5.2　冲水润滑辅助系统 ··· 73
3.6　小结 ·· 74
参考文献 ·· 74

第 4 章　极地船舶的推进特性和主机功率预报 ······················· 77
4.1　概述 ·· 77
4.2　海冰与极地船舶推进器的相互作用 ································ 77
4.2.1　极地船舶推进器选型 ··· 77
4.2.2　海冰对螺旋桨的影响 ··· 80
4.2.3　冰桨接触理论预报方法 ·· 81
4.2.4　冰桨接触试验预报方法 ·· 86
4.2.5　冰桨接触数值模拟方法 ·· 88
4.3　极地船舶主机功率的预报方法 ······································· 91
4.3.1　航速-阻力经验公式预报法 ······································ 91
4.3.2　规范预报法 ··· 92
4.3.3　数值模拟及试验预报方法 ······································· 93
4.4　小结 ·· 96
参考文献 ·· 96

第 5 章　极地船舶的操纵特性 ·· 98
5.1　概述 ·· 98
5.2　经验预报方法 ··· 98
5.2.1　操纵运动方程 ··· 98
5.2.2　裸船体力和力矩 ·· 99
5.2.3　螺旋桨和舵的力和力矩 ·· 101
5.2.4　冰力和冰力矩 ··· 102

目 录

- 5.3 试验预报方法 ... 107
  - 5.3.1 回转试验 ... 107
  - 5.3.2 破离航道试验 ... 109
  - 5.3.3 星型操纵试验 ... 110
- 5.4 数值预报方法 ... 111
  - 5.4.1 船舶敞水操纵性验证 ... 111
  - 5.4.2 船舶冰区操纵性数值模拟 ... 112
  - 5.4.3 极地冰区船舶操纵性影响因素分析 ... 113
- 5.5 小结 ... 115
- 参考文献 ... 115

第 6 章 极地船舶的结冰稳性 ... 117
- 6.1 概述 ... 117
- 6.2 结冰原因及危害 ... 117
  - 6.2.1 结冰发生区域 ... 117
  - 6.2.2 极地船舶结冰分类 ... 118
  - 6.2.3 船舶结冰危害 ... 119
- 6.3 结冰机理及积冰预报方法 ... 119
  - 6.3.1 海水飞沫结冰物理过程 ... 119
  - 6.3.2 结冰研究进展及难点 ... 120
  - 6.3.3 船舶积冰计算方法 ... 124
- 6.4 计及结冰因素的船舶稳性 ... 126
  - 6.4.1 船舶结冰稳性研究进展 ... 126
  - 6.4.2 积冰对船舶稳性的影响 ... 127
- 6.5 小结 ... 130
- 参考文献 ... 131

第 7 章 极地船舶的风险评估 ... 133
- 7.1 概述 ... 133
- 7.2 风险评估原理 ... 133
  - 7.2.1 风险的定义 ... 133
  - 7.2.2 风险评估内容及流程 ... 133
  - 7.2.3 风险接受准则 ... 134
  - 7.2.4 风险评估中的不确定性 ... 136
- 7.3 不确定性条件下极地船舶冰困风险评估 ... 137
  - 7.3.1 极地船舶冰困风险因素识别 ... 137
  - 7.3.2 极地船舶冰困概率与后果建模研究 ... 140
- 7.4 小结 ... 147
- 参考文献 ... 148

第 8 章　气垫破冰船及其破冰原理 ·· 150
8.1　概述 ··· 150
8.2　气垫破冰船低速破冰原理 ··· 152
8.2.1　冰下气腔的形成与传播 ··· 152
8.2.2　气垫破冰船低速破冰能力评估 ···································· 156
8.3　气垫破冰船高速破冰原理 ··· 159
8.3.1　兴波特点及临界速度 ·· 160
8.3.2　气垫破冰船高速破冰能力影响因素分析 ······················· 162
8.4　小结 ··· 165
参考文献 ··· 166

符 号 表

符号	含义
A	试样初始横截面积
A_{WF}	船体艏部水线面面积
A_r	舵面积
$\tilde{A}$	U 上的一个模糊集合
$\tilde{A}^{(k)}$	某层级指标的模糊判断矩阵
a	试样厚度
a_i	海冰失效前在船舶前进方向的最大位移
$\tilde{a}_{ij}^{(k)}$	第 k 个专家判定的第 i 个元素对第 j 个元素的相对重要性
B	船宽
b	试样宽度
b_r	舵宽
b_i	网格积冰厚度
C	事件产生后果
C_D	舵的拖曳力系数
C_L	舵的升力系数
C_Q	舵的阻力系数
C_i	冰覆盖面积
C_h	船体环境系数
C_s	海水盐度系数
C_b	方形系数
C_t	总阻力系数
C_f	摩擦阻力系数
C_r	剩余阻力系数
ΔC_f	粗糙度补贴系数
C_d	无因次的系数
C_0	经验系数，一般取 $C_0 = 20$
CCS	中国船级社
CFD	计算流体力学
c	相速度
c_g	群速度
c_{cri}	临界速度
c_0	黏结力
D_0	冰上表面的等效直径
D_i	破碎冰块的深度
D^{el}	材料的杨氏模量矩阵
d	深度
d_0	吃水
d_D	飞沫直径
d_h	气垫船下方的水面凹陷深度

续表

$d\varepsilon_{ij}$	海冰屈服的总应变增量
$d\varepsilon_{ij}^{e}$	海冰屈服的弹性应变增量
$d\varepsilon_{ij}^{p}$	海冰屈服的塑性应变增量
$d\sigma_{ij}$	海冰的塑性应力增量的张量形式
$d\lambda$	塑性标量因子
E	海冰的杨氏模量
E_0	密集度 $N_{\max}$ 时海冰的杨氏模量
$F_{\max}$	试验过程中外载荷的最大值
F_h	艏部水平力
F_v	艏部竖向力
F_{hi}	海冰水平作用力
F_{h_i}	艏部浮力的水平作用力
Fr	弗劳德数
f	气垫移动载荷
f_{tl}	木材和绑扎设备因子
$f(\sigma_{ij})$	屈服函数
G	海冰的剪切杨氏模量
G_c	计算清冰力矩的经验参数
GZ	静稳性力臂
GM	积冰前的船舶初稳性高
GM'	考虑积冰时的初稳性高
GG_1	在横倾力矩作用下船舶重心移动的距离
g	重力加速度
g_{pp}	塑性势函数
H	水深
H_s	有义波高
h_I	冰厚
h_1	水面上的海冰厚度
h_2	水面下的海冰厚度
h_s	雪厚
I_0	冰面太阳辐射的透射量
I_{zz}	船舶转动方向的转动惯量
IMO	国际海事组织
J_{zz}	绕 z 轴附加惯性矩
j	经验系数,一般取 $j=15$
K	海冰杨氏模量
K_c	莫尔-库仑屈服准则所对应的最小无量纲化主应力
K_d	莫尔-库仑屈服准则所对应的最大无量纲化主应力
K_{eff}	有效分布系数
K_h	气垫伸长率影响系数
K_P	冰层破坏的比能
K_{pa}	钝化应力 (土力学)
K_0	压力项转换系数
K_1	静止侧压力系数

续表

符号	含义
KG	船舶重心高度
KN	形状稳性力臂
k	波数
k_e	推进系数
k_i	海冰的热传导系数
L	船长
L_{FB}	干舷高度
L_{WL}	船舶水线长
L_{bow}	船首部分长度
L_{pp}	垂线间长
L_{par}	水线处平行中体的长度
LMDLT	最低日均低温
LWC	液态水含量
l	试样长度
l_a	海冰的平均破坏长度
l_{bow}	船首外飘区域长度
l_c	海冰的特征长度
l_d	两个加载点间的距离
l_i	海冰作用长度
$l、m、u$	三角模糊数 $\tilde{A}$ 的下限值、最可能值以及上限值
M	载荷重量
MAT	预期最低环境温度
m	船舶质量
m_I	海冰试样质量
m_L	液体总质量
m_{I-L}	海冰试样浸没入液体后的液体质量
m_{ice}	破碎浮冰产生的附加质量
m_x	x 方向附加质量
m_y	y 方向附加质量
N	海冰密集度
$\hat{N}$	船舶在转动方向上所受外载荷
N_I	冰力矩
N_b	破碎力矩
N_c	清冰力矩
N_e	主机功率
N_i	风险指标
N_m	每分钟上浪次数
$\hat{N}_s$	浸没力矩
NHT	数值传热学
n	船舶表面网格总数
P	事件发生概率
P_E	有效功率
P_h	气垫压力
P_s	上浪持续时间

续表

P_{vm}	单位长度上的最大垂向载荷
P_{va}	单位长度上的平均载荷
P_0	驻点处的压力
P_1	上游水平面任意一点 A 处的压力
parents(X_i)	变量 X_i 的父节点集合
PST	极地服务温度
p	单位面积的气垫压力
p_r	静水压力项；水平方向上的静水压力
p_0	静水压力
Q_{Lair}	大气的长波辐射量
Q_{Lice}	海冰的长波辐射量
Q_{LH}	海冰的潜热
Q_{SH}	海冰的感热
Q_{SW}	冰面太阳辐射强度
Q_W	海洋热通量
Q_{ct}	海冰内部热传导对表面传递的能量
Q_{bot}	海冰底面能量流通量
Q_c	海冰内热传导的热通量
Q_{cb}	从海冰流向底面的热量
Q_{top}	海冰表面发生能量交换的总和
Q_0	海冰表面的辐射热与对流热之和
q	融化单位体积海冰所需要的能量
R	事件的风险
R_B	浮冰阻力
R_g	回转半径
R_T	船舶冰中总阻力
R_w	摩擦水阻力
R_i	冰阻力
Re_h	船体的雷诺数
Re_r	舵的雷诺数
r	船舶转动方向的速度
$\dot{r}$	船舶转动方向的加速度
S	船舶湿表面积
S_S	海冰盐度
S_{bow}	船首部水平投影面积
S_h	气垫破冰船的气垫面积
S_i	海冰初始盐度
S_n	强度因子
S_I	海冰平均盐度
S_w	冰生长介面以外的海水盐度
s	气垫高度
s_i	网格面积
T	冰温
T_B	系柱拉力

续表

符号	含义
T_M	船舶吃水
T_{net}	克服海冰阻力且保证船舶前进的静推进力
U_r	船舶相对风速
U_0	移动载荷在冰盖上移动的速度
u	船舶前进方向的速度
$\dot{u}$	船舶前进方向的加速度
V	船舶航速，行驶中的合速度
V_I	冰生长速度
V_d	飞沫的速度
V_f	来流速度
V_{ow}	船舶的敞水速度
V_{sw}	波浪与船舶的相对速度
v	船舶横移方向的速度
v_1	气腔传播速度的大小
$\dot{v}$	船舶横移方向的加速度
v_I	海冰试样体积
v_a	气泡含量
v_b	卤水胞含量 (海冰卤水体积)
v_s	海冰孔隙率
v_{sf}	浮冰孔隙率
W_i	破碎冰块的宽度
X	给定一个论域
$\hat{X}$	船舶在前进方向上所受外载荷
X_r	舵位置
$\{X_1, X_2, \cdots, X_n\}$	一组随机变量
$\hat{Y}$	船舶在横移方向上所受外载荷
y_m	船舶与海冰接触端挠度
z	冰面深度
z_{bot}	海冰底面坐标
z_d	飞沫距离船舶甲板水平面的高度
α	弗劳德数
α_e	弹性基底参数
α_W	水线角
α_0	光线的反射率
β	艏部船体表面法线方向与铅垂线的夹角
γ	流体速度势函数
δ	碎冰侧壁的倾角
δ_{ij}	Kronecker 算子
δ_r	舵角
ε	船舶回转过程中的艏摇率
$\dot{\varepsilon}_{ij}$	二维应变率张量
ζ_V	海冰的块体黏性系数
η	船侧表面法线方向与铅垂线的夹角
η_V	海冰的剪切黏性系数

续表

θ		初始时刻的纵倾角
Λ		舵的展弦比
λ		船体浸水部分的展弦比
μ		摩擦系数
$\mu_{\tilde{A}}$		论域 X 到区间 $[0,1]$ 的任一映射
$\mu_{\tilde{A}}(x)$		元素 x 对于模糊集合 $\tilde{A}$ 的隶属度
ν		海冰的泊松比
ρ_a		空气密度
ρ_d		飞沫密度
ρ_I		海冰的密度
ρ_L		液体的密度
ρ_W		海水的密度
ρ_i		积冰密度
σ_c		海冰单轴压缩强度
σ_f		海冰弯曲强度
σ_t		海冰水平试样的拉伸强度
σ_{vt}		海冰垂直试样的拉伸强度
σ_τ		海冰剪切强度
σ_{ij}		二维应力
$\bar{\sigma}_z$		海冰在重力和浮力作用下在竖直方向上的平均应力
σ_1		第一主应力
σ_2		第二主应力
σ_3		第三主应力
τ'		船舶无量纲吃水差
ϕ		横倾角
ϕ_I		浮冰的内摩擦角
ϕ_0		积冰产生的固定横倾角
ϕ_1		波浪作用下的横倾角
ψ		外飘角
φ		船舶艏柱倾角
φ_0		内摩擦角
ω_d		海浪飞沫质量的密度
∇		船舶的排水体积

第 1 章 海冰基本性质

1.1 概 述

近年来受全球气候变暖影响，极地海冰面积逐渐缩减，极地通航、资源开发及环境保护等问题受到广泛关注。北极冰雪融化加速，北极在经济、科研、环保等方面的价值不断提升，北极航道通航和极地资源开发正逐步落实。南极有丰富的生物、矿产和淡水等资源，在全球生物资源多样性及全球气候平衡等方面都扮演着重要的角色，具有环境、历史、教育、科研、自然等方面的价值。由于气候的变化与科技的发展，南极的人类活动增多，南极保护区、南极旅游、生物勘探和南极大陆未来的开发利用等问题引起世界各国的关注。随着极地研究的深入，极地装备的研究越发重要，但是极地水域存在大量海冰，极地装备必须在冰水耦合环境中运行，因此冰–水–结构物的复杂耦合作用成为极地船舶和海洋工程结构物设计和运行的核心问题之一。

研究冰–水–结构物在复杂耦合作用下的极地结构物设计等问题的前提是充分了解海冰的基本性质，知悉海冰复杂的组成成分和结构。海冰不同于淡水冰，其种类较多，晶体结构复杂，冰晶尺寸各有不同，内部存在如杂质、卤水等宏观缺陷；同时海冰的形成发展受到温度、受力情况等外界因素的影响。海冰的物理性能、力学性能、破坏机理会受内部构造和外界因素的影响，海冰动力学和热力学问题具有重要的研究意义。由于海冰性质受诸多因素影响，海冰与冰区船舶和海洋结构物的作用目前仍无固定适用的数学物理模型，对于海冰的本构模型研究仍是一大难点。因此，海冰的物理力学性质、动力学与热力学过程的相关探索对研究极地/冰区装备与海冰相互作用问题具有重要作用。本章将从海冰的分类方法、海冰的物理性质、海冰的力学性质、海冰的动力学本构关系与热力学过程等几个方面介绍海冰的基本性质。

1.2 海冰的分类

海冰作为自然界存在的一种现象，涵盖在海上所见到的由海水冻结而成的任何形式的冰，亦包括进入海洋中的大陆冰川(冰川和冰岛)、河冰及湖冰，由固定冰和流冰组成。同时，海冰可以根据海冰发展阶段、海冰表层形态、海冰密集度、海冰冰型等进行划分。

1.2.1 依据海冰发展阶段分类

海冰发展阶段是指海冰生成的过程，主要依据海冰的形状或厚度差异划分。根据海冰的发展阶段将海冰分为：初生冰、尼罗冰、莲叶冰、初期冰、一年冰、老年冰等。初生冰是最初形成的冰的总称，由松散冰晶冻结在一起，只有聚集漂浮在海面时才具有一定的形状，根据形态又可细分为针状冰、油脂状冰、黏冰和海绵状冰。尼罗冰是指厚度小于 10cm 的有弹性的薄冰壳层，表面无光泽，在波浪和外力作用下易于弯曲和破碎，并能产生"指状"重叠现象。莲叶冰(饼冰)在涌浪小时，可由油脂状冰、黏冰或海绵状冰冻结而成，也可由尼罗冰破碎以及在大风浪或涌浪作用中的灰冰破碎而成。莲叶冰 (饼冰) 有时也在一定深度的不同物理特性水体的界面上形成后浮到海面，并可以迅速覆盖广大海面，如图 1.1 所示。初期冰是指尼罗冰向一年冰过渡阶段中的冰，厚度为 10~30cm，包括灰冰和灰白冰，如图 1.2 所示。一年冰 (当年冰) 是指由初期冰发展而成的，厚度为 30~200cm，生长时间不超过一个冬季的冰。老年冰是指至少经过一个夏季而未融尽的冰，典型冰厚能达到 3m 或更厚，外貌的主要特征是表面比一年冰平滑[1]。海冰发展阶段的具体划分详见表 1.1。

表 1.1 海冰按发展阶段分类及其特征[1]

分类		厚度	海冰特征
初生冰	针状冰	—	悬浮在水中的针状或薄片状
	油脂状冰	—	针状冰凝结，糊状，反光微弱，冰面无光泽
	黏冰	—	陆地或冰面上的雪水混合物，或强降雪后在水中形成的黏糊冰层
	海绵状冰	—	由油脂状冰/黏冰或是锚冰 (锚于水下，附着或锚结在海底的冰) 上升到海面积聚而成的直径数厘米的海绵状白色冰团
尼罗冰	暗尼罗	<5cm	颜色非常暗
	亮尼罗	5~10cm	颜色比暗尼罗亮
	冰皮	5cm 左右	存在于低盐海水，易被风浪或涌浪折成长条状
莲叶冰 (饼冰)		10cm	直径：30~300cm 圆形冰块，由于彼此互相碰撞具有隆起边缘
初期冰	灰冰	10~30cm	表面平坦湿润，多呈灰色，比尼罗冰的弹性小，易折断，受挤压时多重叠
	灰白冰	10~15cm	表面比较粗糙，呈灰白色，受到挤压时大多形成冰脊
一年冰 (当年冰)	一年薄冰 (白冰)	30~70cm	由灰白冰发展而成，表面粗糙，多呈白色
	一年中冰	70~120cm	
	一年厚冰	>120cm	—
老年冰	剩余一年冰	夏季冰厚：30~180cm	经过一个夏季未融尽，并重新处于新的生长周期的一年冰
	两年冰	典型冰厚：≥2.5m	只经过一个夏季的消融后仍存在的老年冰，裸露的地方和冰坑呈现出带绿色的蓝色
	多年冰	≥3m	至少经过两个夏季的消融，冰丘比两年冰更平滑并且几乎无盐，裸露部分的颜色呈蓝色

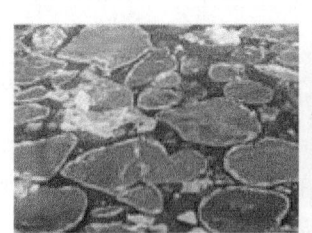

图 1.1 莲叶冰 (饼冰)

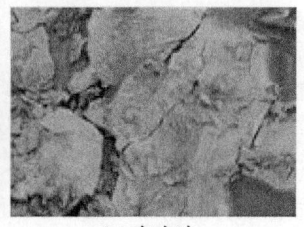

(a) 灰冰   (b) 灰白冰
图 1.2 初期冰的分类

1.2.2 依据海冰表层形态分类

海冰在形成和发展阶段其受力状况不断变化，其变形情况也有所不同，根据海冰受变形作用的影响程度导致表层形态的差异，可分类为平整冰和变形冰，变形冰又可分重叠冰、冰脊、冰丘和堆积冰等类型[1]，由于其分类较为复杂，仅介绍以上典型冰况的成因及特征，详见表 1.2。

表 1.2 海冰按表层形态不同的分类及特征[1]

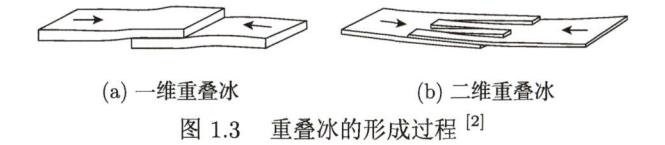

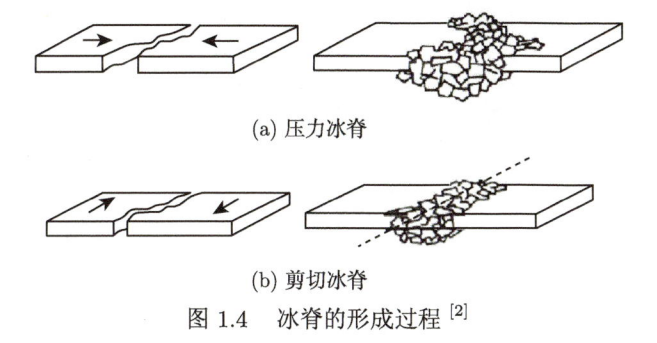

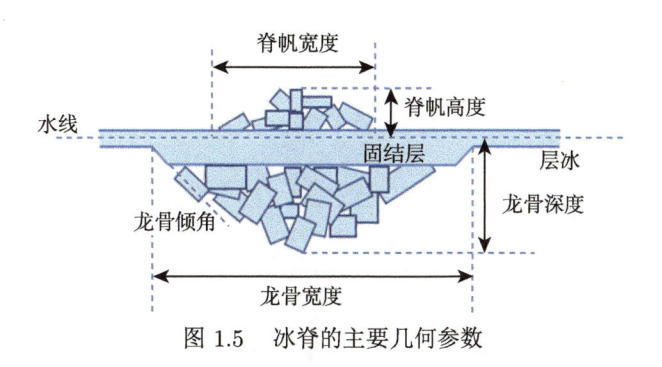

分类		成因	海冰特征
平整冰		未受外力作用，上下表面未变形	连续平整的单层冰，其厚度相对均匀，或冰块边缘仅有少量冰溜及其他挤压冻结的痕迹，上层为粒状冰，下层为柱状冰，上下层之间存在一个过渡区
变形冰	重叠冰	海冰屈曲，部分破坏，一层冰覆盖在另一层冰上形成	有时甚至由三或四层冰重叠而成，但其重叠面的倾斜角度不大、冰面仍较平坦，重叠冰形成过程见图 1.3
	冰脊	碎冰在挤压下形成的一排具有一定长度的山脊状冰	由龙骨、固结层、脊帆组成，生长周期越长，其固结层越厚，盐度越低，冰脊形成过程见图 1.4，主要几何参数见图 1.5
	冰丘	碎冰受压被迫向上堆积而成的小丘，大多是新形成或风化的	碎冰受压被迫向下挤到冰丘下的混水部分会形成倒置冰丘
	堆积冰	海冰无序地堆积在一起	表面凹凸不平，风化后，外观像光滑的小丘
	覆雪冰	—	被雪覆盖的冰

(a) 一维重叠冰　　(b) 二维重叠冰

图 1.3 重叠冰的形成过程[2]

(a) 压力冰脊

(b) 剪切冰脊

图 1.4 冰脊的形成过程[2]

图 1.5 冰脊的主要几何参数

1.2.3 依据海冰密集度分类

海冰密集度指海冰覆盖面积占海冰分布海面的成数，包括海区内海冰总密集度和各发展阶段海冰的密集度。总密集度表示海区内海冰总密集度，即以 1/10 为单位描述被海冰覆盖的海面占整个所考虑海域面积的比率。按照海冰密集度可将海冰分为开阔水面、极稀疏漂流冰、稀疏漂流冰、密集聚冰、极密集聚冰、密实冰 (冻连冰)，其具体划分详见表 1.3。

表 1.3　海冰按密集度的分类及其特征 [1]

分类	密集度	海冰特征
无冰区	0	海面上无海冰存在
开阔水面	小于 1/10	大面积自由通航水域中存在密集度小于 1/10 的浮冰，无陆源冰存在
极稀疏漂流冰	1/10～3/10	水多于冰，海面以开阔水域为主
稀疏漂流冰	4/10～6/10	存在许多的冰间水道和冰间湖，浮冰块基本不相连
密集聚冰	7/10～8/10	浮冰块基本互相连接
极密集聚冰	≥ 9/10 且 < 10/10	几乎检测不到水面
密实冰 (冻连冰)	10/10	无可见水面

1.2.4 依据海冰冰型分类

冰型是指海冰在生成和发展过程中所表现的形式，包括浮冰冰型和固定冰冰型。浮冰冰型主要包括：莲叶冰 (饼冰)、小冰块、碎冰、冰块、浮冰盘、冰山、浮冰岛。固定冰冰型主要包括：冰架、冰川舌、沿岸冰、冰脚、搁浅冰 [1]。

1.2.4.1 浮冰冰型

浮冰在海上生成发展过程中不断冻结，扩展，消融，其外观和大小成为区分其类型的重要标准，浮冰分类、尺度及特征详见表 1.4。

表 1.4　浮冰分类、尺度及特征 [1]

分类		水平尺度	海冰特征
	莲叶冰 (饼冰)	直径：30～300cm；厚度：10cm	圆形冰块，因彼此互相碰撞具有隆起的边缘
	小冰块	< 2m	—
	碎冰	< 2m	碎浮冰堆积形成的浮冰残骸聚集物
	冰块	相对平坦部分 < 20m	
浮冰盘	小浮冰盘 (小冰盘)	20～100m	相对平坦部分的水平尺度超过 20m
	中浮冰盘 (中冰盘)	100～500m	
	大浮冰盘 (大冰盘)	500m～2km	
	庞大浮冰盘	2～10km	
	巨大浮冰盘 (巨冰盘)	>10km	
	冰山	高出海平面 5m 以上	从冰川或冰架脱离下来，漂浮于海面上或搁浅在陆地上，见图 1.6
	浮冰岛	高出海面 5m 左右；厚度：30～50m 面积：数千 m² 到 500km² 乃至更大	极地冰架分离出来的巨大浮冰块，表面起伏比较规律

其中冰山极其特殊，由冰川或冰架上的冰川冰等陆源冰 (淡水冰) 脱离后形成，冰山内部通常不包含盐分。需要特别指出，冰山按其外观可分为冰川冰山、平顶 (桌状) 冰山、圆顶冰山、斜顶冰山、尖顶冰山；按其大小可分为碎冰山、小冰山、中冰山、大冰山、巨冰山。

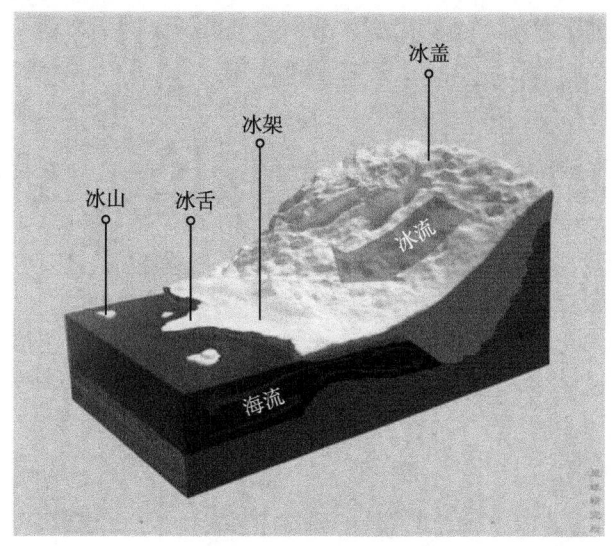

图 1.6 冰山形成示意图

此外,碎冰常见于海冰消融季与生长季的交替期,在生长季初期,海冰以碎冰的形式在海面上生成,但无法覆盖海面;在消融季,洋流将海冰冲刷至开阔区域,海冰断裂后的残骸聚集物形成碎冰;同时破冰船的干预也会使完整冰形成碎冰。

1.2.4.2 固定冰冰型

冰架指与海岸相连的、高出海面 2~50m 或更高的相当厚的浮动冰盖。其表面平滑或略起伏,由陆地冰川或与大陆架相连的冰体(如北极冰架)向海里的延伸而成,冰架部分区域可能会搁浅,向海一边的边缘被称为冰崖。

冰川舌指冰川向海一边的舌状伸展,通常是漂浮在水面上。

沿岸冰指沿着海岸、浅滩或冰架形成,并与其牢固地冻结在一起的海冰。沿岸冰可以随海面的升降做垂直运动。其中,初期沿岸冰指由尼罗冰或初期冰形成的自岸线起宽度在 200m 以内的固定冰。

冰脚指固着在海岸上的狭窄沿岸冰带,是沿岸冰流走后的残留部分,不随潮汐变化而升降。

搁浅冰指漂浮在海面,退潮时留在岸上的冰。

1.3 海冰的物理性质

海冰的形成与发展与海面状况和大气条件有关,由于形成条件复杂,海冰不同于淡水冰,海冰的组成成分和内部结构更加复杂,主要由淡水冰晶、多种卤化物、固态盐及空气等组成,这导致海冰的物理性质受多方面因素的影响,而海冰的力学性质的复杂性与其物理性质关系密切。因此本节从晶体结构、结冰过程、主要物理参数(即密度、温度、盐度、孔隙率、卤水体积)来介绍海冰的物理性质。

1.3.1 海冰的晶体结构

海冰在形成过程中受热力学因素和动力学因素(洋流、波浪、风)的影响,会产生不同的晶体结构。海冰的结构可以理解为各成分的排列组合,目前研究发现,冰可以具有 13 种晶体结构和两种非晶体形态，其中 13 种晶体结构又可以分为四类，而海冰按晶体结构类型可分为颗粒冰、柱状冰、板状冰和雪冰，其中颗粒冰和柱状冰这两种结构类型最常见[3]。因此本节将详细介绍 13 种晶体结构，颗粒冰、柱状冰等典型内部结构以及具有代表性的南北极海冰的结构特点。

1.3.1.1 晶体结构

海冰的晶体结构主要包括冰晶体形态、冰晶体大小 (粒径)，以及冰晶 c 轴空间分布方位等。为研究冰晶的基本组构，将垂直于基面的方向称为 c 轴 (光轴)，位于基面内六边环三个对角线方向的称为 a 轴。最常见的冰晶构型——Ih 型冰的每一个氧原子占据四面体的中心，其周围具有四个其他氧原子和它连接，Ih 型冰的晶体结构如图 1.7 所示。

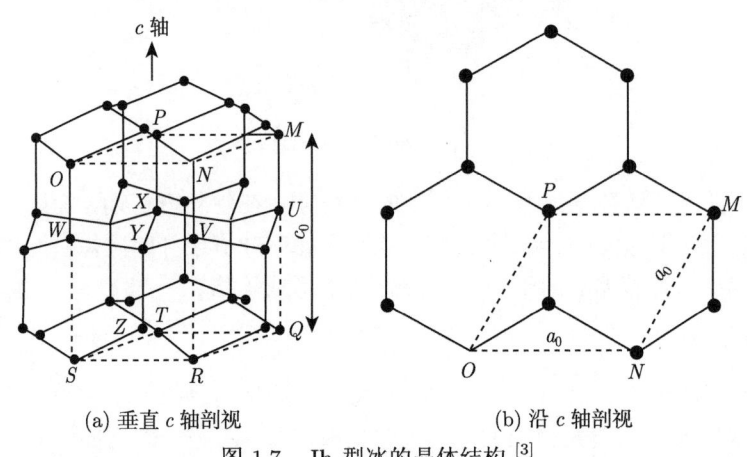

(a) 垂直 c 轴剖视   (b) 沿 c 轴剖视

图 1.7 Ih 型冰的晶体结构[3]

Michel[4] 依据平均粒径大小，在定性描述上把粒径分为五个等级：巨粒 (平均粒径各维度长度以米计)、极粗粒 (平均粒径 > 20mm)、粗粒 (平均粒径为 5~20mm)、中粒 (平均粒径为 1~5mm)、细粒 (平均粒径 < 1mm)[3]。

冰晶 c 轴在空间优选方向，归纳起来应有五种典型情况，如图 1.8 所示：c 轴方向垂直于水平面；c 轴方向在整个空间随机分布；c 轴方向垂直于水平面并在整个空间随机分布；c 轴方向在水平面内随机分布；c 轴方向在水平面某一方向定向分布[3]。

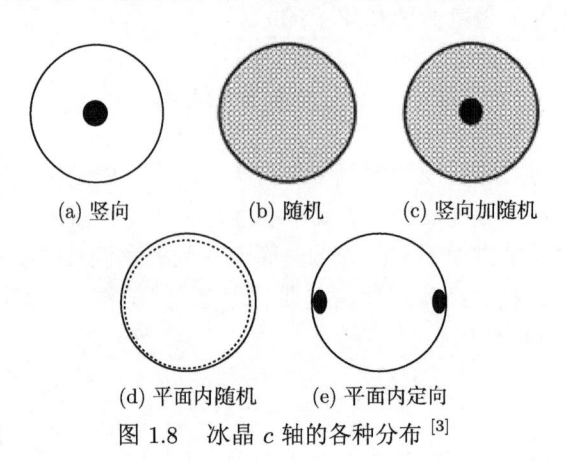

(a) 竖向   (b) 随机   (c) 竖向加随机

(d) 平面内随机   (e) 平面内定向

图 1.8 冰晶 c 轴的各种分布[3]

Michel 和 Ramseier[5] 依据上述冰平均粒径、c 轴空间分布及冰的生成环境, 又把自然界中所有晶体结构的冰分成四类 13 种[3], 如表 1.5 所示。在这种分类中, 基本将粒状冰定义为 P 类冰, 柱状冰定义为 S 类冰, 雪冰或长期暴露在空气中已风化的冰定义为 T 类冰, 经动力破碎后又冻结形成的冰定义为 R 类冰。而渤海和黄海北部的海冰主要为 P_4 原生冰、S_2 次生冰、T_1 层叠冰和 R 类冰[6]。

表 1.5 海冰晶体结构分类[3]

分类		平均粒径	晶粒形状	c 轴空间分布	冰的生成环境
原生冰 (P 类冰)	P_1 冰	粗粒或极粗粒	不规则	垂直于冰面	温度梯度较小的平静水面 (如湖泊、水库、平静河流地段)
	P_2 冰	中粒到极粗粒	板状/针状	—	温度梯度大的平静水面 (如海洋、湖泊、水库、平静河流地段)
	P_3 冰	细粒到中粒	板状	随机分布	在海冰中相当普遍, 但也存在于湖冰、水库冰和河冰中
	P_4 冰	细粒到中粒	等轴	随机分布	海洋、湖泊和水库等水面上
次生冰 (S 类冰)	S_1 冰	粗粒或极粗粒	柱状	在冰层内始终垂直于冰面	在流速缓慢的湖泊、水库和河流
	S_2 冰	随深度增长而增加	—	随深度增加趋向平行冰面, 在 5~20cm 以下的冰层完全平行于冰面	在流速缓慢的湖泊、水库和河流
	S_3 冰	—	柱状冰	平行于冰面	终年冻结的湖冰或很厚的海冰及北极冰中, 在厚冰层的底部
	S_4 冰	细粒到中粒	等轴/板状	随机分布	糊状冰凌的海面, 河流和水流受扰动的湖泊、水库
	S_5 冰	细粒到中粒	粒状	—	由糊状冰凌排出水分后再次冻结形成
层叠冰 (T 类冰)	T_1 冰	细粒到中粒	圆形或粒状等轴体	随机分布	积雪饱水后冻结而成
	T_2 冰	细粒到中粒	均质体磨圆度好	随机分布	饱水积雪在排水后冻结形成, 在水位迅速变化的场所出现
	T_3 冰		柱状冰层		初始原生冰顶部形成
集块冰 (R 类冰)		细粒到极粗粒	形状各异	有随机分布也有定向分布	有扰动水流和水流速度大的河流地段或海冰堆积的地方, 如海上流冰或冰脊也属于此类冰

1.3.1.2 海冰的内部结构

颗粒冰、柱状冰、板状冰和雪冰作为不同晶体类型, 其成因、特性和组成的海冰类型也不相同。柱状冰晶和粒状冰晶的结构如图 1.9 所示。平整海冰晶体经过热力学生长, 其上层部分是颗粒冰, 下层部分为柱状冰。颗粒冰晶的形成多归因于冻结期遭遇强寒流引起的低气温及水体紊乱。上层颗粒冰发展成冰壳后逐渐增加厚度, 形成排列相对紧密的柱状冰层。而板状冰的形成一般认为是过冷水和冰下强湍流层导致的, 其中海冰中高盐低温卤水的下泄也可引起海水生成板状冰花。板状冰花上浮并堆积于冰水界面后, 在热力学的冻结作用下形成板状冰, 这也导致底层的板状冰孔隙较多。当冰层形成后表层积雪达到一定条件出现淹水现象后再冻结会形成雪冰, 或者表层积雪无淹水现象但是在长时间的变质和融化冻结下也会形成雪冰。

(a) 柱状冰晶[7]　　　　　　(b) 粒状冰晶[8]

图 1.9　海冰冰晶结构

海冰上层部分生长条件不稳定，由此形成的颗粒冰没有明显的方向性，表现出各向同性。下层部分生长条件稳定，柱状冰晶的生长和热传递方向为准一维，沿冰厚方向的尺度远大于垂直于冰厚方向，具有各向异性。从冰晶的基本组构角度来看，颗粒冰和柱状冰都具有以 c 轴 (光轴) 为基准的微观结构，且冰晶体在垂直于 c 轴 (光轴) 方向的生长速度最快，如图 1.10 所示。

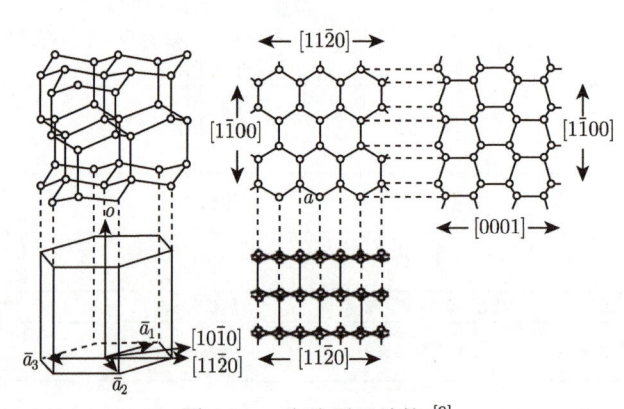

图 1.10　海冰原子结构 [9]

夏季海冰内有大体积气泡和卤水通道的存在，在上层海冰中大体积孔穴相对较多，下层相对较少，这与海冰的融化程度有关[10]。太阳辐射和气温对海冰的影响随着深度增加逐渐减弱，融化期海冰上层在太阳辐射和大气–海冰–海洋热传递综合作用下快速升温，融水下泄及下层气体上移都会造成孔穴上多下少。

另外，南北极海冰的晶体结构也存在不同。对于表层附近冰体，由于初期成冰条件相似，北极浮冰与南极固定冰表都为颗粒冰。但对于内部冰体冰晶而言，北极浮冰的晶体结构存在过渡层和倾斜层，过渡层主要是由复杂的海洋动力条件和气象条件引起，倾斜层是海冰在动力条件成脊时引起冰层挤压和重叠形成。南极固定冰是典型的热力生长晶体，热力学生长的柱状冰是其主要晶体类型。在初期颗粒冰形成后受到晶体间的侧向限制，晶体生长出现几何选择，引起竖向生长速度占绝对优势从而形成柱状冰晶体，冰层达到一定厚度后与岸基固结形成固定冰[10]。同时南极固定冰最下层存在板状冰，而北极海冰没有发现类似结构，这是这两种晶体之间的显著差异[10]。北极多年冰晶体结构中还包含碎屑凝聚冰，这种冰是在北冰洋海洋动力作用下海冰破碎再冻结形成的[11]。

1.3.2 海冰的结冰过程简述

海冰的形成发展与海面状况、大气条件、海水密度、盐度、水深以及海水的湍流和凝结核等有密切关系。海水冷却引起的垂直对流，使对流层间海水达到结冰温度之后进一步冷却，于是海面开始结冰。对流停止后由于冷却，表面薄层产生晶体核，生成肉眼不可分辨的冰晶[3]。

当冰在平静无浪的冷水中形成时，由于冰晶粒平行于增长较快的水平 a 轴，因此在水平方向增长相对快些。在整个生长过程中极小的冰球体发展到薄圆冰盘，进一步发展成六角星形，冰开始快速增长，六角星形晶粒彼此冻结在一起，形成表面光滑的冰壳后逐渐沿 c 轴增加厚度，到达一定厚度后冰层与海水间的热传递作用减弱，海水流动成为影响海冰沿 c 轴分布的主要因素[3]。

当冰在波浪波长不一的海面上形成时，风越大，波浪越高，冷却得越快，单位体积海水内产生的冰晶越多，越难以形成六角星形晶粒，从而形成杂乱无章的冰针，同时由于结构松散，刚形成的冰晶会不断破碎。在波浪较大时，海面与海水内部都会产生冰晶，并上浮到表面。破碎的冰晶不断集中，形成油脂状冰，因波浪的作用不断上下起伏。在运动过程中，大小约为波长一半的油脂状冰集合在一起相互碰撞形成莲叶冰，此时冰块呈圆盘状，边缘微上卷，如图 1.11 所示。油脂状冰发展成莲叶冰后，由于上浮冰的摩擦作用，海面逐渐平静[3]。莲叶冰质地柔软，在平稳波浪下会在质地变硬的同时与其他莲叶冰相互冻结，随厚度增加形成初期冰。

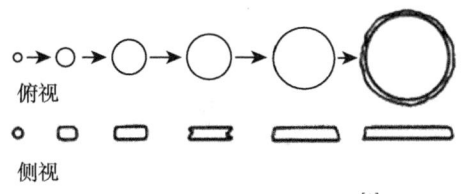

图 1.11 冰晶体生长过程[3]

1.3.3 海冰的主要物理参数

1.3.3.1 海冰的密度

海冰密度具有明显的时空分布差异，极地海冰的密度取决于卤水体积、温度以及海冰的生长冰龄等因素。季节性的洋流和海域也是影响海冰密度的重要因素，例如，渤海沿岸海冰的密度范围为 812.9~964.7 kg/m³[3]。

两极地区当年冰的典型密度分布区间为 720~940 kg/m³，平均密度为 910 kg/m³。近期较为准确的测量资料显示，在水面以上的冰层，密度分布为 840~910 kg/m³，而在水面以下的冰层的密度分布是 900~940 kg/m³。一般情况下极地海冰的密度取 920 kg/m³。

海冰密度的测量方法通常有质量/体积法、液体静力称量法、比重法、干舷高度法等。

1) 质量/体积法

首先应获得需要测量的冰试样冰胚样本，并且将样本加工成可以测量体积的规则样本，然后测量海冰试样的质量 m_I 和体积 v_I，海冰密度的定义为海冰质量与海冰体积的比值，即

$$\rho_\text{I} = \frac{m_\text{I}}{v_\text{I}} \tag{1.3.1}$$

利用上式即可计算出需要测量的海冰密度。此方法操作简单，但在测量时要注意控制仪器精度。冰胚样本的密度测量实验一般是在考察船实验室或者低温实验室内进行，尤其要做好保温工作，测量过程中避免船体振动影响。

2) 液体静力称量法

液体静力称量法测量海冰密度是将海冰样本完全浸没在比海冰密度小的液体中称重，液体盛满容器后，放入海冰后排开多余液体，测量相关重量，再根据阿基米德浮力定律，计算出海冰密度

$$\rho_\mathrm{I} = \frac{m_\mathrm{I}}{m_\mathrm{L} - m_\mathrm{I\text{-}L}} \rho_\mathrm{L} \tag{1.3.2}$$

式中，ρ_I 是海冰的密度；ρ_L 是液体的密度；m_I 是海冰试样质量 (空气中)；m_L 是液体总质量；$m_\mathrm{I\text{-}L}$ 是海冰试样浸入液体后的液体质量，由浸没后系统的总质量减去海冰试样质量获得。

此方法比较精确，不需要测量海冰试样的体积，对试样形状的要求不高。但要注意的是如果海冰试样内存在贯通的孔隙，则测得的密度不是体密度。

1.3.3.2 海冰的温度

海冰温度受辐射、气温、水温和积雪等条件影响。海冰下部主要受水温控制，冰下水温相对稳定。海冰上部主要受气温影响，由于每日冰层表面的气温频繁变化，因此在剖面的上半部分 (30cm 以上)，冰温随时间变化波动较大，变化趋势复杂，如图 1.12 所示为渤海海冰一日的冰温垂直剖面变化过程。

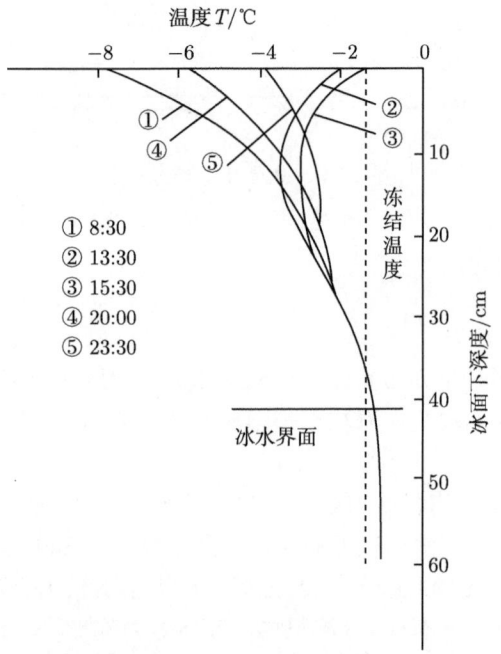

图 1.12　渤海海冰一日冰温垂直剖面 [12]

凌晨整个冰层处于放热状态，之后气温升高，冰温从表面开始向下逐渐升高并影响更深处的冰温，在高气温能够影响的深度以上，冰层吸收热量，而在此深度以下，冰层则放出热量。这时出现相对"冷中间层"，并且"冷中间层"以下的冰温比凌晨时要低，这是气温与冰

温交换的结果,它随气温的持续而向下移动。15:00~16:00,顶部冰温达到最高值,"冷中间层"已到达 30cm 深度以下并消失。整个冰层又形成一致的热流方向。此后,顶部冰温又因 1h 前的气温降低而从顶部开始降低,这时又会形成相对"热中间层",该层也随低气温的持续而向下移动,凌晨又恢复到整个冰层的放热状态[3]。

而积雪起到了温度调节作用,减缓了海冰的发展过程。当气温升高时,积雪融化吸收热量,当气温降低时,雪水重新冻结,释放热量,气温对冰温的影响程度视积雪厚度而变。积雪减小了气温与太阳辐射对冰温的影响,因此冰下水温成为海冰温度的主要影响因子[3]。

1.3.3.3 海冰的盐度

海冰的盐度是指海冰融化后所得的海水盐度。海冰在形成过程中,部分卤水从冰晶间隙中析出流入海水,如果海冰形成速度较快,冰晶间隙中的卤水还未流出,就会被新形成的冰晶封闭在冰晶间的"盐胞"中,因此海冰是固体冰晶和卤水的混合物。

海冰盐度是海冰的重要物理性质,主要取决于以下一些因素:

(1) 海水本身的含盐度:海冰冻结时总有卤水流出,因此海冰盐度总是低于相应形成海冰的海水盐度。

(2) 冻结速度:在其他条件相同时,海冰形成时的空气温度越低,结冰速度越快,冰层厚度增长速度越快,盐分越不容易析出,盐度相对增大。在海冰的表层,由于海水直接与冷空气接触,结冰速度较快,随着冰厚增加,冰的生长速度变慢,且冰针具有比较规则的垂直定向排列,卤水排出的难度随深度增加而减少。

(3) 洋流、河川径流的影响:洋流带动冷暖气流向海冰区流动,影响海冰的生长速度,对海冰下表面的影响更大,导致海冰卤水流失或保存。有河流注入的海区,海冰盐度一般会比较低。

(4) 冻龄:冰龄越长,冰冻结得越厚,冰内非封闭的卤水胞在重力作用下排泄时间也越长,冰层越厚,冰层中的平均盐度越低。如图 1.13 所示,冬季海冰盐度随着深度递增有降低趋势;夏季融化期的海冰盐度随着深度的递增有增大趋势,冬季海冰的盐度比夏季整体偏高。夏季海冰盐度偏低是卤水排泄的结果,卤水排泄和融化淡水冲洗作用致使盐度随深度增加而增加[10]。

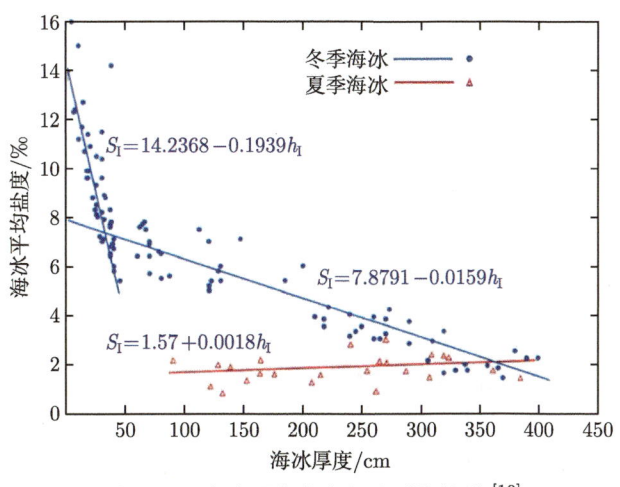

图 1.13 海冰平均盐度与冰厚的关系[10]

海冰初始盐度 S_i 由冰的生长速率和水下盐度决定。海冰初始盐度 S_i 的一般表达式[13]可由有效分布系数表示：

$$S_i = K_{\text{eff}} S_w \tag{1.3.3}$$

式中，K_{eff} 为有效分布系数；S_w 为冰生长介面以外的海水盐度 (‰)。K_{eff} 与冰生长速度 V_I 有关。

$$K_{\text{eff}} = \begin{cases} \dfrac{0.26}{0.26 + 0.74 \exp(-7243 V_I)}, & V_I > 3.6 \times 10^{-5} \text{cm/s} \\ 0.8925 + 0.0568 \ln V_I, & 2.0 \times 10^{-6} \text{cm/s} \leqslant V_I \leqslant 3.6 \times 10^{-5} \text{cm/s} \\ 0.12, & V_I < 2.0 \times 10^{-6} \text{cm/s} \end{cases} \tag{1.3.4}$$

在初冰形成时，过冷海水迅速冻结，先形成一层晶粒小、生长方向无序的粒状冰，晶粒间封闭了较多的细小卤水胞，卤水会以挤出和重力排泄的方式[13]向下部海冰排出。由于冰生长期间冰层内温度降低，在空穴壁上冻结冰比卤水中初始水的体积大，部分卤水被挤出，当冰层冷却时，卤水空穴内部的水分冻结，使卤水浓度提高并保持与周围冰相平衡。部分非封闭的卤水胞由于重力向下缓慢排泄。海冰冰温越低，卤水盐度和密度越大，在正生长层，存在一个正温度梯度 (表面比底面温度低) 和一个不稳定卤水密度剖面 (表面卤水密度大)。这导致了冰内卤水的反向对流，冰内密度大的卤水与下部低盐海水进行交换。重力排泄不仅取决于冰的温度梯度，也取决于冰的渗透性[3]。

在海冰的生长过程中，由于卤水的排泄，海冰的盐度在其垂直剖面不断变化。卤水析出的机制很复杂，观察发现卤水既可以向上也可以向下析出，导致盐度在冰层的上部以及冰层的底部偏高，海冰的垂直盐度剖面在连续冻结形成的冰层内均呈 "C" 字形分布，整个冰层的盐度随冰厚增加而减小，如图 1.14 所示。融冰期积雪融化，当年冰表面盐度急速下降至 0，盐度垂直剖面分布发生变化，而多年冰在形成过程中，盐度逐渐降低，接近淡水。

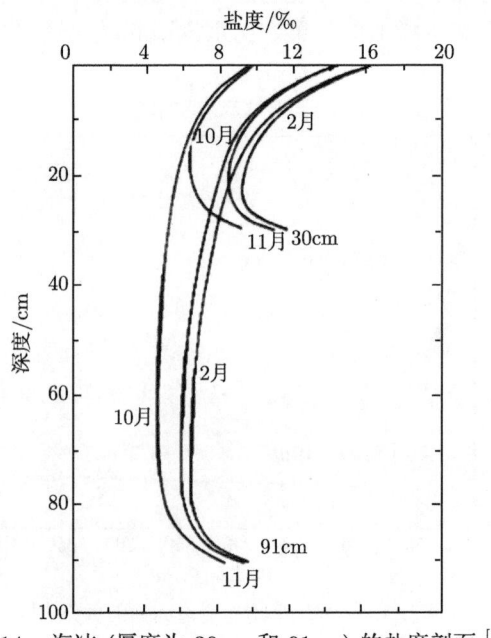

图 1.14 海冰 (厚度为 30cm 和 91cm) 的盐度剖面[13]

Cox 和 Weeks[14] 给出了冻结期结束时海冰盐度 S_S 与冰厚 h_I 的关系，盐度剖面分布规律为

$$S_S = \begin{cases} 14.24 - 19.39h_I, & h_I \leqslant 0.4\text{m} \\ 7.88 - 1.59h_I, & h_I > 0.4\text{m} \end{cases} \tag{1.3.5}$$

式中，h_I 为海冰厚度，单位为 m。

李志军等[15] 长期调查渤海冰情，给出了冰层表、中、底部盐度与冰层厚度的关系：

$$S_I = \begin{cases} 27.428h_I^{-0.439}, & 0 \leqslant d < 0.3h_I \\ 18.949h_I^{-0.438}, & 0.3h_I \leqslant d < 0.7h_I \\ 27.428h_I^{-0.439}, & 0.7h_I \leqslant d < 1.0h_I \end{cases} \tag{1.3.6}$$

式中，S_I 为每层海冰平均盐度 (‰)；h_I 为海冰厚度；d 为深度。

1.3.3.4 海冰的孔隙率和卤水体积

海冰的孔隙率为卤水胞与海冰的体积比和气泡与海冰的体积比之和。通常用卤水体积分数和空气体积分数来表征冰内卤水和空气的含量，两者分别定义为冰内卤水和空气体积与海冰体积的比值。目前很难实现直接测量冰内卤水和气体的体积，因此引入海冰的孔隙率。

温度是影响气泡体积的重要因素，温度升高时，卤水胞破裂，融水下泄，原有卤水胞空间转换为孔内气泡。通常而言，气泡含量的变化趋势与卤水胞相反。由此冰内气泡分为稳定气泡和非稳定气泡。稳定气泡固定在晶格间，且气泡体积一般不随温度变化；而非稳定气泡，与卤水胞共生，温度变化时，气泡体积随卤水胞体积变化。例如，在某些海域的层冰内，卤水胞含量随着深度的增加而增大，气泡含量随深度增加而减小。海冰孔隙率为气泡含量与卤水胞含量之和，大部分海冰的孔隙率为 120‰~400‰ [10]。

从物理成分上讲，海冰分子结构上的化学杂质占据晶格造型的结构缺陷，海冰的相成分比例影响着海冰的各项性质。由于冰的盐度和密度是表征相成分比例的表观物理指标，冰温直接影响相成分比例，冰内孔隙率为冰温度、盐度和密度的函数。

Cox 和 Weeks[16] 给出了海冰孔隙率 v_s 的计算公式，即

$$v_s = v_a + v_b \tag{1.3.7}$$

$$v_a = 1 - \frac{\rho_I}{\rho} + \rho_I S_S \frac{F_2(T)}{F_1(T)} \tag{1.3.8}$$

$$v_b = \frac{\rho_I S_S}{F_1(T)} \tag{1.3.9}$$

$$F_1(T) = -4.732 - 22.45T - 0.6397T^2 - 0.01074T^3 \tag{1.3.10}$$

$$F_2(T) = 0.08903 - 0.01763T - 0.000533T^2 - 0.000008801T^3 \tag{1.3.11}$$

$$\rho = 0.917 - 10^{-4}T \tag{1.3.12}$$

式中，v_a 为气泡含量；v_b 为卤水胞含量 (海冰卤水体积)；T 为冰温 (°C)。

由于现场实测海冰温度可能会高于 −2°C，因此推荐使用 Leppäranta[17] 给出的高温海冰 (0~−2°C) 修正的孔隙率计算公式，即计算参数 $F_1(T)$ 和 $F_2(T)$ 用下式确定：

$$F_1(T) = -0.041221 - 18.407T - 0.58402T^2 + 0.21454T^3 \tag{1.3.13}$$

$$F_2(T) = 0.090312 - 0.016111T - 0.00012291T^2 + 0.00013603T^3 \tag{1.3.14}$$

此外，海冰卤水体积也可写作温度和盐度的函数，Frankenstein 等 [18] 对实测卤水体积、盐度和冰温的数据进行分析，得到函数关系式

$$v_{\mathrm{b}} = S_{\mathrm{S}} \left(0.532 + \frac{49.185}{|T|} \right) \quad (-22.9^\circ\mathrm{C} \leqslant T \leqslant -0.5^\circ\mathrm{C}) \tag{1.3.15}$$

1.4 海冰的力学性质

海冰的力学性质反映在两个主要方面，即海冰的刚度特征和强度特征。海冰的刚度特征反映了冰体在载荷作用下抵抗变形的能力，而海冰的强度是冰试样在破坏前所能承受的最大载荷，各种强度表征了海冰承担相应载荷的能力。由于准确描述海冰在复杂工况下的破坏形式和表现出的力学特性是研究海冰-结构物相互作用的重要课题，因此，本节主要介绍各海冰强度的破坏模式、力学试验及影响因素。

此外还有其他力学性质参数，工程中一般采用杨氏模量和泊松比来反映海冰的抗变形能力。在未加说明时，海冰的杨氏模量一般指的是初始杨氏模量，是加载过程中应力-应变曲线初始切线的斜率，有时也称为表观杨氏模量，根据试验结果，极地海冰的杨氏模量的典型分布范围为 1.0~10.0GPa；泊松比 ν 取值为 0.25~0.36。

1.4.1 海冰的强度及主要破坏模式

海冰强度是海冰的重要力学特征之一，是冰区船舶设计、海上结构物建造以及冰区工程规划过程中的重要参数。根据加载方式和破坏模式的不同，海冰的强度包括压缩强度、拉伸强度、弯曲强度和剪切强度等。针对不同的海冰强度、盐度、厚度、尺寸等物理和力学参数，海冰的破坏形式会有明显不同，同时破坏形式也与碰撞速度、结构物形状等因素有关。目前现场观测到的海冰主要破坏形式 [2,19,20] 包括压缩破坏、弯曲破坏、劈裂破坏、屈曲以及蠕变、剥落，如图 1.15 所示。海冰的破坏模式受本身的物理性质和外载荷特性影响，在其与结构物相互作用过程中，其破坏形式非常复杂，现场观察发现海冰的失效并不是独立发生，往往是多种失效形式同时进行。

海冰的压缩破坏是最常见的，也是产生最大冰载荷的作用形式，如图 1.15(a) 所示，冰排与桩柱发生压缩破坏时，在其接触面上因受挤压而破碎。海冰的压缩破坏通常发生于海冰与直立结构物的相互作用中，但有时局部压缩破坏也发生在海冰与斜体结构的相互作用中。在船-冰作用中，船舯部位冰的破坏模式通常为压缩破坏。而海冰的压缩强度表征了海冰抵抗压缩载荷的能力，包括单轴压缩强度和侧限压缩强度。海冰单轴压缩强度是指海冰试件在单向受压至破坏时单位面积上所能承受的载荷，即在没有横向约束的情况下海冰开始发生破坏时的应力值，反映了海冰的抗压能力，通过海冰试样的单轴压缩试验获得。海冰的侧限压缩强度是指海冰在受到压缩载荷时，其侧面处于限制约束状态时抵抗压缩的能力，通过侧限压缩试验获得。

海冰与斜体结构 (如锥体导管架平台、斜面护坡) 或破冰船相互作用时，弯曲破坏是主要的海冰破坏模式，通常海冰在向斜体结构移动过程中发生弯曲破坏时会产生径向裂纹和环向裂纹，沿斜面结构上爬后，形成受弯的梁或板，最终海冰因弯曲而破坏 [20]。这些裂纹的类型取决于冰的厚度与结构的宽度。而海冰在外载荷作用下破裂或达到规定弯矩时能承受的

最大应力为弯曲时的最大正应力,称为海冰的弯曲强度,通过悬臂梁试验和简支梁试验获得,而简支梁试验包括三点弯曲试验和四点弯曲试验。

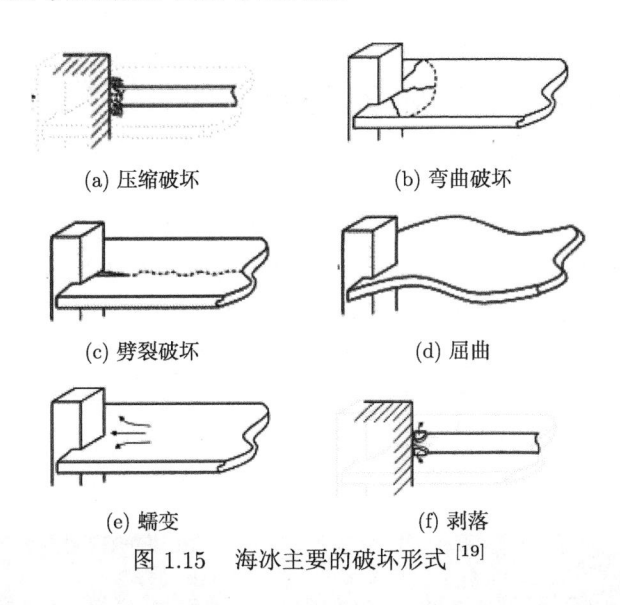

(a) 压缩破坏　　(b) 弯曲破坏

(c) 劈裂破坏　　(d) 屈曲

(e) 蠕变　　(f) 剥落

图 1.15　海冰主要的破坏形式[19]

在海冰与结构相互作用时,劈裂破坏是主要的破坏模式之一,劈裂裂纹在海冰底面中线靠近自由边缘处开始,沿辐射方向扩展,如图 1.15(c) 所示,该模式下的冰载荷由海冰的拉伸强度决定。海冰的拉伸强度指海冰在拉伸外力下达到的最大正应力,它反映了海冰的抗拉能力,海冰的拉伸强度可由巴西盘劈裂试验获得。其计算公式与单轴压缩试样计算公式相同,但是单轴压缩和拉伸的作用力相反。

屈曲破坏通常发生在破冰与宽结构物相互作用中,与径向裂纹或环向裂纹的形成有关。海冰蠕变发生在结构物持续低速率作用下,此时海冰发生缓慢持续的变形,并未产生裂缝,海冰覆盖结构物靠近水线的整个前端,如图 1.15(e) 所示。海冰剥落指海冰形成水平裂缝,在非接触区域生长后将海冰分层,最后在冰盖的顶部和底部形成冰碎片,冰碎片向上和向下逃逸,如图 1.15(f) 所示。裂缝长度取决于冰盖的速度,速度越高,裂缝长度越小。各种破坏类型所占比例因条件而异。海冰的破坏类型不同,对结构物的作用力大小也不同,一般以压缩破坏的冰载荷最大,弯曲破坏的冰载荷最小,大小可差几倍。而且海冰同时具有上述两种或两种以上的破坏类型,通常将该破坏模式称为混合型破坏,最常见的是挤压和压屈同时存在的破坏。

除上述海冰强度外,剪切强度也是分析海冰内部复杂应力状态的重要指标。海冰在受剪力作用下抵抗破坏的最大剪应力,称为剪切强度,通过海冰试样的剪切试验获得。

1.4.2　海冰的力学性质试验

1.4.2.1　单轴压缩试验

工程中常用海冰的强度来确定海冰的最大抗力,一般不考虑冰内部微观结构的破损,而是通过试验得到极限应力作为海冰的单轴压缩强度。单轴压缩试验不仅用来研究冰试样的单轴压缩强度,能方便测得杨氏模量等力学参数,也可以得到冰试样的应力-应变曲线。

试验过程中,海冰试样内部裂纹是随着载荷增加而逐渐发展直至破坏,加载过程中不存在明显的破坏起始点,难以选取破坏点的应力,因此以压缩试验过程中的极限抗压强度作为

海冰试样的压缩强度。单轴压缩强度用最大载荷除以试样初始横截面积来表示

$$\sigma_{\mathrm{c}} = \frac{F_{\max}}{A} \tag{1.4.1}$$

式中，$F_{\max}$ 为外载荷的最大值；A 为试样初始横截面积。

这里以在哈尔滨工程大学进行的单轴压缩试验为例，简要说明试验所需的仪器、试验流程等。

单轴压缩试验所使用的仪器为 CTM-100GD 微机控制高低温万能材料试验机。试验机内上下压头处配备了高低温交变试验箱，其采用高精度可编程温控仪，可在控制面板上设定所需试验温度，即可控制试验舱内温度，提供稳定的低温条件。试验机压头可在试验箱前端的试验舱内上下运动，试验舱前部中央位置的观察窗安装有电阻膜加热防霜玻璃和 LED 照明灯，用于观察试验现象。试验舱内侧上下端分别设置出入风道，舱内装有 A 级铂金电阻 PT100 温度传感器测温，风道后连接多级膜片式蒸发器，由全封闭双极压缩机制冷，如图 1.16 所示。

图 1.16 加载测试仪与低温试验箱

单轴压缩试验的具体流程如图 1.17 所示。单轴压缩试验的注意事项如下。

(1) 放置模型冰试样：在高低温交变试验箱内放置时，需要保证冰试样的几何轴线与加载测试仪的中心线共线，以保证冰试样在压头加载过程中载荷均匀且所受力的中心与其几何轴线共线，如图 1.18 所示。

(2) 取放冰过程：需迅速开关箱门以减少试验舱内外热交换。

(3) 压头准备工作：用绝热性能较好的亚克力材料替换高低温万能材料试验机的钢质上下压头，以阻断冰试样和压头之间的热交换，试验时在亚克力下压头上表面贴上防水砂纸以防止冰试样水平滑动。

(4) 调整压头位置：通过高低温万能材料试验机控制软件调整试验舱内上压头位置使其贴近冰试样上表面。

(5) 记录试验现象：用录像机记录加载过程，当冰试样破坏后，立即停止试验机，取出破坏试样并进行拍照，如图 1.19 所示；对试验过程中得到的载荷数据、影音资料等试验结果编号存档。

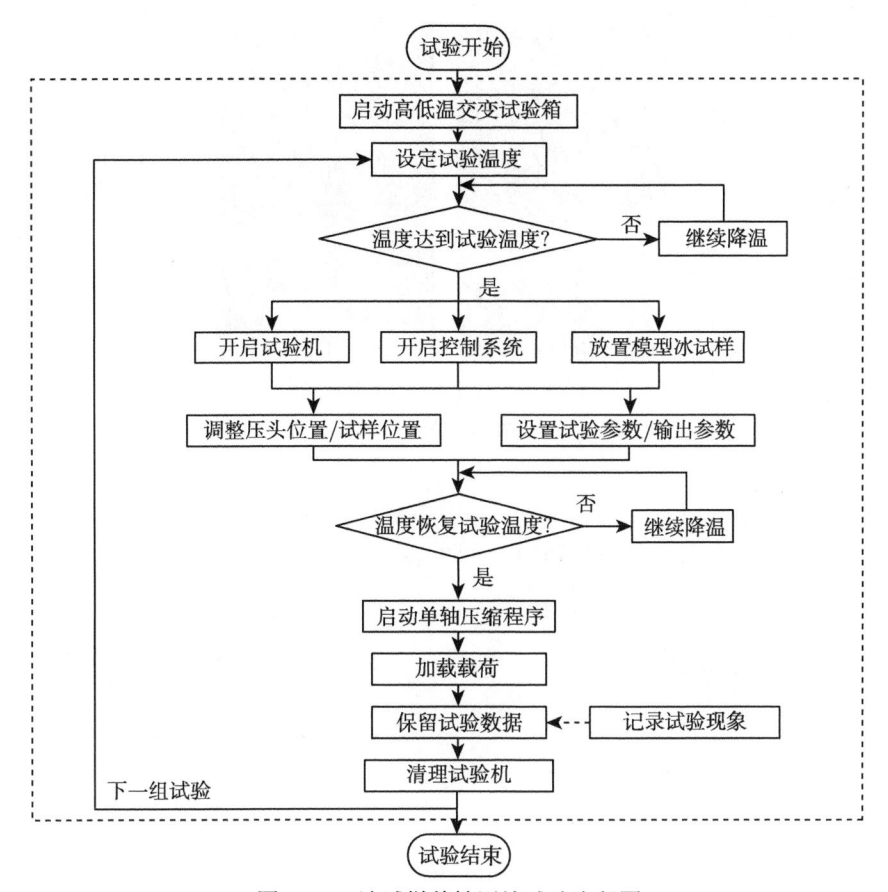

图 1.17 冰试样单轴压缩试验流程图

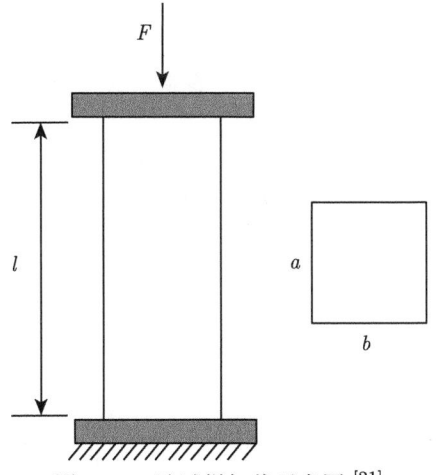

图 1.18 冰试样加载示意图 [21]

典型海冰单轴压缩试验的应力时历曲线如图 1.20 所示，其中应力时历曲线中的最大值即海冰的压缩强度，对应着最大外载荷，前期曲线斜率降低表示海冰孔隙压实过程。

(a) 试验中　　　　(b) 结束状态

图 1.19　冰试样单轴压缩试验过程

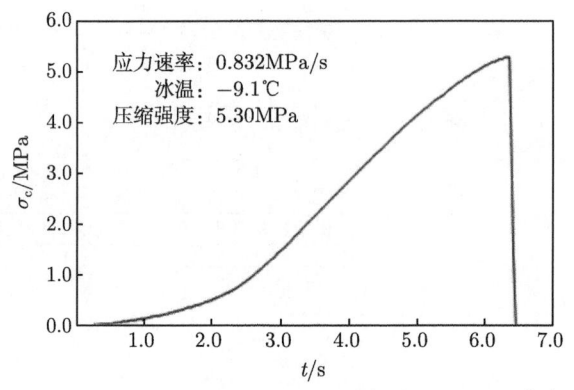

图 1.20　典型海冰单轴压缩试验的应力时历曲线[22]

1.4.2.2　三点弯曲试验

弯曲强度反映了材料抗弯曲的能力，主要依靠三点弯曲试验获得，由三点弯曲获得的强度计算公式为

$$\sigma_\mathrm{f} = \frac{3F_\mathrm{max} l_\mathrm{d}}{2a^2 b} \tag{1.4.2}$$

式中，σ_f 为海冰弯曲强度；a 为试样厚度；b 为试样宽度；l_d 为两个加载点间的距离；F_max 为外载荷的最大值，如图 1.21 所示，l 为试样长度。

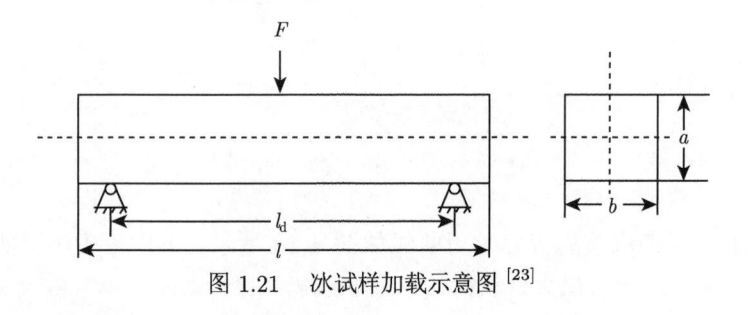

图 1.21　冰试样加载示意图[23]

同时三点弯曲试验还可以通过研究冰试样的三点弯曲破坏特征现象和应力应变特征曲线，得到试样的抗压强度、杨氏模量和破坏模式等抗弯特性。

仍以哈尔滨工程大学低温实验室内试验为例，三点弯曲试验设备如图 1.22 所示，主要设备为 CTM-100GD 微机控制高低温万能材料试验机和高低温交变试验箱，与单轴压缩试验设备相似。两种试验设备的不同之处在于三点弯曲试验中用三点弯曲加载头与支座替换单轴压缩试验中的上下压头。

图 1.22　三点弯曲试验设备

三点弯曲试验的具体流程如图 1.23 所示。

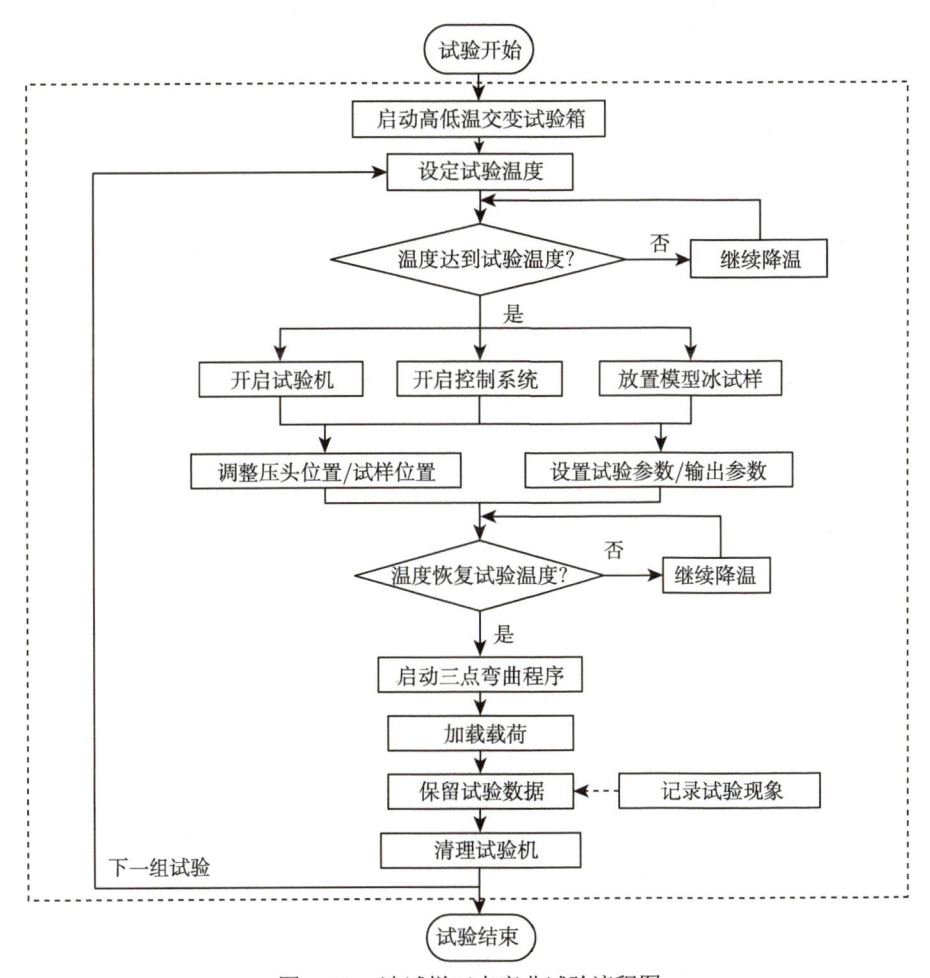

图 1.23　冰试样三点弯曲试验流程图

三点弯曲试验的注意事项：

(1) 放置冰试样：将冰试样移入低温试验箱时需要保证试样的长面中心线与加载压头重合，两端对称放置在下方压头上。

(2) 取放冰过程：需迅速开关箱门以减少试验舱内外热交换。

(3) 调整压头位置：通过试验机控制软件调整试验舱内上压头位置使贴近冰试样上表面。

(4) 记录试验现象：用录像机记录冰试样三点弯曲的加载过程，当冰试样破坏后，立即停止试验机，取出破坏试样并进行拍照，将冰试样三点弯曲试验过程中得到的载荷数据、影音资料等试验结果编号存档。

典型海冰三点弯曲试验的应力时历曲线如图 1.24 所示，其中应力时历曲线中的最大值即海冰的弯曲强度，对应着最大外载荷，曲线呈现细小波动，可能受海冰孔隙的影响。

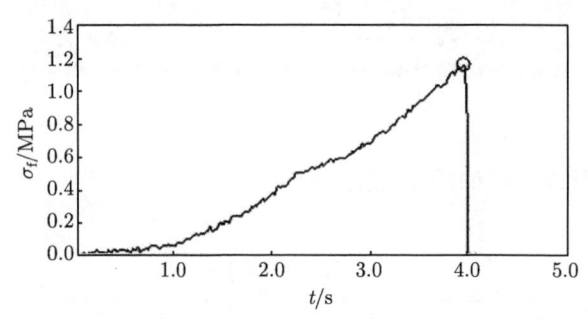

图 1.24　典型海冰三点弯曲试验的应力时历曲线 [22]

1.4.2.3　巴西盘劈裂试验

巴西盘劈裂试验是通过对圆盘形状的海冰试样施加对称的轴向压缩载荷，使其中心部位形成强烈的拉伸应力并最终劈裂破坏，并以此计算其拉伸强度。它是一种静态抗拉强度的间接测试方法。该方法基于强度准则，认为试样在中心处首先满足破裂条件，中心裂纹不断扩展最终导致整个试样劈裂成两半。

巴西盘试验可以研究海冰试样的破坏形式和试样厚度、载荷加载速率、试样温度以及试样孔隙率等因素对海冰试样拉伸强度的影响，能够有效地反映海冰的拉伸强度。它与直接拉伸、巴西圆环、点载荷、多点弯曲等试验方法相比，具有简便、快速、低成本等优点。

典型的巴西盘劈裂试验中，实际上对海冰试样所施加的是轴向压缩力，可采用万能试验机作为加载系统提供单轴压缩载荷 [8]。通过试验机加载台面的轴向移动，对试验试样形成稳定的加载速率，如图 1.25 所示。其中试验机的系统刚度约为海冰试样的 50 倍以上，因此在加载过程中由系统刚度所引起的变形误差可忽略不计。

试样的最终破坏形式如图 1.26 所示，在试验中虽然试样的厚度、温度与加载速率等条件发生改变，但总体上试样的破坏模式较为统一。由于海冰内部的空气或卤水体积等初始缺陷改变了裂纹发展中的路径，部分裂纹并未完全沿轴线发展。

巴西盘试验的具体流程如图 1.27 所示。巴西盘劈裂试验的注意事项如下。

(1) 记录试验数据：在圆盘试样达到失效强度并发生破坏后停止试验，保存数据采集系统采集的力传感器与位移传感器数据。

(2) 圆盘试样物理性质测量：在每组试验完成后及时测量每个试样的温度；将试样的一部分封存融化，采用电导计对盐度进行测量；试样另一部分采用浮力法对其密度进行测量。

(a) 试验装置简图   (b) 巴西盘劈裂试验加载过程

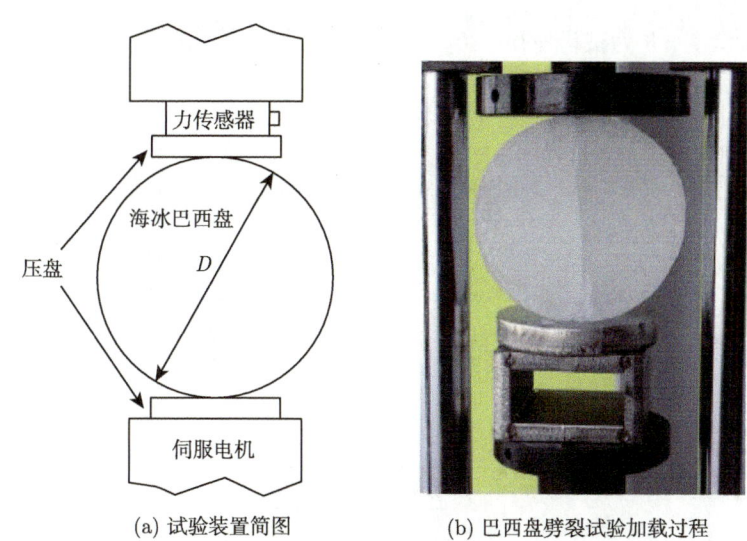

图 1.25　巴西盘劈裂试验装置简图和加载过程[8]

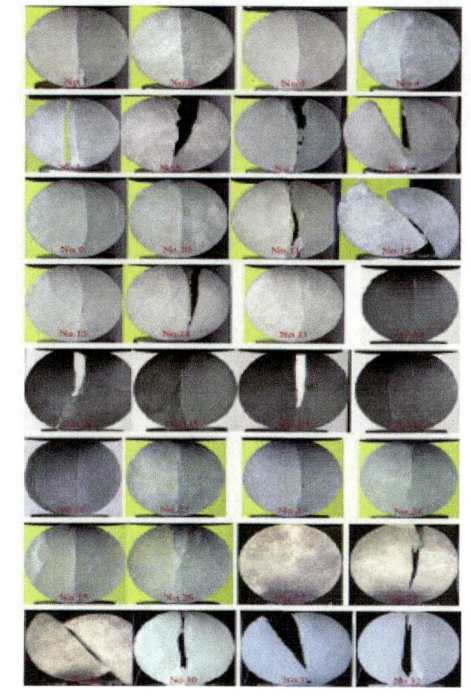

图 1.26　巴西盘劈裂试验试样的最终破坏形式[8]

1.4.2.4　海冰剪切试验

海冰剪切试验方法一般分为室内和现场两种。室内试验是把采集到的冰样运回实验室，精心加工后进行试验。另一种是现场采样，加工后直接试验，使冰样变化较小，更精确。

剪切试样加载方式如图 1.28 所示，剪切面为一对剪力的中间面，由直接剪切试验获得的剪切强度 σ_τ 的计算公式为

$$\sigma_\tau = \frac{F_{\max}}{ab} \tag{1.4.3}$$

式中，a 为试样厚度；b 为试样宽度；$F_{\max}$ 为试验过程中外载荷的最大值。

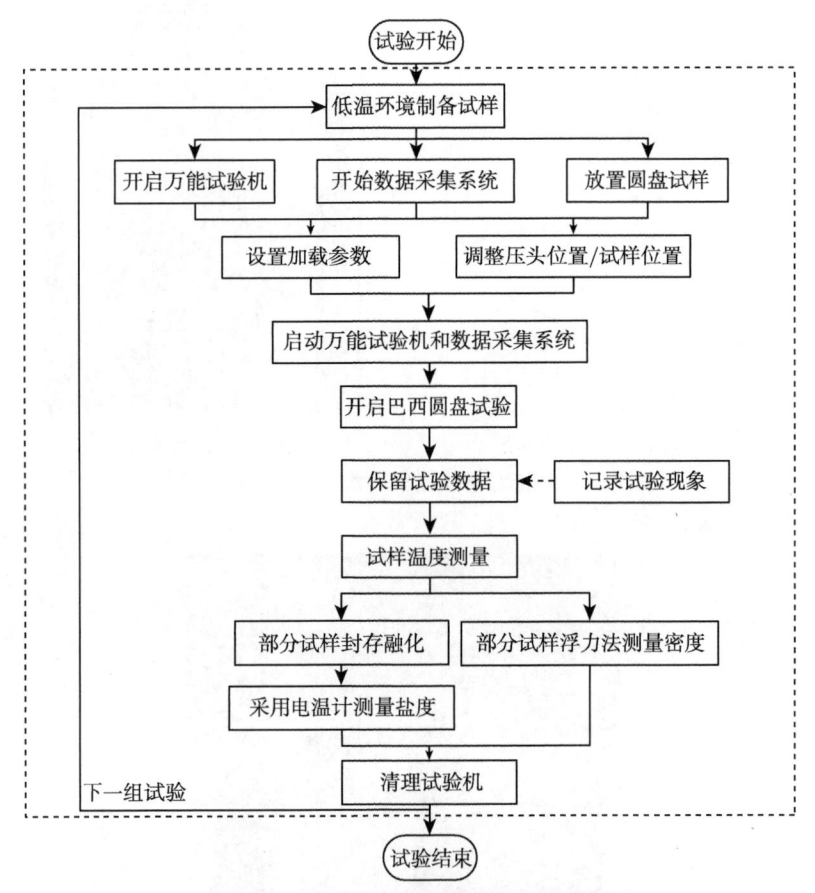

图 1.27 冰试样巴西盘劈裂试验流程图

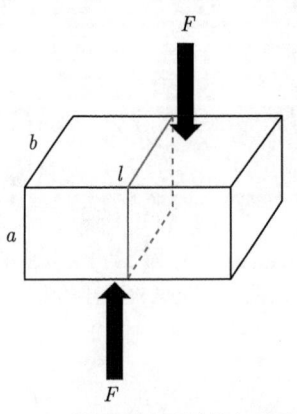

图 1.28 剪切试验试样的加载方式

同时由于海冰的晶体具有各向异性，在不同方向上加载会呈现不同的强度，即垂直于冰晶生长方向的剪切强度要大于平行于冰晶生长方向的剪切强度。直接剪切试验采用厚钢板限制住海冰在加载工程中的侧向膨胀，防止试样底部产生应拉力，克服弯曲破坏，确保准确性。试验进行时，由计算机采集压头压力数据及压头的位移，并同步测量和记录海冰试样的温度和盐度[24]。剪切试验的其他内容可参见相关文献[24,25]。

其他相关试验方法，例如围压试验等，可参见相关文献[26,27]。

1.4.2.5 世界冰水池介绍

除上述的海冰力学试验外，许多冰-结构物相互作用的试验多采取现场测量和冰水池模型模拟等方法。虽然现场测量结果更准确，但实地试验条件较复杂，需要考虑的因素较多。因此为满足试验研究要求，选择建造冰水池，将其作为一种较理想的试验场地进行试验研究。冰水池多用于开展冰与结构物相互作用的试验。世界上第一座冰水池于1955年在苏联建成。目前全世界已有二十多座冰水池，目前在用的冰水池见表1.6。

表 1.6 世界主要冰水池 (正常运行)[28−32]

建成时间	所在地	所属单位	尺寸/m(长 × 宽 × 深, / 表示变深度尺寸)	备注
1977	德国汉堡	汉堡船舶模拟实验室	78.0×10.0×2.5/5.0	
1978	芬兰赫尔辛基	阿克尔 (Aker) 北极公司	75.0×8.0×2.1	
1979	美国汉诺威	寒区研究和工程实验室陆军工程协会	37.0×9.0×2.4	
1980	加拿大渥太华	加拿大国家科学研究院水力学实验室	21.0×7.0×1.1	
1981	日本东京	日本国家海洋研究所 (NMRI)	35.0×6.0×1.8	
1981	日本津市	日本海事联合公司 (前 NKK)	20.0×6.0×1.8	
1982	美国爱荷华	爱荷华水利研究学会	20.0×5.0×1.3	
1982	挪威特隆赫姆	挪威水动力实验室	25.0×2.5×1.0	长方形
1985	加拿大纽芬兰岛	加拿大国家科学研究院	90.0×12.0×3.0	
1986	俄罗斯圣彼得堡	克雷洛夫国家科学中心	35.0×6.0×1.75	
1991	日本横滨	石川岛播磨重工有限公司研究所	8.0×3.4×0.9	
2014	俄罗斯圣彼得堡	克雷洛夫国家科学中心	102.0×10.0×2.0/4.6	
2016	中国天津	天津大学冰工程实验室	40.0×6.0×2.0	
2016	中国无锡	702 所小型低温试验箱	8.0×2.0×1.0	
2016	中国哈尔滨	哈尔滨工程大学室外冰水池	20.0×2.0×1.2	
1980	芬兰赫尔辛基	阿尔托大学	40.0×40.0×2.8	方形
2009	韩国大田	韩国船舶和海洋工程研究所	42.0×32.0×2.5	

1.4.3 影响海冰强度的物理因素

海冰是一种多孔、多相、多向的复杂的天然材料，海冰的力学性质在定性分析上普遍认为与海冰的组构 (成分与晶体结构)、温度、盐度、密度和加载条件 (加载速率、加载方向) 有关，并且每种力学性质对参数的敏感性也有所差异。

1.4.3.1 加载速率

加载速率对单轴压缩强度和剪切强度的影响较为清晰。海冰的剪切强度都是随着应力率的增加而减小，如图 1.29 所示。而一般认为，海冰在低加载速率下，其单轴压缩强度随加载速率的增大而增强，呈韧性破坏模式；但当加载速率增加到一定程度后，强度达到最大值，然后随速率的增加而减小，呈脆性破坏模式，如图 1.30 所示，而不同温度下，强度变化也略有差异。但也有研究表明，海冰压缩强度一直随应变率的增加而增大[21]。因此关于海冰压缩强度随加载速率的变化规律仍在不断研究中。

由于受海冰样本测点位置，海冰的冰晶结构、卤水体积 (盐度和温度) 等因素影响，加载速率对弯曲强度的影响仍在研究。Timco[34]在统计大量试验数据后指出，受试验数据的限制，海冰弯曲强度与加载速率的关系并不显著。而一些研究者的试验结果表明弯曲强度与加载速率有明显的相关性，降低卤水体积的影响后发现，在相对接近的卤水体积下，海冰弯曲强度与加载速率有相对较好的线性关系 (正相关)，并且弯曲强度在不同加载速率下会表现出一定程度的韧脆转化关系[23]。

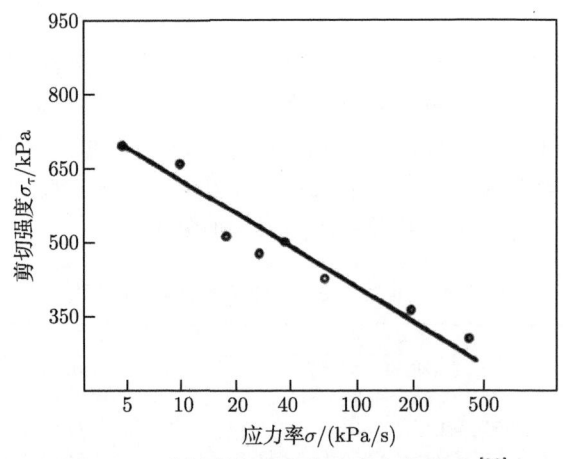

图 1.29　海冰剪切强度与应力率的关系[32]

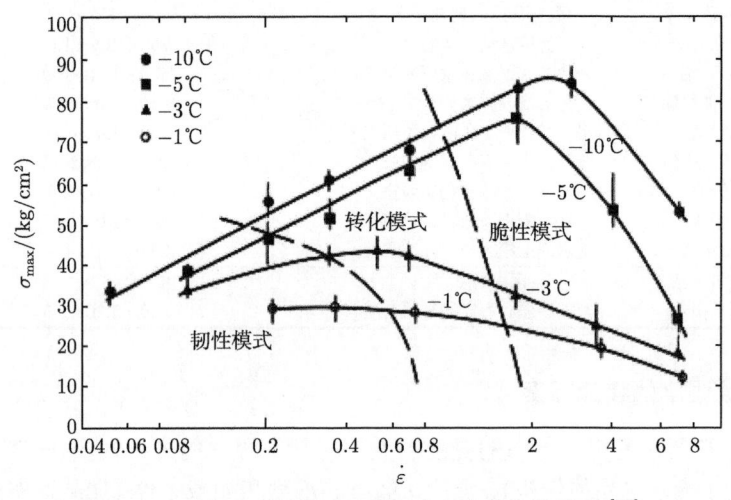

图 1.30　各温度下海冰压缩强度与应变率的关系[33]

1.4.3.2　卤水体积

海冰的卤水体积作为主要影响因素，表征了其在微观尺度下海冰试样的初始结构形式。海冰卤水体积受控于温度和盐度，而海冰温度受天气因素的影响，变化范围很大。当温度较高时，海冰内部会发生融化，其内部卤水体积增加，这使得海冰内部的孔隙率增加，从而使得海冰的力学性能降低。

海冰物理力学性质试验表明，海冰单轴压缩强度与卤水体积的平方根呈负指数关系。海冰温度越低或盐度越低，其冰晶也就越密实，卤水体积也就越低，其强度也就越高。采用式 (1.3.15) 可推算不同温度和盐度下的海冰卤水体积，由此得到不同卤水体积下海冰的单轴压缩强度。对其进行指数函数拟合[21]，得到

$$\sigma_\text{c} = 6.27\text{e}^{-4.13\sqrt{v_\text{b}}} \tag{1.4.4}$$

该式拟合残差平方根 $R^2 = 0.48$。此处尚未考虑加载速率等其他因素对海冰压缩强度的影响，因此在整体上海冰的单轴压缩强度具有较大的离散性。

考虑海冰在不同卤水体积下的极限值，此处对其外包络线进行指数函数拟合，其拟合式为

$$\sigma_c = 8.37 e^{-2.14\sqrt{v_b}} \quad (1.4.5)$$

该式拟合相关系数平方 $R^2 = 0.98$。由此可见，海冰单轴压缩强度在不同卤水体积下的极限值很好地满足指数关系。

Rocco 等 [35] 和 Serati 等 [36] 的结果说明，卤水体积的变化对拉伸强度有很大影响，粒状冰的拉伸强度随盐水体积的增大而减小。水平试样的拉伸强度 σ_t 和垂直试样的拉伸强度 σ_{vt} 的数量关系大致满足 $\sigma_{vt} = (2 \sim 3)\sigma_t$。此结果体现了柱状冰拉伸强度的各向异性。

与压缩强度类似，海冰的弯曲强度也存在随卤水体积增大而减小的变化趋势。图 1.31 给出了渤海海冰弯曲强度的拟合曲线 [22]，并与 Timco [37] 的统计结果进行对比，可以发现渤海海冰弯曲强度的测试结果要高于 Timco [37] 的统计结果，且可发现海冰弯曲强度 σ_f 与卤水体积的平方根 $\sqrt{v_b}$ 大体呈指数关系。

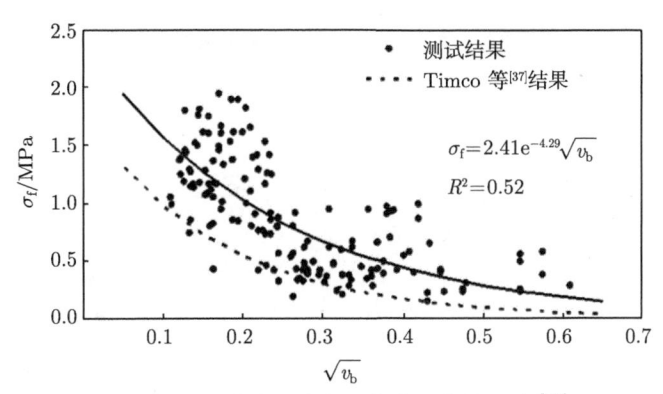

图 1.31　海冰卤水体积对弯曲强度的影响 [37]

为研究海冰剪切强度与卤水体积的关系，试验时通常在每个温度下设置多个盐度梯度试样进行试验。对于每个海冰试样，用 WUS 感应式盐度计多次测量试样碎片盐度，取平均值。而后通过剪切试验得到试样剪切强度。试验证明了两者间的关系，如图 1.32 所示，海冰的卤水体积越大，海冰的剪切强度越小。

1.4.3.3　冰温

压缩强度受冰温影响 (冰温大多分布在 $-14.0 \sim -1.0^\circ\text{C}$)，随海冰温度的降低，压缩强度表现出上升的趋势，其很好地符合幂指数函数 [22]，即

$$\sigma_c = 2.70|T|^{0.30} - 1.81 \quad (1.4.6)$$

该拟合得到的残差平方根 $R^2 = 0.52$。

考虑不同温度下海冰压缩强度的极限值，对海冰强度在不同温度下的外包络线采用幂指数函数进行包络拟合，如图 1.33 所示，海冰强度的极限值在不同温度下可以很好地符合幂

指数函数[22]，即

$$\sigma_c = -7.85|T|^{-0.25} + 9.93 \tag{1.4.7}$$

该式的拟合残差平方根 $R^2 = 0.99$。

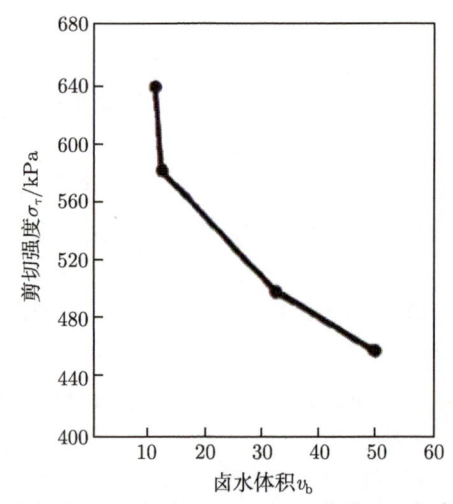

图 1.32　海冰剪切强度与卤水体积的关系 [3]

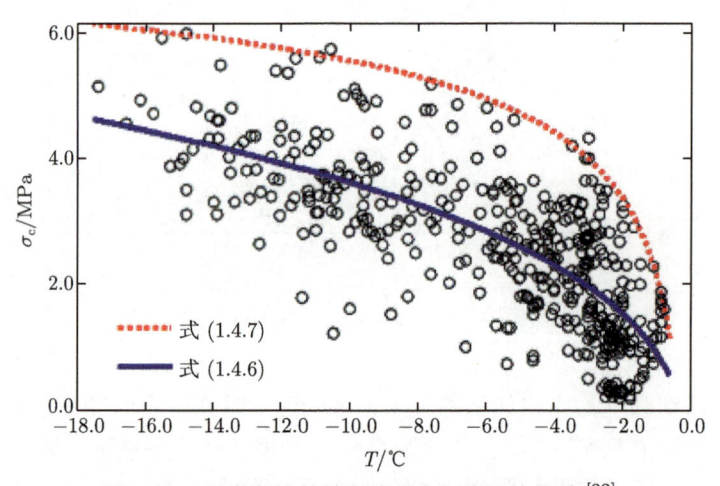

图 1.33　渤海海冰单轴压缩强度与冰温的关系 [22]

温度可以通过影响海冰的卤水体积来影响海冰的弯曲强度，温度越低，弯曲强度越大。而 Timco[37] 直观地讨论了冰温与弯曲强度的关系。张明元等[38] 发现其具有良好的线性关系，将 155 个试样的试验结果中冰温与弯曲强度的关系通过线性拟合得到

$$\sigma_f = 0.35 - 0.09T \tag{1.4.8}$$

在辽东湾顶部开展了五个温度的海冰剪切强度试验，如图 1.34 所示。剪切强度随冰温降低，数值逐渐增大，−15℃ 时，剪切强度达到最大；温度再降低，剪切强度值反而变小，这是海冰剪切破坏机理所决定的。冰温较高时呈现韧性破坏，冰温低时呈脆性破坏，强度会相应变低。

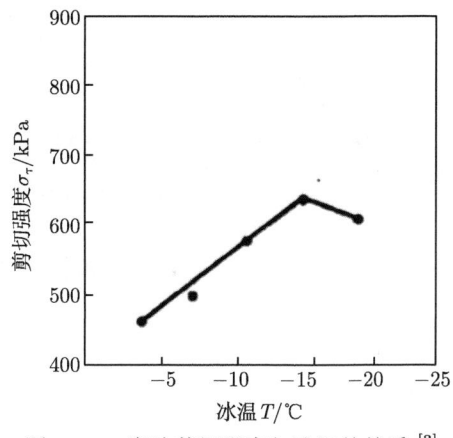

图 1.34 海冰剪切强度与冰温的关系 [3]

1.5 海冰的动力学本构关系和热力学过程

1.5.1 海冰动力学本构关系

海冰动力学研究内容主要集中在海冰运动模式与风浪、海流之间的关系以及海冰之间的内摩擦规律。海冰的本构关系是海冰堆积、重叠、破碎、水道形成等现象的理论依据，也是计算海冰运动方程内应力的重要依据。海冰特殊的材料特性与明显的尺度效应使得海冰本构关系的确定具有特殊的复杂性[39]。

早期在建立本构关系时，一般把海冰看作二维各向同性的力学介质来处理，在此基础上先后发展了黏性[40]、弹塑性[41,42]和黏塑性[43]本构模型，后又出现各向异性[44-46]本构模型。

研究大尺度的海冰时，由于 Hibler[43] 的黏塑性形式不考虑弹性、黏弹性等部分，所以计算过程简单，被广泛采用。该模型能很好地表现出浮冰的平均自然运动状态，却较难表现出较小时间、空间尺度下的海冰形变行为[22]。

为使 Hibler 的黏塑性本构模型更好地适用于不同条件下的海冰动力学数值模拟，季顺迎等[47] 考虑了海冰在小应变和小应变率条件下的黏弹性力学行为，对大应变条件下的塑性流变性质采用 Mohr-Coulomb(莫尔–库仑) 塑性屈服准则，并考虑海冰静水压力的影响，建立一个基于二维连续介质的各向同性力学模型，即基于莫尔–库仑屈服准则的黏弹–塑性海冰动力学本构模型。

本节将主要介绍基于莫尔–库仑屈服准则的黏弹–塑性模型的组成部分，该模型考虑因素比较全面，适应性更强。

1.5.1.1 海冰屈服前的黏弹性力学模型

海冰在不同的尺度和条件下表现出不同的流变学特征。本节选用 Kelvin-Vogit(开尔文–沃伊特) 黏弹性模型来描述海冰屈服前的流变特征，并考虑海冰在大应变或大应变率条件下的塑性破坏，建立如图 1.35 所示的黏弹–塑性本构模型，其中弹簧、阻尼器和滑块分别代表海冰的弹性、黏性和塑性流变模型[47]。

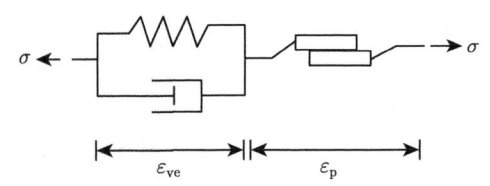

图 1.35 黏弹-塑性海冰动力学本构模型 [47]

考虑到海冰动力学中的静水压力影响，开尔文-沃伊特黏弹性本构模型的二维张量形式可表述 [47] 为

$$\sigma_{ij} = 2\eta_V \dot{\varepsilon}_{ij} + (\zeta_V - \eta_V)\dot{\varepsilon}_{kk}\delta_{ij} + 2G\varepsilon_{ij} + (K - G)\varepsilon_{kk}\delta_{ij} - p_r\delta_{ij} \tag{1.5.1}$$

式中，σ_{ij} 和 $\dot{\varepsilon}_{ij}$ 分别为二维应力和应变率张量；δ_{ij} 为克罗内克 (Kronecker) 算子；K 和 G 为海冰的块体和剪切杨氏模量；ζ_V 和 η_V 分别为海冰的块体和剪切黏性系数；$2\eta_V\dot{\varepsilon}_{ij} + (\zeta_V - \eta_V)\dot{\varepsilon}_{kk}\delta_{ij}$ 为黏性部分；$2G\varepsilon_{ij} + (K-G)\varepsilon_{kk}\delta_{ij}$ 为弹性部分；p_r 为静水压力项；

$$K = \frac{E}{2(1-\nu)}, \quad G = \frac{E}{2(1+\nu)} \tag{1.5.2}$$

其中，E 为海冰的杨氏模量；ν 为海冰的泊松比。

海冰的杨氏模量和黏性系数与密集度有密切的关系，基于海冰和河冰动力学黏塑性模型中压力项与密集度的函数关系有

$$E = E_0 \left(\frac{N}{N_{\max}}\right)^j \tag{1.5.3}$$

或

$$E = E_0 e^{-C_0(1-N)} \tag{1.5.4}$$

式中，E_0 为密集度 $N_{\max}$ 时海冰的杨氏模量；C_0 和 j 均为经验系数，一般取 $C_0 = 20, j = 15$；N 为海冰密集度。海冰黏性系数与密集度也有上述关系。

1.5.1.2 莫尔-库仑屈服准则

在冰动力学本构模型研究中运用莫尔-库仑屈服准则，可将其写为

$$f(\sigma_1, \sigma_2) = \sigma_1 - \sigma_2 + (\sigma_1 + \sigma_2)\sin\varphi_0 - 2c_0\cos\varphi_0 = 0 \tag{1.5.5}$$

式中，c_0 为黏结力；φ_0 为内摩擦角；σ_1 和 σ_2 分别为第一主应力和第二主应力。

空间内的莫尔-库仑屈服面是一个正六面锥体，如图 1.36 所示。如果将静水项取第三主应力，即 $\sigma_3 = -p_0$，则它与以上正六面锥体相交得到一个二维莫尔-库仑屈服曲线，如图 1.37 所示，该屈服曲线由内摩擦角 φ_0、黏结力 c_0 和静水压力 p_0 三个参数来确定。本节选用 $c_0 = 0$ 和 $\varphi_0 = 46°$，考虑静水压力的影响。

莫尔-库仑屈服曲线分别由剪切、辐合和辐散 (或压缩和拉伸) 破坏面组成，其屈服函数可分别表述为 [48]

$$\sigma_1 = K_d\sigma_2 + 2c_0\sqrt{K_d} \tag{1.5.6}$$

$$\sigma_c = -K_c p_0 - 2c_0\sqrt{K_c} \tag{1.5.7}$$

$$\sigma_t = -K_d p_0 + 2c_0\sqrt{K_d} \tag{1.5.8}$$

式中，K_d 和 K_c 分别为莫尔--库仑屈服准则所对应的最大、最小无量纲化主应力，其值分别为

$$K_d = \tan^2\left(\frac{\pi}{4} - \frac{\varphi_0}{2}\right) \tag{1.5.9}$$

$$K_c = \tan^2\left(\frac{\pi}{4} + \frac{\varphi_0}{2}\right) \tag{1.5.10}$$

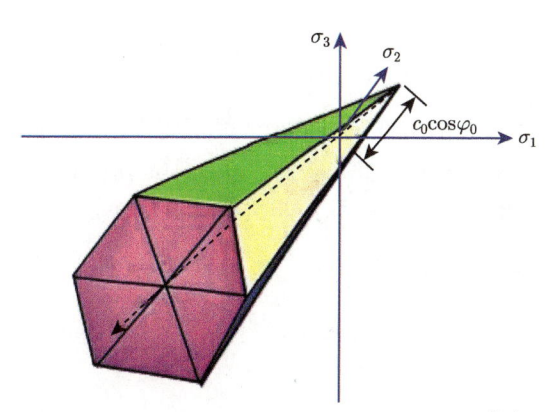

图 1.36 三维空间内的莫尔--库仑屈服准则 [47]

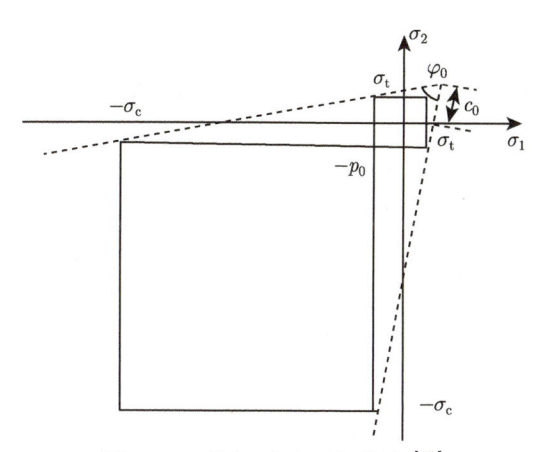

图 1.37 莫尔--库仑屈服曲线 [47]

1.5.1.3 相关联的正交流动准则

当海冰发生塑性屈服后主应力处于屈服面上，本节在处理海冰塑性流变行为时采取相关联的正交流动法则，即塑性势函数取用莫尔--库仑屈服函数，海冰的塑性应变率方向与屈服面正交。

海冰屈服的总应变包括弹性应变和塑性应变两部分，其增量形式 $d\varepsilon_{ij}$ 可写成

$$d\varepsilon_{ij} = d\varepsilon_{ij}^e + d\varepsilon_{ij}^p \tag{1.5.11}$$

式中，$d\varepsilon_{ij}^e$ 和 $d\varepsilon_{ij}^p$ 分别为弹性应变增量和塑性应变增量。

根据塑性增量流变理论[39,49]，海冰的塑性应力增量的张量形式 $\mathrm{d}\sigma_{ij}$ 可写为

$$\mathrm{d}\sigma_{ij} = D^{\mathrm{el}}(\mathrm{d}\varepsilon_{ij} - \mathrm{d}\varepsilon_{ij}^{\mathrm{p}}) \tag{1.5.12}$$

式中，D^{el} 为材料的杨氏模量矩阵。

当材料处于弹性阶段时，$\mathrm{d}\varepsilon_{ij}^{\mathrm{p}} = 0$，而在塑性阶段的塑性应变或应变率可由 Drucker (德鲁克) 公式来确定。根据 Mises(米泽斯) 塑性位势流动理论，塑性增量与塑性势函数 g_{pp} 正交，即可把正交流动法则写成

$$\mathrm{d}\varepsilon_{ij}^{\mathrm{p}} = \mathrm{d}\lambda \frac{\partial g_{\mathrm{pp}}}{\partial \sigma_{ij}} \tag{1.5.13}$$

式中，$\mathrm{d}\lambda$ 为塑性标量因子，可由塑性应变的一致性确定[49]。如果把该塑性势函数 g_{pp} 取为屈服函数 $f(\sigma_{ij})$，则称为与屈服函数相关联的流动法则，简称相关联的流动法则；如果塑性势函数 g_{pp} 不同于屈服函数 $f(\sigma_{ij})$，则称为非关联的流动法则。

1.5.1.4 海冰动力学中的静水压力

无论在平整、重叠或堆积冰区，海冰在重力和浮力作用下在竖直方向上都会产生应力，该竖直方向上的平均应力 $\bar{\sigma}_z$ 为

$$\bar{\sigma}_z = \frac{1}{h_{\mathrm{I}}} \int_{-h_2}^{h_1} \sigma_z \mathrm{d}z = \frac{1}{2}\rho_{\mathrm{I}}\left(1 - \frac{\rho_{\mathrm{I}}}{\rho_{\mathrm{W}}}\right)gh_{\mathrm{I}} \tag{1.5.14}$$

式中，ρ_{I} 和 ρ_{W} 为海冰密度和海水密度；海冰厚度 $h_{\mathrm{I}} = h_1 + h_2$，其中 h_1 和 h_2 分别为水面上、下的海冰厚度。

考虑到海冰密集度的影响，海冰动力学中竖直向上的平均压力可按下式计算[50]：

$$p_0 = \left(1 - \frac{\rho_{\mathrm{I}}}{\rho_{\mathrm{W}}}\right)\frac{\rho_{\mathrm{I}}gh_{\mathrm{I}}}{2}\left(\frac{N}{N_{\mathrm{max}}}\right)^j \tag{1.5.15}$$

式中，p_0 为竖直方向上的平均压力。

水平方向上的静水压力可由竖直方向上的平均应力转化而来，即

$$p_{\mathrm{r}} = K_0 p_0 \tag{1.5.16}$$

式中，p_{r} 为水平方向上的静水压力；K_0 为压力项转换系数，可由试验确定。如果不考虑海冰的黏结力，可取 $K_0 = 1 - \sin\varphi_0$。

1.5.2 海冰热力学过程

在大气–海冰–海水的热力系统中，海冰作为中间介质，通过冰层的生消与热物理性质 (如卤水体积) 变化来调节自身的热力平衡，最终实现大气与海洋的热价交换。海冰热力学过程，外在表现为海冰厚度与覆盖面积的增减，从而影响到海冰的动力学过程。自然状态下，海冰热力学过程主要包括：大气–海冰界面热交换、海冰–海洋界面热交换、海冰内部热传导与海冰生消，如图 1.38 所示。

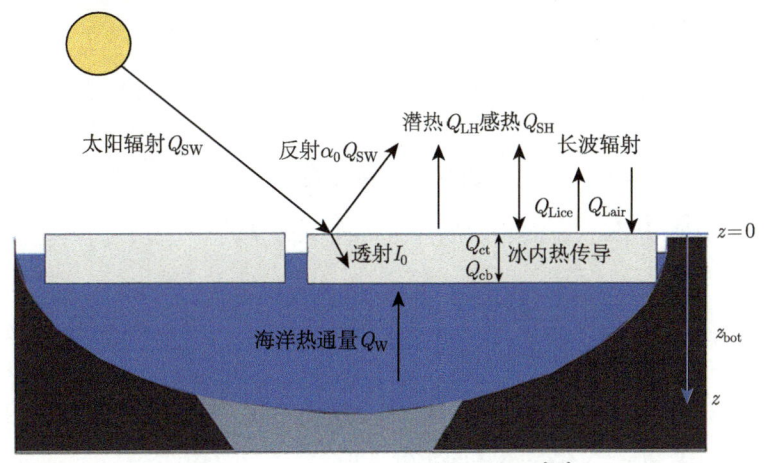

图 1.38　海冰热力学过程示意图[22]

1.5.2.1　大气–海冰界面的热交换

太阳辐射经过大气入射到冰面及其上覆盖的雪层，发生反射、散射、吸收，改变了冰雪的结构及物理性质的同时，也改变了太阳辐射的传输。而大气–海冰界面的热交换可以看作太阳短波辐射、长波辐射、潜热和感热、海冰热传导共同作用的结果。

太阳短波辐射主要受大气层和云层、地理位置、时间因素的影响。而长波辐射主要与海冰表面的冰温与气温、海冰和大气的黑度 (实际物体的向外辐射力与同温度下黑体的向外辐射力之比) 有关。

海冰感热 Q_{SH} 是指由大气与海冰表面间的温度差产生的热交换量，潜热 Q_{LH} 是指因固体海冰直接升华为水蒸气而散发的热量。二者均受气温、风速和大气湿度等环境因素的影响。

海冰表面的辐射热与对流热之和 Q_0 为[22]

$$Q_0 = (1-\alpha_0)Q_{SW} - I_0 + (Q_{Lair} - Q_{Lice}) + Q_{SH} + Q_{LH} \tag{1.5.17}$$

式中，α_0 为光线的反射率；Q_{SW} 为冰面太阳辐射强度；I_0 为冰面太阳辐射的透射量；Q_{Lair}、Q_{Lice} 分别为大气与海冰的长波辐射量；Q_{SH}、Q_{LH} 代表海冰的感热与潜热。

海冰内部热传导对表面能量的传递，主要由靠近海冰表面冰层间的温度差来决定。根据热传导方程，海冰内部热传导对表面传递的能量 Q_{ct} 表示为[22]

$$Q_{ct} = k_i \left.\frac{\partial T}{\partial z}\right|_{z=0} \tag{1.5.18}$$

式中，k_i 为海冰的热传导系数 ($W \cdot m^{-1} \cdot K^{-1}$)；$T$ 为冰温 (°C)；z 为冰面深度 (m)，取海冰表面为 0，向下为正。

海冰表面发生能量交换的总和 Q_{top} 为[22]

$$Q_{top} = Q_0 + Q_{ct} \tag{1.5.19}$$

1.5.2.2 海冰–海洋界面的热交换

海冰底面能量流通量 Q_{bot} 主要由海洋热通量 Q_{W} 与海冰在底面上的热传导 Q_{cb} 决定，其表达式为 [22]

$$Q_{\text{bot}} = Q_{\text{W}} + Q_{\text{cb}} \tag{1.5.20}$$

根据热传导方程，从海冰流向底面的热量 Q_{cb} 表示为 [22]

$$Q_{\text{cb}} = -k_{\text{i}} \frac{\partial T}{\partial z}\bigg|_{z=z_{\text{bot}}} \tag{1.5.21}$$

式中，k_{i} 为海冰的热传导系数 $(\text{W} \cdot \text{m}^{-1} \cdot \text{K}^{-1})$；$T$ 为冰温 (°C)；z 为冰面深度 (m)，取海冰表面为 0，向下为正；z_{bot} 代表海冰底面坐标 (m)。

海洋热通量 Q_{W} 是海冰热力学模型中一个非常敏感的因素。在海冰底面附近，海水的温度通常非常接近冰点，因此海洋热通量 Q_{W} 的变化较难转化为海冰温度的起伏，而是直接反映在海冰厚度的变化上 [51]。而且它还受到海水的温度、盐度、流速等水文条件的影响。在渤海海冰的数值模拟中，考虑到其较小的时空尺度，常参数化海洋热通量 Q_{W} 为冰期和海域的常值。

1.5.2.3 海冰内部热传导

海冰内部的热力学过程主要受其内部结构及太阳辐射的影响。海冰是由卤水、纯冰等组成的混合物质，因而其热力学参数如比热、热传导系数较容易与温度耦合，使热力学过程的计算复杂化。进入冰盖内部的太阳辐射量，也会影响到海冰内部温度场的分布。

海冰内热传导的热通量表示为

$$Q_{\text{c}} = k_{\text{i}} \frac{\partial T}{\partial z} \tag{1.5.22}$$

而雪的热传导率比较小，在冰与空气之间起着隔热作用，减少了冬季冰面的热损失。当雪厚 h_{s} 从 0 增长到 100cm 时，冰内热传导的热通量 Q_{c} 减小至原来的 1/3 左右。当雪厚 h_{s} 较小时，Q_{c} 变化最快。当雪厚 h_{s} 增大后，冰温对气温的作用不敏感而对冰底的温度更敏感，所以 Q_{c} 随雪厚 h_{s} 的增加而减小。新冰的热传导率更复杂，当雪厚 h_{s} 较小时，新冰对雪厚 h_{s} 的变化比厚冰更为敏感；但当雪厚 h_{s} 大时，敏感程度降低；当冰薄时，Q_{c} 值主要由雪盖特性决定。当 $h_{\text{s}} > 10 \sim 20\text{cm}$ 时，Q_{c} 近似为常数 [52]。

除了雪的隔热作用，卤水胞同样会维护冰内的热平衡，将潜热储存其中，通过改变体积进行调整。当冰变冷时，卤水胞内的水分将会冻结，以致卤水胞的盐度增加到近于低温时的数值。同样当冰变暖时，卤水胞壁冰融化，融化后的水分汇入卤水胞，导致盐度降低。

1.5.2.4 海冰的生消变化

海冰表面的消融变化主要由冰面的热收支平衡 Q_{top} 决定的，可表述为 [22]

$$-q \frac{\text{d}h_{\text{I}}}{\text{d}t}\bigg|_{z=0} = \begin{cases} 0, & Q_{\text{top}}|_{T=0} < 0 \\ Q_{\text{top}}, & Q_{\text{top}}|_{T=0} \geq 0 \end{cases} \tag{1.5.23}$$

式中，q 代表融化单位体积海冰所需的能量 (J/m^3)；h_{I} 代表海冰厚度 (m)。

海冰表面的消融过程主要依据式 (1.5.20) 计算得到，而不考虑表面海冰的生长。海冰在底面的生消过程，可以表示为 [22]

$$Q_{\text{bot}} = Q_{\text{W}} + Q_{\text{cb}} = -q \left.\frac{\mathrm{d}h_{\text{I}}}{\mathrm{d}t}\right|_{z=z_{\text{bot}}} \tag{1.5.24}$$

式中，Q_{W} 为海洋热通量；Q_{cb} 为从海冰流向底面的热量。

当 $Q_{\text{bot}} > 0$ 时，海冰底面开始消融，否则有新冰生成。新冰生成时所需要的单位体积的能量与海水对应的冰点、盐度有关。

1.6 小　　结

本章主要介绍了海冰的分类、物理性质、力学性质、动力学本构及热力学过程。首先，从海冰的发展阶段、表层形态、密集度、冰型等不同角度，对海冰的分类进行了详细阐述，具体介绍了海冰各种类型的划分标准及其特征。接着，对于海冰的物理性质，从微观角度解释了 13 种晶体结构的冰，分析比较了北极浮冰与南极固定冰的结构特点，进一步阐述了海冰的晶体结构，并介绍了海冰的密度、温度、盐度、孔隙率等重要物理参数，简述了海冰的结冰过程。对于海冰的力学性质，主要介绍了极地海洋工程中关注的部分力学参数，包括压缩强度、拉伸强度、弯曲强度、剪切强度，针对这些力学参数具体介绍了其破坏模式、各物理因素对强度的影响，阐述了冰力学研究中常见的力学性质试验，包括单轴压缩试验、三点弯曲试验、巴西盘试验等。在动力学本构方面，详细介绍了基于莫尔-库仑准则的黏弹-塑性模型的组成部分。最后，介绍了热力学过程中的大气-海冰界面热交换、海冰-海洋界面热交换、海冰内部热传导与海冰生消。本章将为后续冰力学的研究提供理论基础。

参 考 文 献

[1] 全国海洋标准化技术委员会. 海冰要素分类代码和图式图例规程: HY/T 230—2018[S]. 北京: 中国标准出版社.
[2] Sanderson T J O. Ice Mechanics: Risks to Offshore Structures [M]. London: BP Petroleum Development Ltd, 1988.
[3] 丁德文. 工程海冰学概论 [M]. 北京: 海洋出版社, 1999.
[4] Michel B. Ice Mechanics[M]. Quebec: Les Presses de L'Universite Laval, 1978.
[5] Michel B, Ramseier R. Classification of river and lake ice[J]. Canadian Geotech, 1971, 8(1): 38-45.
[6] 刘钦政, 白珊, 吴辉碇. 中国海冰研究 [J]. 海洋预报, 1998, 15(4): 9-14.
[7] Gratz E, Schulson E. Brittle failure of columnar saline ice under triaxial compression[J]. Journal of Geophysical Research Solid Earth, 1997, 102(B3): 5091-5107.
[8] 陈晓东, 崔海鑫, 王安良, 等. 基于巴西盘试验的海冰拉伸强度研究 [J]. 力学学报, 2020, 52(3): 625-634.
[9] Weeks W F, Ackley S F. The Growth, Structure, and Properties of Sea Ice[M]. Hanover, New Hampshire. Springer, 1986.
[10] 韩红卫. 极区航道海冰时空分布及其物理力学性质研究 [D]. 大连: 大连理工大学, 2016.
[11] Heil P, Gerland S, Granskog M A. An Antarctic monitoring initiative for fast ice and comparison with the Arctic[J]. The Cryosphere Discussions, 2011, 5(5): 2437-2463.
[12] 李志军, 隋吉学, 严德成, 等. 辽东湾平整固定冰冰温及其他物理特性的测定与分析 [J]. 海洋学报, 1989, 11(4): 525-533.

[13] Cox G F N, Weeks W F. Numerical simulations of the profile properties of undeformed first-year sea ice during growth season [J]. Journal of Geophysical Research, 1988, 93: 12449-12460.

[14] Cox G F N, Weeks W F. Salinity variations in sea ice[J]. Journal of Glaciology, 1974, 13(67): 109-120.

[15] 李志军, 吴紫汪, 高树刚, 等. 渤海连续冰层关键力学参数预报模式 [J]. 大连理工大学学报, 2003, 43(2): 238-242.

[16] Cox G F, Weeks W F. Equations for determining the gas and brine volumes in sea-ice samples[J]. Journal of Glaciology, 1983, 29(102): 306-316.

[17] Leppäranta M, Manninen T. Brine and gas content of sea ice with attention to low salinities and high temperatures[J]. 1988.

[18] Frankenstein G, Garner R. Equations for determining the brine volume of sea ice from $-0.5℃$ to $-22.9℃$[J]. Journal of Glaciology, 1967, 6(48): 943-944.

[19] 杨碧野. 碎冰区船舶冰阻力的预报方法及影响规律研究 [D]. 大连: 大连理工大学, 2022.

[20] Løset S, Shkhinek K N, Gudmestad O T, et al. Actions From Ice on Arctic Offshore and Coastal Structures [M]. Moscow, Krasnodar: St. Petersburg, 2006.

[21] 王安良, 许宁, 季顺迎. 渤海沿岸海冰单轴压缩强度的基本特性分析 [J]. 海洋工程, 2014, 32(4): 82-88.

[22] 王安良. 基于强度试验和立体监测的海冰离散元模型及工程应用 [D]. 大连: 大连理工大学, 2016.

[23] 季顺迎, 王安良, 苏洁, 等. 环渤海海冰弯曲强度的试验测试及特性分析 [J]. 水科学进展, 2011, 22(2): 266-272.

[24] 于驰, 王刚. 基于直接剪切试验的海冰粘接力研究 [J]. 大连大学学报, 2015, 36(6): 17-20.

[25] 季顺迎, 李鹏飞, 刘宏亮, 等. 渤海莱州湾和黄河口附近海冰剪切强度的试验研究 [J]. 海洋通报, 2013, 32(3): 241-245.

[26] 管延华, 吴佳杰, 朱登元, 等. ECC 三轴压缩特性试验研究 [J]. 硅酸盐通报, 2020, 39(1): 96-100.

[27] 单仁亮, 白瑶, 隋顺猛, 等. 淡水冰三轴压缩力学特性试验研究 [J]. 应用基础与工程科学学报, 2018, 26(4): 901-917.

[28] HSVA. The Hamburg Ship Model Basin[EB/OL]. (2024-6-15). http: //hsva.de.

[29] 梁云芳, 王迎晖, 廖又明, 等. 冰水池发展现状及趋势 [J]. 舰船科学技术, 2015, 37(S1): 21-26.

[30] 张东江, 吴刚. 冰水池模型试验内容对比 [J]. 船舶工程, 2022, 44(6): 20-30.

[31] 刘小健, 刘义, 魏跃峰. 极地破冰船操纵设计需求分析及研究方法综述 [J]. 船舶, 2023, 34(3): 123-134.

[32] 王嘉安. 冰缘区航行船舶在碎冰–波浪耦合作用下增阻机理研究 [D]. 哈尔滨: 哈尔滨工程大学, 2022.

[33] Wu H C, Chang K J, Schwarz J. Fracture in the compression of columnar gained ice[J]. Engineering Fracture Mechanics, 1976, 8(2): 365-370.

[34] Timco G W, Weeks W F. A review of the engineering properties of sea ice [J]. Cold Regions Science and Technology, 2010, 60: 107-129.

[35] Rocco C, Guinea G V, Planas J, et al. Size effect and boundary conditions in the Brazilian test: Experimental verification[J]. Materials and Structures, 1999, 32: 210-217.

[36] Serati M, Alehossein H, Williams D J. Estimating the tensile strength of super hard brittle materials using truncated spheroidal specimens[J]. Journal of the Mechanics and Physics of Solids, 2015, 78: 123-140.

[37] Timco G W. Flexural strength equation for sea ice[J]. Cold Regions Science and Technology, 1994, 22(3): 285-298.

[38] 张明元, 严德成. 海冰弯曲强度的研究 [J]. 海洋科学, 1993, (5): 59-62.

[39] Lubliner J. Plasticity Theory[M]. North Chelmsford: Courier Corporation, 2008.

[40] Glen J W. Thoughts on a viscous model for sea ice[J]. AIDJEX Bulletin, 1970, 2: 18-27.

[41] Coon M D, Maykut G A, Pritchard R S, et al. Modeling the pack ice as an elastic plastic material[J]. Aidjex Bull, 1974, 24: 1-105.

[42] Pritchard R S. An elastic-plastic constitutive law for sea ice[J]. Journal of Applied Mechanics, 1975, 42: 379-384.

[43] Hibler W D. A dynamic thermodynamic sea ice model[J]. Journal of Geophysical Oceanography, 1979, 9(4): 815-846.
[44] Coon M D, Knoke G S, Echert D C, et al. The architecture of an anisotropic elastic-plastic sea ice mechanics constitutive law[J]. Journal of Geophysical Research, 1998, 103(C10): 21915-21925.
[45] Pritchard R S. Ice conditions in an anisotropic sea ice dynamics model[J]. International Journal of Offshore and Polar Engineering, 1998, 8: 9-15.
[46] Hibler W D. Sea ice fracturing on the large scale[J]. Engineering Fracture Mechanics, 2001, 68(17-18): 2013-2043.
[47] 季顺迎，岳前进，沈洪道，等. 基于 Mohr-Coulomb 准则的黏弹–塑性海冰动力学本构模型 [J]. 海洋学报，2005，27(4): 19-29.
[48] 王刚. 中小尺度海冰动力学的粘弹–塑性本构模型及 SPH 数值模拟 [D]. 大连：大连理工大学，2006.
[49] Zimmermann T H. An object oriented approach to nonlinear finite element programming[B]. Lausanne: Swiss Federal Institute of Technology, 1990.
[50] Shen H T, Shen H, Tsai S M. Dynamic transport of river ice[J]. Journal of Hydraulic Research, 1990, 28(6): 659-671.
[51] Notz D. Challenges in simulating sea ice in Earth System Models[J]. Wiley Interdisciplinary Reviews: Climate Change, 2012, 3(6): 509-526.
[52] 刘煜，吴辉碇. 第 3 讲海冰热力学 [J]. 海洋预报，2018，35(3): 88-97.

第 2 章 极地船舶的分类及特点

2.1 概述

人类探索北极已有上百年的历史。根据历史记录，公元前 325 年古希腊水手皮西亚斯在试图寻找金属锡来源时到达冰冻海域，人类就已经探索了极北地区[1]。真正的北极探险始于 19 世纪，当时英国探险家约翰·富兰克林 (John Franklin) 和其他探险家试图寻找北极海路，后来不幸失踪[2]。这些探险活动引发了人们对北极地区的浓厚兴趣，促使更多的探险家和科学家涌向北极。破冰船是探索北极不可或缺的工具。于 1869 年问世的俄罗斯 "Yermak" 号 (图 2.1) 被认为是第一艘真正的现代海上破冰船，标志着极地航行技术的重大突破[3]。从那时起，人类在极地使用破冰船进行破冰作业也已有一百多年的历史。这些船舶的出现使北极地区的探索和开发变得更为可行。

图 2.1 "Yermak" 号被认为是第一艘真正的现代破冰船

由于极地船舶航行环境与开敞水域不同，极地船舶也会与传统船舶在设计和规范上存在不同。因此，本章将从"极地船舶分类"和"极地船舶的典型特征"两个方面对现有极地船舶进行详细的讲解。

2.2 极地船舶的分类

极地船舶是指在极地区域开展科学研究、商业航行、油气开发、旅游休闲等活动的船舶装备的总称[4]。极地船舶最开始是作为航海探险之用，经过多年发展，目前极地船舶已经发展为涵盖极地油船、极地天然气船、极地集装箱船、极地海洋工程船以及极地破冰船等多功能全方位支撑极地探险、航运、科考的装备体系[5]。极地船舶可从用途、冰级等方面进行分类。

2.2.1 依据用途分类

极地船舶依据用途可以分为极地破冰船、极地科考船、极地运输船、极地邮轮、极地渔船五个大类[6]，如图 2.2 所示。

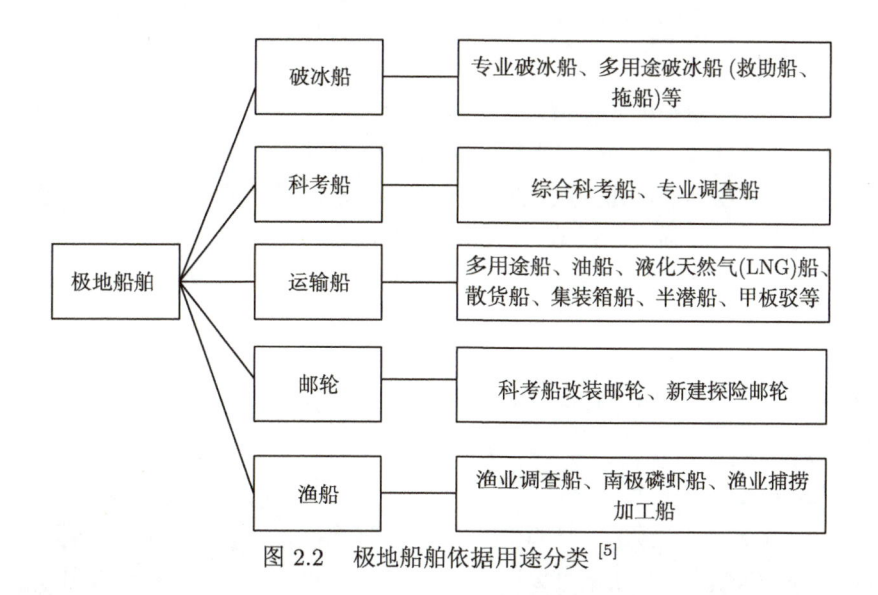

第 2 章 极地船舶的分类及特点 · 37 ·

图 2.2 极地船舶依据用途分类[5]

- 破冰船：专业破冰船、多用途破冰船（救助船、拖船）等
- 科考船：综合科考船、专业调查船
- 运输船：多用途船、油船、液化天然气(LNG)船、散货船、集装箱船、半潜船、甲板驳等
- 邮轮：科考船改装邮轮、新建探险邮轮
- 渔船：渔业调查船、南极磷虾船、渔业捕捞加工船

2.2.1.1 极地破冰船

极地破冰船是一种专门设计用于在极地区域破冰的船舶。由于极地区域的海域可能被冰层覆盖，普通船舶无法穿越，因此需要破冰船开辟航道，为其余船只创造通行条件。破冰船可根据功能进一步细分为：专业破冰船、多用途破冰船(救助船、拖船)，发展至今约有150年的历史。目前俄罗斯、加拿大、美国、芬兰、瑞典、挪威等国家均拥有强大的极地破冰船队，除此之外，俄罗斯是世界上唯一拥有核动力破冰船的国家[7]。如图2.3所示，俄罗斯"50年胜利"号核动力破冰船是最新、马力最强大、最先进的核动力破冰船，以及图2.4美国"北极星"号破冰船是美国海岸警卫队的重型极地破冰船。这些破冰船在极地区域发挥着重要的作用，保障了极地航道的通畅并确保极地科研和资源开发的正常进行。

图 2.3 俄罗斯"50年胜利"号核动力破冰船

图 2.4 美国"北极星"号破冰船

2.2.1.2 极地科考船

极地科考船是专门用于极地海域进行科学考察和研究的船舶。这些船舶配备了各种实验室设备、科研工具和设施。在极地科考船上进行研究的领域十分广泛,包括气象学、海洋学、地质学、生态学、生物学等。作为极地科考的重要装备,其技术发展需求随着极地航道、油气矿产资源开发变得日渐强烈。极地科考船在推动极地科学研究、环境保护和资源开发等方面发挥着重要作用。我国目前有两艘专门的极地科考船,分别是"雪龙"号、"雪龙 2"号,如图 2.5、图 2.6。

图 2.5　中国"雪龙"号科考破冰船 　　　　图 2.6　中国"雪龙 2"号科考破冰船

2.2.1.3 极地运输船

极地运输船是专门设计用于在极地区域进行货物运输的船舶。从北极航道发展趋势来看,多用途船、油船、液化天然气 (LNG) 船、集装箱船将成为未来极地海域的四大主力运输船型,例如,图 2.7 重载甲板运输船,图 2.8 极地凝析油轮,图 2.9"鲁萨诺夫"号极地 LNG 船,图 2.10"Venta Maersk"号极地集装箱船。极地多用途船兼容性强、装卸效率高,适合在北极航道开通初期进行多种货物运输的需求,世界各国也多采用多用途船进行北极航道试航[8]。极地运输船舶在支持极地区域的资源开发、人员供应、科研支持等方面发挥着重要作用,其设计需要兼顾运输效率、船舶安全和环保需求,以确保能够在极地环境中安全、高效地运输货物。

图 2.7　重载甲板运输船 　　　　　　　　图 2.8　极地凝析油轮

2.2.1.4 极地邮轮

极地邮轮 (又称极地观光船) 是专门设计用于在极地进行旅游和探险活动的邮轮船只。这些邮轮为乘客提供了独特的极地探险体验,让游客有机会接触到两极的自然风景和野生动植物。极地邮轮是极地旅行的最主要方式,近年来,随着极地旅游、探险逐渐进入大众视野,极地邮轮也向着更高抗冰能力、更舒适、更安全、更灵活的高附加值船舶发展[6],如图 2.11 极地"探索"号豪华邮轮。

图 2.9　"鲁萨诺夫"号极地 LNG 船 　　图 2.10　"Venta Maersk"号极地集装箱船

图 2.11　极地"探索"号豪华邮轮

2.2.1.5　极地渔船

极地渔船是指通过申请配额在北极或南极海域从事渔业资源勘察、捕捞、运输、加工等活动所使用的渔船[7]，如图 2.12 所示的南极磷虾捕捞船。具体船型可包括极地渔业调查船、极地渔业捕捞加工船和南极磷虾船等几种。极地渔船需要在恶劣的极地环境中进行捕捞作业，其设计需要兼顾捕捞效率、船舶安全和环保需求，以确保极地区域渔业活动的安全性和可持续性。

图 2.12　南极磷虾捕捞船

2.2.2　依据冰级分类

国际船级社协会 (International Association of Classification Societies, IACS) 于 2006 年颁布了针对极地船舶的《极地船级要求》[9]，根据海冰状况、结构可承受的冰厚范围和最小破冰能力等对极地船冰级进行区分，将极地船舶的冰级 (Polar Class，PC) 分为 PC1~PC7 共七个等级。PC1 到 PC7，船舶破冰能力逐渐减弱。各冰级具体内容如表 2.1。

表 2.1　IACS 极地船冰级 [10]

冰级	冰况描述	结构承受的冰厚范围/m	最小破冰能力 */m
PC1	全年在所有极地水域航行	>3.5	3.0
PC2	全年在中等厚度的多年冰龄状况下航行	3~3.5	2.25
PC3	全年在第二年冰龄状况 (可包括多年夹冰) 下航行	2~3	1.5
PC4	全年在当年厚冰状况 (可包括旧夹冰) 下航行	0.7~2	1.0
PC5	全年在当年中等厚度冰状况 (可包括旧夹冰) 下航行	0.7~2	1.0
PC6	夏季/秋季在当年中等厚度冰状况 (可包括旧夹冰) 下航行	0.6~1.2	0.7
PC7	夏季/秋季在当年薄冰状况 (可包括旧夹冰) 下航行	0.5~0.9	0.7

* 最小破冰能力指船舶航速 4kn 下连续破冰厚度。

极地船舶依据 PC 冰级可以分为三类：重型破冰船、中型破冰船和轻型破冰船。IACS《极地船级要求》作为极地船舶设计和建造的统一标准，仅提出了指标性要求，各国船级社在该要求的具体执行和验证上各有不同 [11]，各船级社 PC 冰级对比情况如表 2.2 所示。

表 2.2　各船级社 PC 冰级对比情况 [6]

	IACS	CCS	ABS	DNV	GL	LRS	适用冰况/m	最小破冰能力/m
重型破冰船	PC1	—	A5	—	—	AC3	>3.5	3.0
	PC2	—	A4	—	Arc4, Arc3	AC2	3~3.5	2.25
中型破冰船	PC3	—	A3	—	Arc2	AC1.5	2~3	1.5
	PC4	—	A2	—	Arc1	AC1.5	0.7~2	1.0
	PC5	—	A2	—	—	—	0.7~2	1.0
轻型破冰船	PC6	B1*	IAA, A1	ICE-1A*, ICE-1A*F	E4	1AS	0.6~1.2	0.7
	PC7	B1	IA, A0	ICE-1A*, ICE-1A*F	E3	1A	0.5~0.9	0.7
	—	B2	IB	ICE-1B	E2	1B	0.3~0.6	0.45
	—	B3	IC	ICE-1C	E1	1C	0.3~0.4	0.35
	—	B	D0	ICE-C	E	1D	0.2~0.3	0.25

注：IACS. 国际船级社协会；CCS. 中国船级社；ABS. 美国船级社；DNV. 挪威船级社；GL. 德国劳氏船级社；LRS. 英国劳氏船级社。* 为船级社对极地船舶冰级的区别方式之一，以 CCS 为例：B1* 和 B1 为 CCS 的两个冰级，分别与 PC6 和 PC7 对应, B1* 是 B 类极地船舶的最高冰级。

重型破冰船 (heavy icebreaker) 通常具备强大的破冰能力，可以应对 PC1、PC2 冰级，这类船舶通常配备有强大的动力系统、坚固的船体和特殊的破冰装置，以应对极端的冰冻海域。通常用于开辟深水航道 (一般指大型河口及近海水域能满足 1 万吨级以上海轮安全航行的航道)，为大型船舶在极地航行提供支持。

中型破冰船 (medium icebreaker) 在破冰能力和船体尺寸上介于重型和轻型之间，可以应对 PC3~PC5 冰级。

轻型破冰船 (light icebreaker) 的破冰能力相对较低，适用于较薄的冰层，通常用于开辟浅水航道，为小型船只和渔船提供支持。

2.3　极地船舶的典型特征

2.3.1　船舶结构与布置

国际极地水域营运船舶规则 (极地规则) 针对极地水域的特殊风险，提供了覆盖极地船舶构造、设备、操作、培训、搜救和环保等所有方面的目标和要求，以补充现有国际海事组织 (IMO) 公约规则要求。国际极地水域营运船舶规则 (极地规则) 适用于北极地区港口的船舶、穿越北极航行的船舶、在南极区域航行的船舶以及所有类型破冰船。

极地船舶结构形式和布置应充分考虑其预期进入极地水域的任务,确保其有效适应相关的寒冷环境、偏远地区及其存在的海冰状况等操作条件。在碎冰区航行时,由于海冰的存在,船舶首会受到碎冰给予的较大载荷。极地船舶在平整冰上行驶时,船体的持续破冰可以看作是与冰面的接触-挤压-弯曲-破碎过程[12]。船舶的破冰性能与船型、船体结构、主机功率、载货状态等因素都有关联。通常,以破冰作业为主要任务的极地船舶期望达到的冰区操作性能如表 2.3 所示。

表 2.3 破冰船舶冰区操作性能[13]

冰况	冰区操作性能
正常冰状态	达到 10~12kn 常规航速
较严重冰状态	达到 6kn 左右的较低航速
给定冰厚度条件下	维持最低 2kn 的持续航速

极地商运船舶的冰级选择直接影响构件尺寸和推进功率,导致建造成本提升和载货量损失,这种影响随着冰级的提高而大幅增大。

2.3.1.1 船体分区

船舶设计时基于的冰区高位水线和低位水线应示于入级证书中。冰区高位水线 (UIWL) 按船首、船中和船尾的最大吃水定义。冰区低位水线 (LIWL) 按船首、船中和船尾的最小水线定义。冰区低位水线还应按压载工况下的冰区航行能力进行确定。螺旋桨在冰区低位水线应全浸没。

船长 L(m):沿冰区高位水线,由艏柱前缘量至舵柱后缘的长度;对无舵柱的船舶,由艏柱前缘量至舵杆中心线的长度;但均不应小于冰区高位水线总长的 96%,且不必大于 97%。对于具有非常规船首和船尾的船舶,其船长 L 需特别考虑。

船舶排水量 D_{UI}(kt):对应于冰区高位水线吃水时的排水量,当使用多条水线确定冰区高位水线时,则取最大值。

将极地船舶的船体划分成不同的区域,方便反映极地船舶在冰区航行时不同部位的载荷大小。在纵向上分为 4 个区域:首部区 (B)、首部过渡区 (BI)、船中区 (M) 和尾部区 (S)。首部过渡区、船中区和尾部区沿高度方向,分为底部区 (b)、下部区 (l) 和冰带区 (i)。各个船体分区的范围如图 2.13 所示。

首部区与首部过渡区之间的边界不得位于艏柱线和船舶基线的交点之前;首部区后端的边界则不必位于艏柱前缘沿冰区高位水线向后 $0.45L$ 之后;底部区与下部区之间的边界应取在与水平面成 7° 倾斜角的船体外板处;如船舶拟在冰区进行倒车作业,则尾部区应按首部区和首部过渡区的要求进行设计;授予"破冰船"附加标志的船舶,尾部区的前端边界应位于冰区高位水线平行中体后端点之前至少 $0.04L$。

2.3.1.2 极地船舶的布置要求

极地船舶的总体布置应该充分考虑到航行环境、极地船舶的用途、停靠码头等条件。由于北极港口位置偏远和南极缺乏港口设施,极地船舶应该配备起货设备及相关设备;满足极地水域严格环保要求和适当续航力需求,船舶配置足够的液舱容积、备件和供给储存量的需求;因严寒和黑暗操作条件,船舶的内部通道、设备操作处所,以及生活设施需要实施适当的加热、绝缘、空调和附加照明等措施。船舶在碎冰区航行时,碎冰还会与船舶发生碰撞,产生噪声和振动，生活处所的设计应考虑破冰引起的噪声和振动。因护航和拖带操作船舶，尾部甲板应设置无障碍区域，包括尾拖带槽口和直升机甲板；驾驶台应具有全方位的清晰视野。

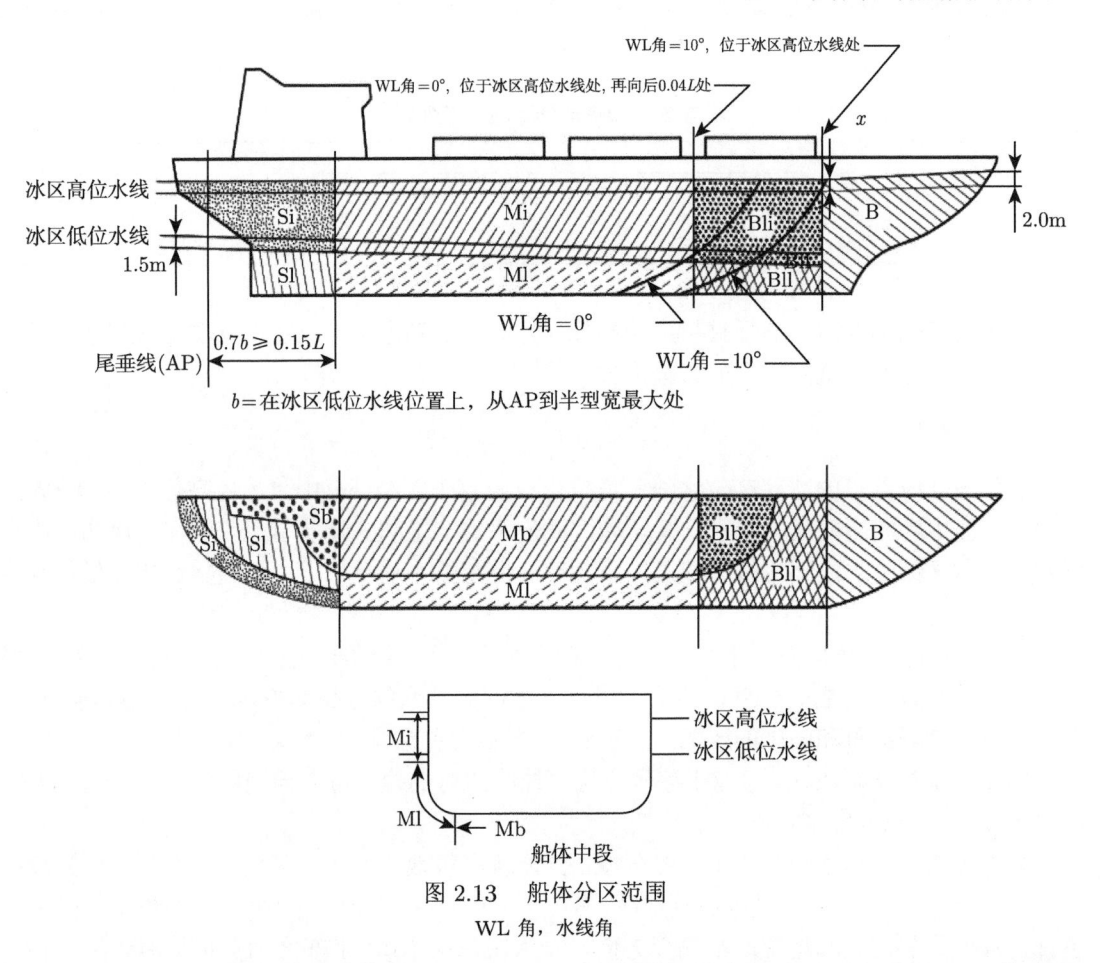

图 2.13　船体分区范围
WL 角，水线角

极地船舶的冰载荷预报是进行结构设计的必要条件，冰载荷取决于船体形状、排水量、主机功率、航速、冰属性和种类等。通常情况下首部区域的冰载荷最大、底部区域的冰载荷最小，常规船舶冰载荷的分布趋势见图 2.14。

极地船舶的船首形状应适合于冰覆盖水域的冰状况。根据规范[9]，这里先给出两类船舶的定义。A 类船舶：至少能在中等当年冰（也可能包括陈冰）的极地水域航行；B 类船舶：未包含在 A 类船舶范围内，能在当年薄冰（也可能包括陈冰）的极地水域航行。A 类船舶应采用破冰首，避免采用球鼻艏和钝直首。B 类船舶可以采用传统型首部形状，包括球鼻艏和钝直首，但须限制其首部冲撞冰块的操作。破冰首形状应考虑如下设计特征：为获得更好的冰区航行能力和高效的排冰效率，目前设计破冰船的趋势通常是增大外倾角（flare angle）、降低水线角（waterline angle）、降低艏柱角（stem angle）和纵剖线角（buttock angle）（图 2.15）。其中，增大外倾角有利于破冰和浸没效率；降低水线角有利于排冰效率；降低艏柱角和纵剖线角有利于破冰和浸没效率。船首可考虑安装冰足（ice foot）/冰鳍（ice skeg），见图 2.15，可以有效减轻船体撞击冰块后损坏情况和减小船舶骑上冰面的程度。

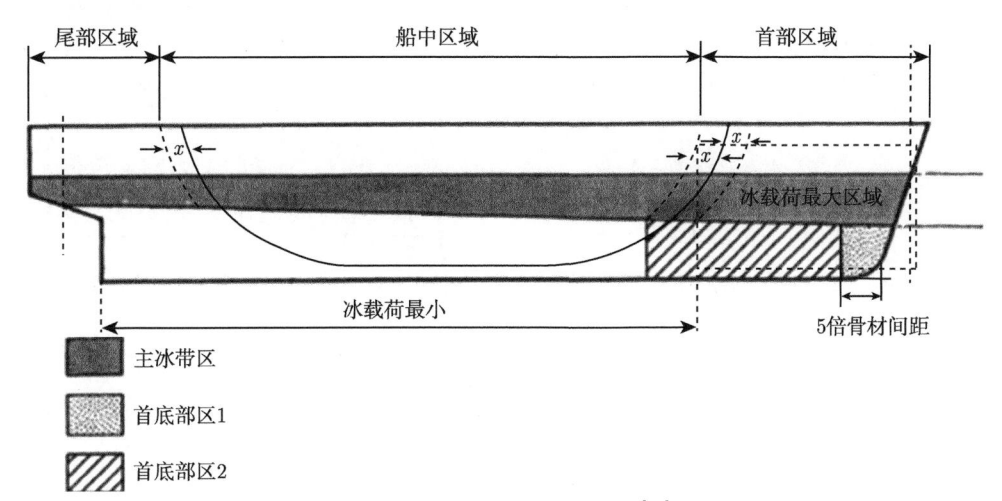

图 2.14 冰载荷分布趋势图[14]

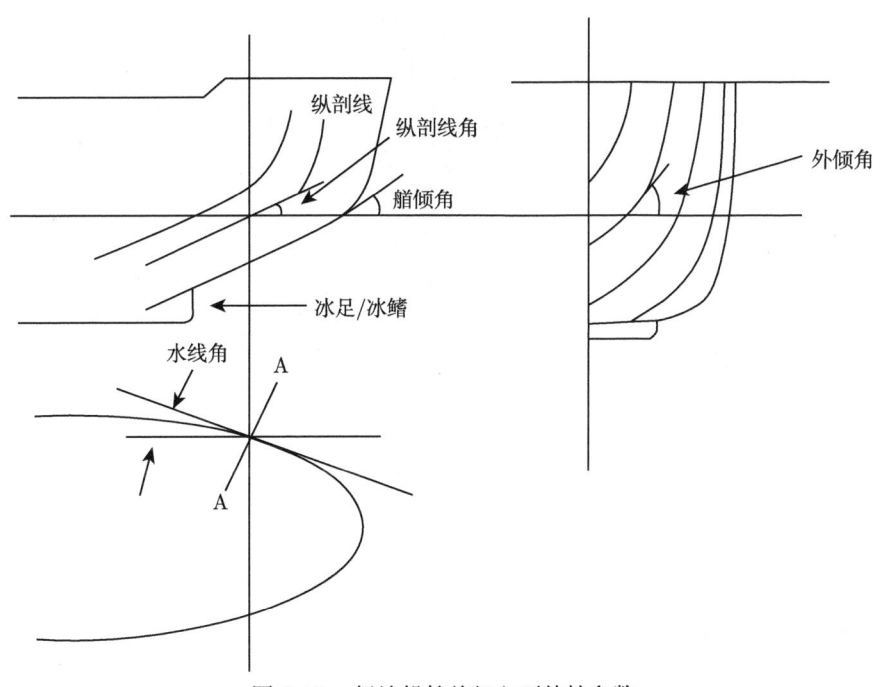

图 2.15 极地船舶首部主要特性参数

具有破冰能力的极地船舶的船首区域与到船中区域应逐步过渡，以避免冰块过度撞击肩部区域。选择船舶中部的形状时应考虑到其对阻力、适航性、建造成本和载重量的影响。具有高冰级破冰能力的极地船可考虑沿船中部设置垂向倾斜舷侧，一般取 8° 以利于压弯式破冰，见图 2.16。极地船舶的尾部形状设计应使船舶在后退操作时，有利于对推进系统推进装置的保护。对设计具有尾向破冰能力的船舶，其尾部区应按首部区和首部过渡区的要求进行设计，并考虑在舵后设置冰刀，以偏转和劈开浮冰块，避免舵和螺旋桨过度撞击冰块。

2.3.1.3 舵设备和船体附件

舵的设计应考虑到航速较低的情况和预期的操作能力，提高冰区航行的操纵性。对于高冰级船舶以及破冰船的舵，可设置更多的舵销 (及舵钮) 将舵叶上的冰载荷更均匀地传递到船体结构上,如图 2.17 所示。

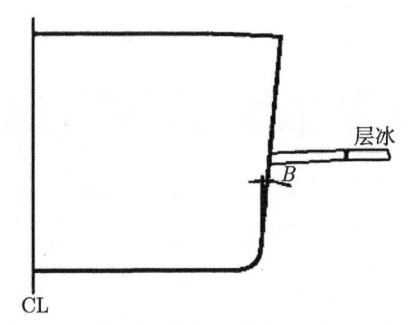

图 2.16 高级冰船舶中横剖面设计示意图

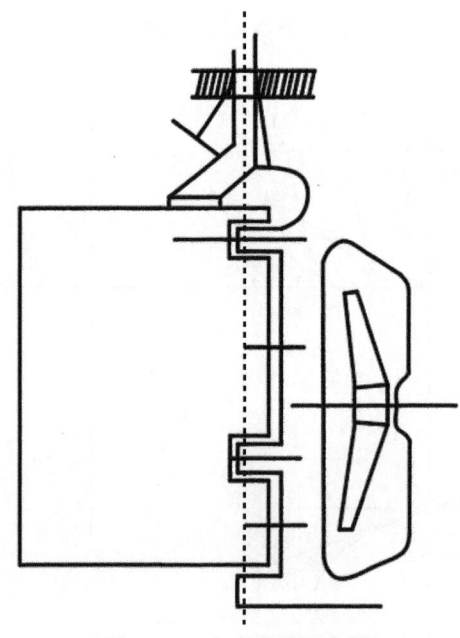

图 2.17 多支承舵示意图

冰级船舶的舵主要考虑正车转舵和倒车两种工作模式,如图 2.18 所示。当正车转舵时,冰载荷作用在侧面,主要考虑作用在挂舵臂上的冰载荷;当倒车时,冰载荷直接作用在尾部,主要考虑作用在舵叶上的冰载荷。

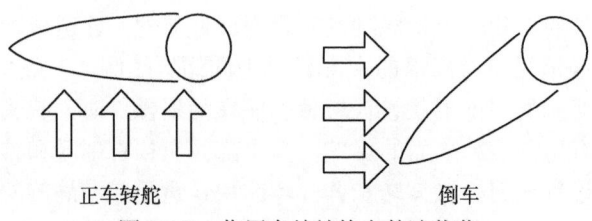

正车转舵　　　　倒车
图 2.18 作用在舵结构上的冰载荷

低温环境下,冰可能聚集在舵的露天部分,影响舵杆和固定圈的连接区域或固定的舵保护器与舵叶表面之间的区域,应经常检查舵是否积冰,通过转动可以除冰。舵杆的露天密封设计也应考虑结冰和低温。为减少冰区倒车作业对操舵装置的损害，船舶应调整吃水位置使易受损的部位浸入水下。当舵叶受到冰载荷影响而从船中位置发生偏转时，整个舵系统中将产生巨大的载荷。对于冰级船舶，可能出现设计计算时的营运航速较大，选取的舵机功率较大，工作压力以及安全阀的设定值较高等情况。此时应调整安全阀的设定值，避免当冰载荷作用产生扭矩超过舵杆的设计扭矩时，不能及时将负载卸载。应设置合适的舵叶固定装置(如止舵器/锁紧销)以保证倒车时舵叶处于船中位置。

极地船舶的船体附件应根据预期承受的冰载荷进行加强。为降低舭龙骨部分脱落的潜在危害，极地航行船舶的舭龙骨可设置为多个较短的独立部分，建议采用箱式结构——由底板、顶板、外侧墙及一定数量纵横较均匀布置的内隔墙构成的整体刚度很好的箱式结构。A类极地船舶在首部 $L/3$(L 为船长) 范围内应不设置舭龙骨。极地船舶冰区操作过程中，应可以收回外设的船舶稳定装置 (如舭龙骨)，并适当加强稳定装置周围的结构。对于在冰区操作过程中不能收回的外设船舶稳定装置，可按照舵的要求进行加强。为防止冰挤入到舵顶部和船体结构之间，可设置钢制板或铸件制成的冰刀降低舵顶部的冰载荷。冰刀应延伸到压载水线以下，且与船体结构相连，如图 2.19 所示，冰刀设置在高位冰区水线和低位冰区水线之间，可有效降低船舵处冰载荷。如果设置其他附体，如螺旋桨节能装置，应考虑足够的强度以避免冰载荷引起的损坏。

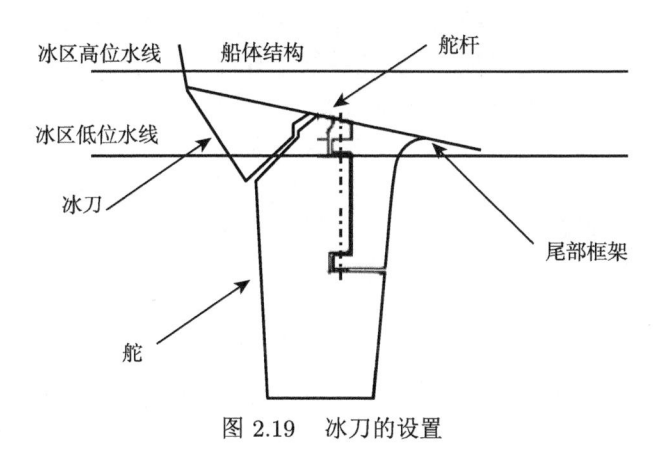

图 2.19 冰刀的设置

2.3.2 船舶防寒

与普通水域不同，冰区航行速度通常较慢，航行时不仅要面对大量冰水混合物，还要考虑携带破冰设备、提高船舶动力、强化船体材料及工艺，以及克服特殊的低温环境对船舶系统、露天系统和舱室系统造成的影响。这也就使得防寒设计成为保障船舶在极地冰区正常航行的关键问题之一。极地船舶船体结构应选择适当的韧性材料，以避免脆性断裂。

2.3.2.1 防寒要求

极地服务温度 (PST) 指的是为预期在低气温环境下操作的船舶所规定的温度，该温度应设为低于预定极地水域操作区域和季节的最低日均低温 (LMDLT) 至少 10℃。

设计服务温度 (DST) 指设计时为船舶设定的用于衡量材料、设备和系统在低气温环境下服务性能的一个温度指标，该温度由船东根据船舶的用途和服务工况确定，一般应设为低于拟定的船舶操作区域和季节的最低日均低温至少 10℃，设计服务温度数值上等于极地服务温度。

低气温操作船舶指预期驶往或穿越最低日均低温低于 −10℃ 区域的船舶。尽管极地船舶设计取决于预期操作条件,但其船体结构材料选择应尽可能考虑极地级 (冰级) 和极地服务温度的匹配。A 类极地船舶通常设计用于长期在极地水域最冷冬季月份操作,船体结构材料的极地服务温度一般选择 −40℃ 及以下。B 类船舶通常设计用于季节性在极地水域连续冬季月份操作,船体结构材料的极地服务温度一般选择 −15 ∼ −30℃。因碳素钢的韧性随温度下降而降低,低气温操作船舶结构使用 A 级低碳钢存在增加脆性断裂的风险。温度 −18℃ 以下,不宜选择 A 级低碳钢用于暴露结构。A 级低碳钢是一种含碳量较低的钢材,通常含碳量在 0.05%∼0.25%。

除冰防寒标志:DE-ICE。通过防寒 CCS"钢规" 中《低气温环境下操作船舶的补充规定》,给出了基于设计服务温度,对机械装置与管系、锚系泊起货设备、安全设备和系统等方面采取的相应的防寒和/或防冰除冰措施。

除冰、防冻措施取决于船舶的预期低温操作要求,对于需要在较长时间的低温环境下 (如北极) 操作的船舶,建议设置永久的除冰、防冻措施,对于偶尔在低气温环境操作的船舶,可使用便携式除冰、防冻设备。

具体防寒措施,在船上的具体应用如艇、绞车和其他露天甲板机械等设备一般可采用硬质的可移动的罩壳或帆布罩遮盖,或者采用围蔽布置。在船上的具体应用如露天甲板机械的液压控制装置、易结冰的管系、露天通道和梯道等可安装电伴热或蒸汽,加热电缆和管路的布置需要有合适的间距并且将其固定,以便热量传递到设备和结构上,且防止产生较大的热应力,相关布置一般应基于热平衡计算,确保在预计的最低环境温度下的加热措施的有效性。船上的蒸汽吹风或浇淋热水、摇晃吊索/支柱/天线等,为防止冰的聚集可使用木槌来敲掉设备罩上的冰、使用锤子/棍子/刮板/类似工具除冰等,手动工具除冰,应特别注意在手动工具除冰过程中避免损坏设备。锚机、门铰链和导缆器等活动部件冻结,可能会导致部件不灵活或者超载,可采用低温油脂保护,且应防止涂层下存有水。

对于辅助除冰类的防寒技术,主要可分为加热措施和吹除措施。加热措施是利用不同热源,有针对性地对某个区域的碎冰或浮冰进行消融;吹除措施是依托于合适压力等级的压缩空气。船上的压载水舱、液舱等可设置气泡发生装置,可以由专用的压缩空气装置供气,或由已计及吹泡系统空气需求量的杂用空气系统供气,应在舱底布置足够数量的空气喷嘴,且供气系统不应导致舱内压力超出舱的设计压力。

2.3.2.2 海水门防寒

海水门,又称海水箱,是维持极地船舶正常、稳定航行的关键之一。海水门是全船海水的源头,在消防、冷却水等系统中充当着重要角色,如图 2.20 所示。极地船舶航行在存在大量浮冰的航道,海水门容易被堵塞。当体积较大的浮冰被吸入海水门,浮冰在格栅附近会被打碎成碎冰。这些碎冰就会通过海水管系进入滤器中,大量堆积形成冰塞。堵塞后,管系不能及时提供冷却水,会导致中央冷却器高温,从而引发高温报警,使主机和发电机组无法正常运行,最终造成严重后果 (如全船失电、动力系统瘫痪、船舶搁浅或失控等海上事故)。因此,极地船舶中海水门防寒技术是确保船舶航行安全、稳定的特殊要求之一。但是从现有研究情况来看,对于冰区海水门的防寒设计尚缺乏足够的技术经验[15]。

为了扩展防寒技术的多样性,确保防寒效果的可靠性,上述相关防寒技术通常是以复合方案的形式被广泛应用于冰区海水门的设计中,以最大程度地降低冰塞风险。如下提出两种具有代表性的设计方案并进行分析。

图 2.20 常规冷却水系统[13]

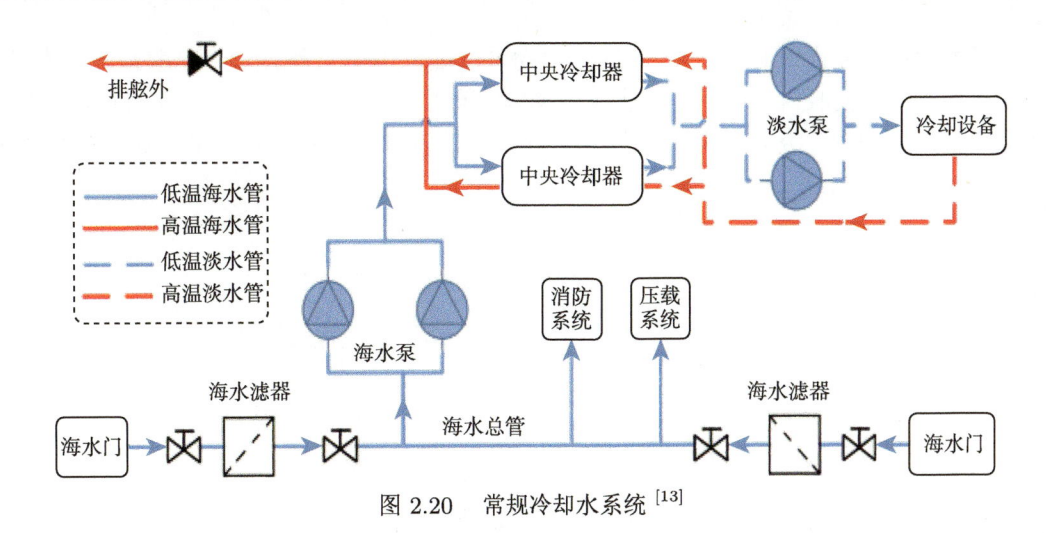

方案一：如图 2.21 所示，冰区海水门的布置。其中的海水箱和海水舱均设有透气管和回流管路，并通过携带滤器的管路进行连接。在海水门的进口格栅/开孔/开槽附近设有蒸汽装置来吹除部分可能吸入的碎冰，但效果有限，故常用于格栅上附着物的清理。海水门和冷却海水吸入口都处于较低位置，应尽量保持在浮冰下方，避免吸入碎冰。但是，该设计方案没有很好地解决碎冰/浮冰堵塞的问题。一方面，由于顶部高度不够高，大量浮冰聚集，故仅靠回流很难及时消融；另一方面，碎冰在上浮过程中容易被吸入海水箱和海水舱的连接管路，从而堵塞海水滤器。因此，该海水门内需要设置高度低于水线的围堰或者高度高于水线的挡板，以便更好地分离碎冰，避免"冰塞"发生。此外，还应设置人孔盖，确保可人工进行手动清除。

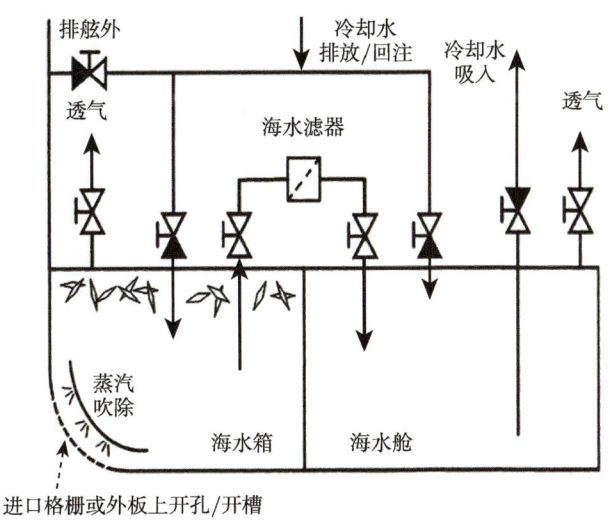

图 2.21 海水门布置示意图 (方案一)

方案二：如图 2.22 所示，带海水冷却循环的海水系统[16]。该方案与方案一有很多相似之处，都是通过携带有海水滤器的海水总管连接海水箱和海水舱等。其特点在于管路相对简单，可以节省出舱室空间，用于燃油日用箱和燃油深舱等的布置。顶部设置了人孔盖，并且处于底部的海水门进水口直接连通顶部主甲板，为分离顶部浮冰提供了足够的高度。这是利用密度差的原理,使进入海底门后密度小于海水的浮冰,被直接引入顶部碎冰聚集区域。但是,由于海水总管的吸入口布置在冰水混合物的上升途中,且未采取有效保护措施,增加了直接吸入碎冰的风险,从而造成滤器堵塞。此外,该方案缺少除冰回路来消融顶部的碎冰,也无法调控舱内水温。

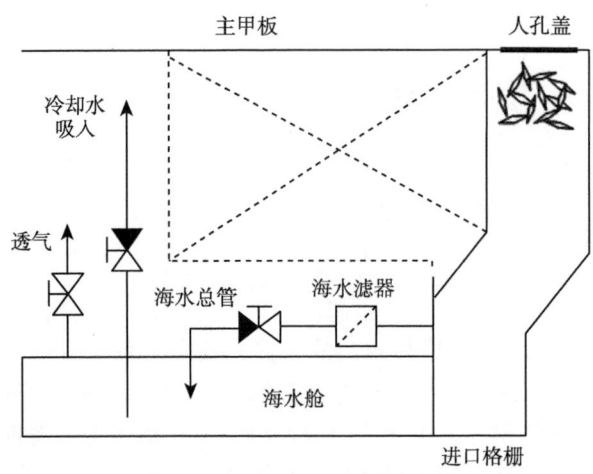

图 2.22　海水门布置示意图 (方案二)

2.4　小　结

本章针对极地船舶的分类和典型特征进行了描述。极地船舶可根据使用功能分为:极地破冰船、极地科考船、极地运输船、极地邮轮、极地渔船五个大类;以及根据国际船级社协会颁布的《极地船级要求》划分为 PC1~PC7,共七级。极地船舶的典型特征的内容主要参考《国际极地水域营运船舶规则》(以下简称《极地规则》)和现有对极地船舶的研究成果,从极地船舶的结构布置和防寒方面介绍了极地船舶的典型特征。

参 考 文 献

[1] Lagasse P. The Columbia Encyclopedia [M]. 6th ed. New York: Columbia University Press, 2000.
[2] Kowal W, Beattie O B, Baadsgaard H, et al. Source identification of lead found in tissues of sailors from the Franklin Arctic Expedition of 1845[J]. Journal of Archaeological Science, 1991, 18(2): 193-203.
[3] Pogorelova Z, Kozin A. Motion of a submerged body in a near-surface water environment[J]. Int. J. Nav. Arch. OceanEng., 2021, 14: 100433.
[4] 于立伟, 王俊荣, 王树青, 等. 我国极地装备技术发展战略研究 [J]. 中国工程科学, 2020, 22(6): 84-93.
[5] 郎舒妍. 极地船舶发展动态及展望 [J]. 船舶物资与市场, 2018, (5): 32-34.
[6] 岳宏, 吴笑风, 赵宇欣. 极地船舶发展现状及研制趋势 [J]. 中国船检, 2020, (7): 58-64.
[7] 王硕, 盛伟群, 王娜娜. 极地船舶标准化发展现状分析 [J]. 船舶标准化工程师, 2021, 54(4): 6-9, 20.
[8] 师桂杰, 高大威. 我国极地船舶能力分析与发展建议 [J]. 极地研究, 2018, 30(4): 429-438.
[9] IACS. UR I Requirements Concerning Polar Class[S]. 2006.
[10] 白雪梅. 极地船舶发展及相关建议 [J]. 中国远洋海运, 2020, (2): 68-70.
[11] 张俊武, 吴清伟, 赵旭. 极地冰区船舶发展分析 [J]. 船舶工程, 2016, 38(11): 1-5, 57.
[12] 王钰涵, 李辉, 任慧龙, 等. 连续破冰模式下破冰船的冰力研究 [J]. 海洋工程, 2013, 31(4): 68-73.

[13] 《极地水域航行船舶国际准则》获 IMO 批准 [J]. 船舶标准化与质量, 2014, (6): 58.
[14] ICE navigation in Canadian waters[S]. Canadian Coast Guard, 2012.
[15] 陈彦臻, 濮骏, 刘志兵, 等. 极地冰区船舶海水门防寒技术研究 [J]. 船舶, 2022, (6): 107-113.
[16] 徐立, 汤冰, 张来来, 等. 冰级船海水管路冰塞的影响因素分析与改进 [J]. 中国修船, 2016, 29(4): 9-11.

第 3 章　极地船舶的阻力特性

3.1　概　　述

船舶在极地航行，与在其他开敞水域相比，最大的区别就是需要额外面临海冰带来的挑战。船舶在非冰区航行时会受到空气与水的阻力，并且由于水的密度显著大于空气，因此船舶敞水航行时水阻力是船舶的主要阻力，而当船舶在冰区航行时，由于冰的固体属性，相比液体的水会带给船舶更大的阻力，因此随着面对从低密集度的零散碎冰、大面积覆盖的浮冰到层冰甚至是重叠冰与冰脊等越来越极端的冰况，极地船舶冰阻力的占比不断增大，成为极地船舶阻力的主要部分。对于船舶的敞水阻力，目前已经有了丰富的研究，并且形成一系列系统的敞水阻力测量、预报方法，可以为船舶的型线设计以及主机选型提供指导。但随着极地科考、极地开发的需求不断增加，极地船舶的建造需要足够的理论研究支撑，其中确定极地船舶冰区航行的阻力对于极地船舶的设计建造来说至关重要，由此就引出了研究人员对极地船舶阻力特性尤其是冰阻力特性的关注与研究。

船舶在冰区航行时，根据采取的操作模式可以将极地船舶的破冰方法分为艏向破冰、艉向破冰以及转向破冰，如图 3.1 所示。其中艏向破冰主要依靠船首对冰的挤压；艉向破冰除了依靠船尾对冰的挤压外，还依赖于特殊设计的螺旋桨对冰层的切削；转向破冰主要发生在船舶回转过程中，由于船侧板几乎与冰面垂直，转向破冰的阻力一般很大。

(a) 艏向破冰　　(b) 艉向破冰　　(c) 转向破冰

图 3.1　艏向破冰、艉向破冰与转向破冰

并且根据艏向破冰时的船舶运动形式可进一步细分为冲撞式破冰和连续式破冰，如图 3.2 所示。冲撞式破冰是在较大的冰厚条件 (对应多年冰、重叠冰或者冰脊等更加极端冰况) 时，由于船舶本身破冰能力不足，在进行一段距离破冰作业后船舶耗尽动能被迫停止，只能通过不断重复倒车、加速、冲撞破冰这一过程，直至通过这一段极端冰况，需要指出的是，冲撞破冰过程中破冰船的船体结构将面对更加严苛的考验；连续式破冰则指船舶在较薄冰厚条件下可以保持一定航速连续不断地进行破冰作业，以我国 "雪龙 2" 号破冰船为例，其破冰能力可满足 1.5m 冰加 0.2m 雪中以 3kn 航速进行连续式破冰。有些学者又进一步将连续式破冰中船首冲上冰面后靠重力碾压冰面破坏的破冰方式称为重力式破冰，具体可参考相关文献[1]。

不同的破冰方式下，破冰船与冰作用过程有很大差异，目前的船舶冰区阻力一般特指连续式破冰过程中船舶受到的冰阻力，而对于冲撞式破冰，则更关注冲撞过程中船舶的结构安全性，不在本章的讨论范围内。船舶冰区阻力的研究因为冰的力学性质、冰与水和船的耦合作用的复杂而十分具有挑战性,破冰船的阻力曲线也呈现高度的非线性、脉冲和高频特性,这与海冰在船舶作用下的破坏和失效密切相关。本章将从经验预报方法、试验研究方法以及数值模拟方法三个方面介绍船舶冰阻力的预报方法,阐述目前对冰阻力特性的研究成果,并在最后简单介绍极地船舶的减阻技术,系统地对船舶冰阻力的相关内容进行介绍。

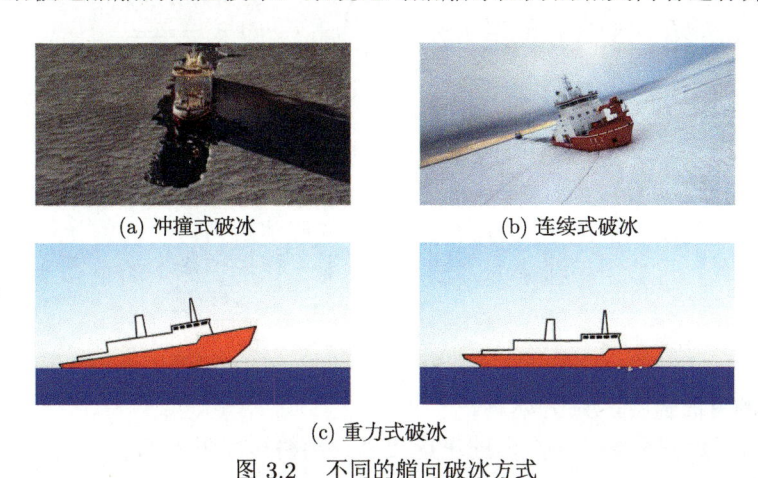

图 3.2 不同的艏向破冰方式

3.2 冰阻力经验预报方法

这里针对平整冰区和浮冰区分别介绍几种有关冰阻力计算的经验公式。

3.2.1 平整冰区冰阻力预报方法

3.2.1.1 Spencer 方法

Spencer[2] 将总船舶阻力分为 4 个部分:

$$R_\mathrm{T} = R_\mathrm{OW} + R_\mathrm{B} + R_\mathrm{C} + R_\mathrm{BR} \tag{3.2.1}$$

式中,R_T 为总阻力;R_OW 为敞水阻力;R_B 为浮冰阻力;R_C 为清冰阻力;R_BR 为破冰阻力。具体而言,总阻力是指船舶在冰区中航行时遇到的所有阻力的总和;敞水阻力是船舶在无冰水域航行时的水阻力;浮冰阻力是指冰的翻转和被下压到船底等所引起的阻力;清冰阻力是指冰沿船体水线附近和船底从船首向船尾滑动摩擦所引起的阻力;破冰阻力是指将海冰破碎所引起的阻力。通过对不同类型和尺寸的破冰船使用 Spencer 的冰阻力计算公式,结合已公布的船模、实船试验,获得对应船型的无量纲系数[4]。最终得到冰阻力通用计算公式

$$R_\mathrm{i} = C_\mathrm{B}\Delta\rho g h_\mathrm{I} B T_\mathrm{M} + C_\mathrm{C} Fr_\mathrm{h}^{-\alpha}\rho_\mathrm{I} B h_\mathrm{I} V^2 + C_\mathrm{BR} S_\mathrm{N}^{-\beta}\rho_\mathrm{I} B h_\mathrm{I} V^2 \tag{3.2.2}$$

式中,R_i 为冰阻力;C_B 为浮冰阻力系数;C_C 为清冰阻力系数;C_BR 为破冰阻力系数;ρ_I 为冰密度;$\Delta\rho$ 为水密度和冰密度之差;h_I 为冰厚度;B 为最大船宽;T_M 为最大吃水;V 为船速;g 为重力加速度;α 为弗劳德数;β 为作用力指数,$Fr_\mathrm{h} = V/\sqrt{gh_\mathrm{I}}$,$S_\mathrm{N} = V/\sqrt{\sigma_\mathrm{f} h_\mathrm{I}/\rho_\mathrm{I} B}$,$\sigma_\mathrm{f}$ 为冰弯曲强度。

3.2.1.2 Lindqvist 方法

Gustav Lindqvist[5] 提出了一种冰阻力的估算方法,将冰的总阻力分为破冰阻力、浸没阻力和与航速相关的阻力三个部分。

$$R_\mathrm{i} = (R_\mathrm{c} + R_\mathrm{b})\left(1 + \frac{1.4V}{\sqrt{gh_\mathrm{I}}}\right) + R_\mathrm{s}\left(1 + \frac{9.4V}{\sqrt{gL_\mathrm{WL}}}\right) \tag{3.2.3}$$

式中,R_i 为冰阻力;R_c 为挤压冰阻力;R_b 为弯曲导致的破冰阻力;V 为航速;h_I 为冰厚度;R_s 为冰块浸没阻力;L_WL 为船舶水线长。

1) 破冰阻力 (R_c、R_b)

破冰阻力可视为船舶挤压冰阻力和弯曲导致的破冰阻力两个力的作用。直接测量出挤压力是比较困难的,一般采用概率的方法近似估算。作用在冰上的垂直分量的力 F_V 可以估算为

$$F_\mathrm{V} = 0.5\sigma_\mathrm{f} h_\mathrm{I}^2 \tag{3.2.4}$$

式中,σ_f 为冰的弯曲强度;h_I 为冰厚。

通过分析挤压过程和对几何方面的考虑可以得出挤压冰阻力 R_c 为

$$R_\mathrm{c} = F_\mathrm{V} \frac{\tan\varphi + \mu\dfrac{\cos\varphi}{\cos\psi}}{1 - \mu\dfrac{\sin\varphi}{\cos\psi}} \tag{3.2.5}$$

式中,ψ 为外飘角,$\psi = \arctan\left(\dfrac{\tan\varphi}{\sin\alpha_\mathrm{W}}\right)$,其中 φ 为船舶艏柱倾角,α_W 为水线角,各种角度示意图可见第 2 章图 2.15;μ 为摩擦系数。

弯曲导致的破冰阻力 R_b 则可以表示为

$$R_\mathrm{b} = \frac{27}{64}\sigma_\mathrm{f} B \frac{h_\mathrm{I}^{1.5}}{\sqrt{\dfrac{E}{12(1-\nu^2)g\rho_\mathrm{W}}}} \cdot \frac{\tan\psi + \mu\cos\varphi}{\cos\psi\sin\alpha_\mathrm{W}}\left(1 + \frac{1}{\cos\psi}\right) \tag{3.2.6}$$

式中,B 为船宽;E 为杨氏模量;ν 为泊松比;ρ_W 为海水的密度。

2) 浸没阻力 (R_s)

浸没阻力 R_s 可以表示为

$$R_\mathrm{s} = (\rho_\mathrm{W} - \rho_\mathrm{I})gh_\mathrm{tot}BK \tag{3.2.7}$$

$$K = \left[T_\mathrm{M}\frac{B+T_\mathrm{M}}{B+2T_\mathrm{M}} + \mu\left(0.7L_\mathrm{WL} - \frac{T_\mathrm{M}}{\tan\varphi} - \frac{B}{4\tan\alpha_\mathrm{W}} + T_\mathrm{M}\cos\varphi\cos\psi\sqrt{\frac{1}{\sin^2\varphi} + \frac{1}{\tan^2\alpha_\mathrm{W}}}\right)\right] \tag{3.2.8}$$

式中,ρ_I 为冰的密度;h_tot 为冰和雪的总厚度;L_WL 和 T_M 分别表示为船舶水线长和船舶吃水。

3) 与航速相关的阻力 (R_v)

从研究来看,这部分阻力随速度的增加呈线性增加,阻力可表示为

$$R_\mathrm{v} = (R_\mathrm{c} + R_\mathrm{b})\frac{1.4V}{\sqrt{gh_\mathrm{I}}} + R_\mathrm{s}\frac{9.4V}{\sqrt{gL_\mathrm{WL}}} \tag{3.2.9}$$

3.2.1.3 Riska 模型

Riska[6] 通过一系列波罗的海的实尺度试验总结出经验系数,提出一种平整冰的冰阻力估算方法。该方法假设敞水阻力 R_{OW} 和冰阻力 R_i 是两个独立的部分。由于在平整冰环境下敞水阻力很小,通常忽略水动力与冰的相互作用。该方法中的主要参数为冰厚、船速、船体外形和尺寸。冰阻力的计算被分为几个部分,各部分的计算参数是确定的,其表达形式如下:

$$R_T = R_{OW} + R_i \tag{3.2.10}$$

式中,R_T 为总阻力;R_{OW} 为敞水阻力;R_i 为冰阻力。

假设敞水阻力部分是已知的,冰阻力表示为

$$R_i = C_1 + C_2 V \tag{3.2.11}$$

其中,

$$C_1 = f_1 \frac{1}{\frac{2T_M}{B}+1} BL_{par}h_I + (1+0.0021\varphi)\cdot(f_2 Bh_I^2 + f_3 L_{bow}h_I^2 + f_4 BL_{bow}h_I) \tag{3.2.12}$$

$$C_2 = (1+0.063\varphi)\cdot(g_1 h_I^{1.5} + g_2 Bh_I) + g_3 h_I\left(1+1.2\frac{T_M}{B}\right)\frac{B^2}{\sqrt{L_{WL}}} \tag{3.2.13}$$

式中,L_{par} 表示平行中体长度;L_{bow} 表示船首部分长度;φ 为船舶艏柱倾角,示意图可参见第 2 章图 2.13 和图 2.15;$f_1 \sim f_4$、$g_1 \sim g_3$ 为经验系数。

公式中各经验系数的值如表 3.1 所示。

表 3.1 系数取值

经验系数	取值
f_1	0.23kN/m^3
f_2	4.58kN/m^3
f_3	1.47kN/m^3
f_4	0.29kN/m^3
g_1	$18.9 \text{kN/[(m/s)}\cdot\text{m}^{1.5}]$
g_2	$0.67 \text{kN/[(m/s)}\cdot\text{m}^{2.0}]$
g_3	$1.55 \text{kN/[(m/s)}\cdot\text{m}^{2.5}]$

Riska 方法是以 Lindqvist 等方法为基础,进行修改之后获得的。方法中仍假设冰阻力与速度呈线性变化。该方法虽然没有对破冰过程做出详细解释,其计算结果仅依赖主尺度和艏柱倾角,但在设计初期阶段结合螺旋桨的推力,可快速估测主机功率。

3.2.1.4 Keinonen 模型

Keinonen 等研究出另外一种估算破冰船冰阻力的方法。该方法给出了船舶在航速 $V=1\text{m/s}$ 时的冰阻力经验估算公式,该模型与船舶主尺度、船型类别、海水盐度及船体表面温度等参数有关。对于圆舭型船体,船舶在层冰中以 $V=1\text{m/s}$ 速度航行时冰阻力具体如下[7]:

$$R_{V=1} = 0.015 F_c \times F_s \times F_i \tag{3.2.14}$$

式中,$R_{V=1}$ 为 1m/s 航速下的冰阻力;F_c 为尺度因子;F_s 为船型因子;F_i 为海冰因子。

尺度因子按照下式计算：

$$F_{\mathrm{c}} = C_{\mathrm{s}} C_{\mathrm{h}} B^{0.7} L_{\mathrm{WL}}^{0.2} T_{\mathrm{M}}^{0.1} \tag{3.2.15}$$

船型因子按照下式计算：

$$F_{\mathrm{s}} = \left[1 + 0.0018\,(90 - \psi)^{1.6}\right] \cdot \left[1 + 0.003\,(\varphi - 5)^{1.5}\right] \tag{3.2.16}$$

海冰因子按照下式计算：

$$F_{\mathrm{i}} = \left[1 - 0.0083\,(t + 30)\right](0.63 + 0.0007\sigma_{\mathrm{f}}) h_{\mathrm{I}}^{1.5} \tag{3.2.17}$$

式中，C_{s} 为海水盐度系数 (淡水取 0.75，盐水取 0.85)；C_{h} 为船体环境系数 (裸钢取 1.33，惰性涂层取 1.0)；L_{WL}、B 和 T 分别表示为船舶水线长、船宽和船舶吃水；ψ 表示外飘角 (指设计水线以上舷部舷侧表面向外的倾斜)；φ 为船舶艏柱倾角；t 为空气温度；σ_{f} 为海冰弯曲强度；h_{I} 为冰厚。

Keinonen 模型同时给出了航速 $V > 1\mathrm{m/s}$ 时，船舶受到的冰阻力计算公式

$$R(V) = R_{\mathrm{OW}} + R_{V=1} + \Delta R(V) \tag{3.2.18}$$

式中，$R(V)$ 为航速 $V > 1\mathrm{m/s}$ 时的冰阻力；R_{OW} 为敞水区域阻力；$R_{V=1}$ 为 $1\mathrm{m/s}$ 航速下冰阻力；$\Delta R(V)$ 为航速 $V > 1\mathrm{m/s}$ 时的冰阻力增值，按照下式计算：

$$\Delta R(V) = 0.009 \frac{V - 1}{\sqrt{gL_{\mathrm{WL}}}} B^{1.5} T_{\mathrm{M}}^{0.5} h_{\mathrm{I}} C_{\mathrm{h}} k \times 10^{3} \tag{3.2.19}$$

$$k = \left[1 + 0.0018\,(90 - \psi)^{1.4}\right]\left[1 + 0.003\,(\varphi - 5)^{1.5}\right]\left[1 - 0.0083\,(t + 30)\right] \tag{3.2.20}$$

3.2.1.5 Jeong 模型

Jeong 模型是针对标准破冰船模型的冰阻力经验估算方法，该模型将冰阻力分解为破冰阻力、冰浮力和除冰力三部分。在 Jeong 模型中涉及的无量纲经验系数均由模型试验结果导得，该模型也可应用于实船的冰阻力数值计算。Jeong 模型的冰阻力计算公式表达为[7]

$$R_{\mathrm{i}} = R_{\mathrm{OW}} + C_{\mathrm{b}}\,(\rho_{\mathrm{w}} - \rho_{\mathrm{I}}) g h_{\mathrm{I}} B T_{\mathrm{M}} + C_{\mathrm{c}} Fr^{-p} \rho_{\mathrm{I}} B h_{\mathrm{I}} V^{2} + C_{\mathrm{r}} S_{\mathrm{n}}^{-q} \rho_{\mathrm{I}} B h_{\mathrm{I}} V^{2} \tag{3.2.21}$$

式中，R_{i} 和 R_{OW} 分别为冰阻力和敞水阻力；V 为航速；C_{b}、C_{c} 和 C_{r} 分别为冰浮力系数、除冰力系数和破冰力系数；Fr 和 S_{n} 分别为弗劳德数和强度因子；p 和 q 分别为弗劳德数和强度因子的幂指数。上述各经验系数的取值见表 3.2。

表 3.2 Jeong 模型无量纲经验系数取值

经验系数	取值
C_{b}	0.500
C_{c}	1.110
C_{r}	2.730
p	1.157
q	1.540

上述几种常用层冰区冰阻力公式对比如下。Spencer 模型较为清晰地对冰区航行的船舶所受到的冰阻力进行了分类，但计算较为笼统。Lindqvist 模型考虑参数较多，可作为设计过

程中的工具来决定使用哪种船型,对于冰厚为 0.5m 的情况计算结果较为准确,但对于更大冰厚,例如 1m 和 1.5m 的情况,计算结果会有些偏大。Riska 模型的经验系数是通过大量的实船试验获得的,具有一定的参考价值,特别适用于波罗的海地区的冰阻力计算,船宽的变化对计算结果影响较大。Keinonen 模型也是基于一系列波罗的海区域的试验得出的,针对不同航速,给出了不同的冰阻力计算公式。Jeong 模型给出了标准破冰船的冰阻力估算公式,但冰的弯曲强度变化对计算结果影响较大。

3.2.2 浮冰区冰阻力预报方法

3.2.2.1 Mellor 模型

基于莫尔-库仑失效准则,Mellor[9] 得到浮冰区域船舶冰阻力的经验关系为

$$R_\mathrm{i} = [1 + 2\mu_\mathrm{e}(K_1 + K_2 N)] B R_\mathrm{p} \tag{3.2.22}$$

$$R_\mathrm{p} = 0.5\left[(1 + \sin\phi_\mathrm{I})/(1 - \sin\phi_\mathrm{I})\right](1 - v_\mathrm{sf})\rho_\mathrm{I} g\left(1 - \rho_\mathrm{I}/\rho_\mathrm{W}\right) h_\mathrm{I}^2 \tag{3.2.23}$$

式中,$K_1 = L_\mathrm{bow}/B$,L_bow 为船首长度;$K_2 = L_2/B$,L_2 为与冰接触的其余船体长度;μ_e 为有效摩擦系数;R_p 为浮冰边界层的单位宽度阻力;ϕ_I 为浮冰的内摩擦角;v_sf 为浮冰孔隙率。

3.2.2.2 Vance 模型

基于全尺度试验,Vance[10] 提出浮冰区域船舶冰阻力的经验关系:

$$R_\mathrm{i} = A_1(\rho_\mathrm{W} - \rho_\mathrm{I}) g A_2 h_\mathrm{I}^2 + A_2 \rho_\mathrm{I} V^2 L A_2^{0.35} h_\mathrm{I}^{0.65} \tag{3.2.24}$$

式中,A_1、A_2 为与浮冰冰厚有关的经验系数。Vance 根据试验,给出了在冰厚 $h_\mathrm{I} = 0.46$m 时,建议 $A_1 = 0.1209$,$A_2 = 0.0622$;在冰厚 $h_\mathrm{I} = 1.22$m 时,建议 $A_1 = 4.412$,$A_2 = 0.0306$。

3.2.2.3 芬兰瑞典冰级规范法

芬兰瑞典规范中提供了船舶在碎冰中航行受到阻力的计算公式[11]

$$R_\mathrm{CH} = \frac{1}{2}\mu_\mathrm{B}\Delta\rho g H_\mathrm{F}^2 K_\mathrm{pa}\left[\frac{1}{2} + \frac{H_\mathrm{M}}{2H_\mathrm{F}}\right]^2 \cdot \left[B + 2H_\mathrm{F}\left(\cos\delta - \frac{1}{\tan\psi}\right)\right] \cdot (\mu_\mathrm{h}\cos\varphi + \sin\psi\sin\alpha)$$

$$+ \mu_\mathrm{B}\Delta\rho g K_1 \mu_\mathrm{h} L_\mathrm{par} H_\mathrm{F}^2 + \Delta\rho g\left(\frac{LT}{B^2}\right)^3 H_\mathrm{M} A_\mathrm{WF} Fr^2 \tag{3.2.25}$$

式中,$\mu_\mathrm{B} = 1 - p$,p 为孔隙率 ($\mu_\mathrm{B} = 0.8 \sim 0.9$);$\Delta\rho$ 为冰和水密度的差值;K_pa 为钝化应力 (土力学);μ_h 为冰和船体之间的摩擦系数;δ 为碎冰侧壁的倾角;φ 为船舶艏柱倾角;$\psi = \arctan(\tan\varphi/\sin\alpha_\mathrm{W})$,$\alpha_\mathrm{W}$ 为水线角;K_1 为静止侧压力系数;L_par 为水线处平行中体的长度;A_WF 为船体艏部水线面面积,Fr 为弗劳德数;H_M 为航道正中间碎冰的厚度;H_F 表示从船首移动到平行中体两侧的碎冰层的厚度,它是一个关于船宽、航道厚度和两个取决于碎冰的内部性质的倾斜角度 ε 和 δ 的函数 (通常取 $\varepsilon = 2°$,$\delta = 22.6°$),如下所示:

$$H_\mathrm{F} = H_\mathrm{M} + \frac{B}{2}\tan\varepsilon + (\tan\varepsilon + \tan\delta)\sqrt{\frac{B\left(H_\mathrm{M} + \frac{B}{4}\tan\varepsilon\right)}{\tan\varepsilon + \tan\delta}} \tag{3.2.26}$$

当 $B > 10\text{m}$ 且 $H_\text{M} > 0.4\text{m}$ 时，该公式可以近似简化为

$$H_\text{F} = 0.26 + (BH_\text{M})^{0.5} \tag{3.2.27}$$

可以看出，如果给出船体型线、主尺度以及浮冰的相关性质系数，可以通过芬兰瑞典规范初步估算冰区船舶在浮冰中的阻力。

3.2.2.4 Zong 公式

Zong 等[12]采用了薄船假设，同时考虑船体表面的边界条件，利用微积分的方法得出了下列公式：

$$R_\text{i} \approx 12.21 \cdot V^2 \cdot \vartheta \cdot \rho_\text{W} \cdot h_\text{I} \cdot C_\text{a} \cdot \frac{B^2}{L} \tag{3.2.28}$$

式中，C_a 是根据形状添加的质量系数；ϑ 是冰密度函数。阻力系数可由下式计算：

$$C_\text{R} = \frac{R}{\frac{1}{2}\rho V^2 BL} = 24.42 \vartheta \frac{h_\text{I} B}{L^2} \tag{3.2.29}$$

3.2.2.5 Huang 公式

Huang 等[13]通过数值模拟仿真方法，利用拟合公式得出碎冰区船舶冰阻力公式

$$R_\text{i} = A_\text{H} \cdot \rho_\text{I}^a \cdot h_\text{I}^b \cdot D_0^c \cdot U^d \cdot (B/L_\text{PP}^m) \cdot C_\text{i}^n \tag{3.2.30}$$

式中，A_H 是与船舶有关的系数；C_i 是冰覆盖面积，即某一海域表面被冰覆盖的比例；D_0 是冰上表面的等效直径。

根据幂回归方法结合量纲分析可以得到 h_I、D_0、B 和 C_i 的次幂

$$R_\text{i} = A \cdot \rho_\text{I} \cdot h_\text{I} \cdot D_0 \cdot U^2 \cdot (B/L_\text{PP}) \cdot C_\text{i}^{1.5} \cdot Fr^{-0.8} \tag{3.2.31}$$

尽管式 (3.2.31) 已经考虑了船体梁的影响，但船体几何形状的其他参数仍然使用不同船型 (Huang 等选取了三艘船型) 的冰阻系数。为了探究其根本原因并给出一个尽可能通用的方程，Huang 等进一步分析了这三种船体的船–波–冰相互作用，由此确定了两个有影响的参数：φ(艏倾角) 和 α_W(水线角)。最终根据试验数据得出以下公式：

$$R_\text{i} = 0.13665\varphi \cdot \cos\alpha_\text{W} \cdot \rho_\text{I} \cdot h_\text{I} \cdot D_0 \cdot U^2 \cdot (B/L_\text{PP}) \cdot C_\text{i}^{1.5} \cdot Fr^{-0.8} \tag{3.2.32}$$

几种常用浮冰区冰阻力公式对比如下。Mellor 模型和 Vance 模型由于对阻力的计算较为笼统，无法区分不同类型的船舶在相同碎冰环境下的阻力，具有较大的局限性，因此使用频率较低；而芬兰瑞典规范法是考虑因素最全的方法：包括船体型线、主尺度以及浮冰的相关性质系数，可以较准确地估算出冰区船舶在浮冰中的阻力，因此也是最常用有效的估算方法；后两种方法则是近年来发展的，其中 Zong 公式主要利用理论推导，Huang 公式主要基于数值模拟和拟合，二者均跟船型有很大关系，因此适用性有较大局限。

3.3 冰阻力模型试验研究方法

试验方法一直是解决冰力学问题的一种重要手段。试验方法可分为原型试验和模型试验，其中原型试验是冰力学机制最直接的表现，原型测试的数据是可贵的"第一手"资料。然而，现场条件下进行原型测试，各项环境参数是由客观的自然过程决定的，而且一般不会重复出现，对于自然环境的要求十分苛刻。对比而言，模型试验在冰水池内进行，通过制造模型冰，模拟冰与结构物的相互作用，与现场测试相比，具有较好的环境可控性、明显的经济性等优点。本节主要针对冰与船模相互作用的模型试验进行相关阐述。

3.3.1 模型律和模型比尺

模型律是指导冰工程模型试验研究的理论基础，试验理论与试验装置同等重要。和其他模型试验相比，冰工程模型试验是一种相当特殊的试验，因为它同时具有以下两种试验的双重性：一种是流体模型试验，另一种是冰材料试验。即在模型试验中，在几何相似的基础上，既要尽可能满足流体模型试验的模型律，又要满足冰强度的冰工程模型试验的相似律。

对于流体的相似律，主要以满足弗劳德数 Fr 相似为主，即

$$Fr = U/\sqrt{gL} \tag{3.3.1}$$

其中，U 是船舶移动速度；L 是特征长度，通常取船长。与敞水船模试验类似，雷诺数 Re 与弗劳德数 Fr 通常无法同时满足，这里需要满足 $Re = UL/\nu$ 大于一定量值，保证流体处于湍流状态。

柯西数相似准则：该准则假定弹性力和惯性力作用占主导地位，即在动力相似中，满足弹性力相似的要求。柯西数由惯性力和弹性力的比值定义为

$$Ca = \rho_I U^2 / E \tag{3.3.2}$$

其中，ρ_I 是冰密度；U 是冰与结构物的相对移动速度，在冰不动的条件下，取结构物移动速度；E 是冰的杨氏模量。

冰数相似准则：该准则假设脆性材料的断裂韧性占主导地位，即在动力学相似中满足断裂力相似的要求。冰数可以由断裂力与弹性力之比来表示

$$In = \frac{U^2 \rho_I L^{1/2}}{K} \tag{3.3.3}$$

其中，K 是冰的断裂韧性。冰数相似准则通常用于冰与结构物的高速碰撞，在柯西数相似准则的基础上应用。

当分析冰排在船舶前的破坏和运动模式时，惯性力、重力和弹性力的作用占主导地位，因此，试验中采用弗劳德和柯西相似准则进行缩尺即可。

根据两相似准则可以得到几何长度、冰强度、冰厚和冰杨氏模量的缩尺比为 λ，时间和速度的缩尺比为 $\lambda^{1/2}$，质量和力的缩尺比为 λ^3。各物理参数在原型与模型间的缩尺比见表 3.3。

表 3.3　主要物理量的缩尺比

物理量	比尺	物理量	比尺
几何长度	λ	冰强度	λ
时间	$\lambda^{1/2}$	冰厚	λ
速度	$\lambda^{1/2}$	冰杨氏模量	λ
质量	λ^3	力	λ^3

3.3.2　模型试验方法

在正式介绍具体试验前,需要对冰阻力各成分先做简要介绍:正如 3.2.1 节中 Spencer 计算模型中指出:船舶在平整冰区中航行受到的总阻力主要包含破冰阻力、清冰阻力 (或称滑动阻力或摩擦阻力)、浮冰阻力 (或称浸没阻力) 以及在冰区环境下的敞水阻力 (图 3.3),其中冰区环境下的敞水阻力可以分为空气阻力和水阻力。空气阻力是指空气对船体上层建筑的反作用力;水阻力通常分成裸船体阻力和附体阻力两部分。其中附体阻力是指突出于裸船体之外的附体,如舵、轴支架等增加的阻力值。一般的模型试验中会分别在冰水池中进行平整冰试验和预切割冰试验。进行冰阻力试验之前,首先进行船模敞水阻力试验以测得敞水阻力。然后进行平整冰模型试验,测量得到平整冰条件时的总阻力。之后进行预切割冰试验,在做预切割冰试验时,平整冰面会被预先切割,这样可以除去冰的断裂所引起的破冰阻力,即平整冰试验测得总阻力减掉预切割冰试验测得的阻力就得到了破冰阻力。再去除敞水阻力,通过预切割冰试验就可以得到浮冰阻力和清冰阻力。其中,浮冰阻力是由冰的翻转和被下压到船底等所引起的,与冰水之间的密度差有关;而清冰阻力是由冰块沿船体水线附近和船底从船首向船尾滑动清除所引起的,清冰阻力与摩擦阻力系数和船速有关。在做预切割冰试验时,当船模的速度极低时,清冰阻力很小,可以被忽略,这样得到的值便是浮冰阻力。

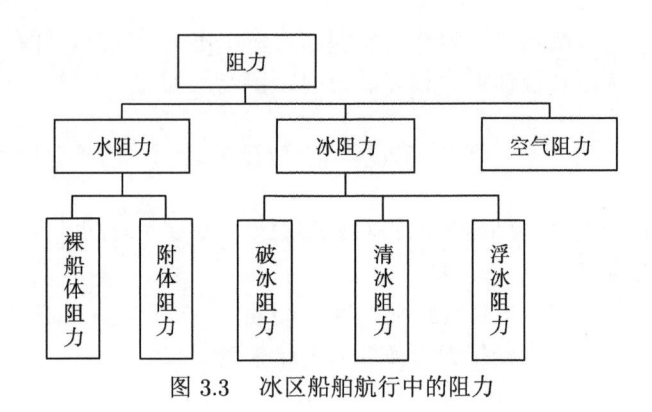

图 3.3　冰区船舶航行中的阻力

船舶在冰上阻力试验的主要目的是测量给定冰、船条件下的冰阻力,并评价冰区船体形式在破冰和清冰中的有效性。本章有关冰阻力试验的内容将参照 ITTC 在 2017 年给出的船舶冰阻力模型试验规范[14]进行介绍。

3.3.2.1　试验装置

冰阻力试验通常是通过使用推杆、拉杆或金属丝以恒定速度拖着模型穿过冰盖来进行的 (当使用拖丝而不是推杆或拉杆进行固定航速试验时,必须使用重物来提供所需的拖丝张力)。以下提供了两种可选的试验装置方案。

(1) 将模型固定在拖车①上,测力计②位于船模内部,如图 3.4 所示。

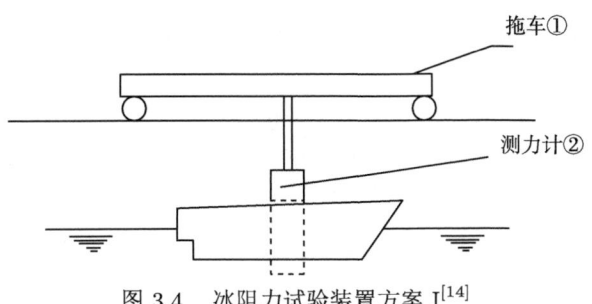

图 3.4 冰阻力试验装置方案 I[14]

(2) 将模型固定在拖车①上，如图 3.5 所示。测力计②位于模型的前部或内部。该模型既可以用一根杆拉动，也可以用金属拖丝拉动。如果使用金属拖丝，应预先拉紧，以避免船模破冰时松动。

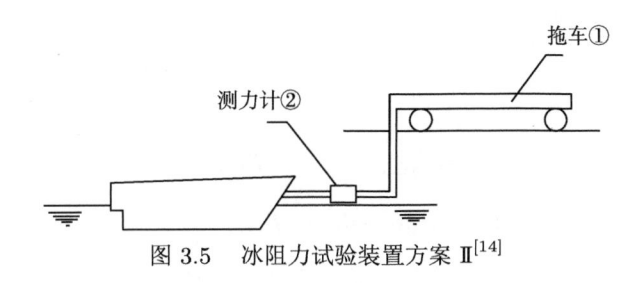

图 3.5 冰阻力试验装置方案 II[14]

注意：在以上两种方案中，均应保证船模可以自由地进行横摇、纵摇和垂荡运动。同时船模的纵荡、横荡和艏摇等运动受到约束。

3.3.2.2 平整冰阻力试验

在平整冰阻力试验中，主要测量的是平整冰情况下船模的拖曳力。如图 3.6 所示，有三种力作用在船模上：

F_x：用测力计测得的作用在船舶纵向上的拖曳力；

R_i：冰阻力 (包含破冰阻力、清冰阻力和浮冰阻力)；

R_{OW}：冰区环境下的敞水阻力。

需要注意的是敞水阻力应在冰试验之前或之后单独测量。

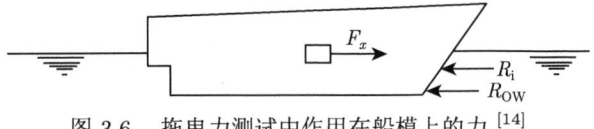

图 3.6 拖曳力测试中作用在船模上的力[14]

当采用刚性拖曳系统时，总阻力即为测得的拖曳力 F_x。总阻力定义为抵抗船舶运动的纵向力的时间平均值

$$R_T = \frac{1}{t_2 - t_1} \int_{t_1}^{t_2} F_x(t) \mathrm{d}t \quad (3.3.4)$$

其中，t_1 和 t_2 分别为开始和完成测力计读数的时间。

在试验过程中，必须保证时间间隔足够长，以达到稳定状态，瞬态效应最小化，使船体周围的冰流充分发展。上述稳定状态一般在船模移动 1 倍船模长的距离时开始出现，在实际试验过程中,建议船模在厚度均匀的平整冰区中至少再移动 1.5 倍船模长的距离,以获得稳定状态下可靠的总阻力值。

开始时间 t_1 必须由试验人员根据试验条件选择。一旦模型周围冰块的流动完全展开,测量结果的分析就应立即开始。此外,上述随时间变化的方程 (3.3.4) 还可以表示为随距离变化的形式:

$$R_\mathrm{T} = \frac{1}{x_2 - x_1} \int_{x_1}^{x_2} F_x\left(\frac{x}{U}\right) \mathrm{d}x \tag{3.3.5}$$

式中,U 为拖曳速度;x_1 和 x_2 分别为试验段的起始和结束位置,最小行程长度为

$$x_2 - x_1 > 1.5 L_\mathrm{WL} \tag{3.3.6}$$

其中,L_WL 为船模水线长。

3.3.2.3 预切割冰阻力试验

预切割冰试验中,需要先对平整冰以近似于弓形断裂模式进行切割 (图 3.7),一旦测量了预切割冰试验中的船模阻力值,就可以确定式 (3.3.7) 中所述的破冰阻力分量。

$$R_\mathrm{T} = R_\mathrm{BR} + R_\mathrm{C} + R_\mathrm{B} + R_\mathrm{OW}$$

$$R_\mathrm{i} = R_\mathrm{BR} + R_\mathrm{C} + R_\mathrm{B} \tag{3.3.7}$$

其中,R_T 为总阻力 (N),已在平整冰阻力试验中测得;R_BR 为破冰阻力;R_i 为冰阻力;R_C 为清冰阻力;R_B 为浮冰阻力;R_OW 为冰区环境下的敞水阻力。

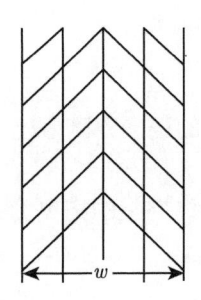

w	预切割宽度 (m) $w = B + \alpha \cdot h$
B	船模宽 (m)
α	2~3
h_I	冰厚 (m)

图 3.7 预切割区域示意图 [14]

如上所述,在预切割试验中,由于平整冰在预切割试验中已经被切割 (已被破碎),所以破冰阻力之外的所有阻力分量都被测量,即 $R_\mathrm{C} + R_\mathrm{B} + R_\mathrm{OW}$。由于 R_OW 是从单独的开放水域测试中得知的,预切割试验可以确定 $R_\mathrm{C} + R_\mathrm{B}$。当船模在非常低的速度下 (例如 0.02 m/s) 进行预切割冰试验时,清冰阻力可以忽略不计,只留下浮冰阻力 R_B 作为唯一的阻力分量。当测得与速度无关的 R_B 后,将其从 $R_\mathrm{C} + R_\mathrm{B}$ 中减去,得到与速度有关的 R_C 项,最终确定船模总阻力的各个阻力分量。

3.3.2.4 局部冰载荷测量

在有关冰阻力试验的测量中，除了船体整体受到的冰阻力外，人们还逐渐关注作用在船体局部的冰载荷特性，并开始将冰载荷分布测量的相关设备应用到模型试验中。起初，模型试验中的局部冰载荷获取方式是通过在船体上的几个预定位置离散地放置触觉传感器，直接测量这些特定位置的局部冰载荷[15]，但是这种测量方式对于作用空间随机或者存在时空演变的冰载荷无法进行完整捕捉，针对这一问题，目前的一种解决方法是将数百个离散的触觉式传感器进行集成，形成一个可以覆盖部分船体表面的分布式压力传感器，进而实现对于覆盖区域处的冰载荷特性测量。具体的布置及测量结果如图 3.8 所示。

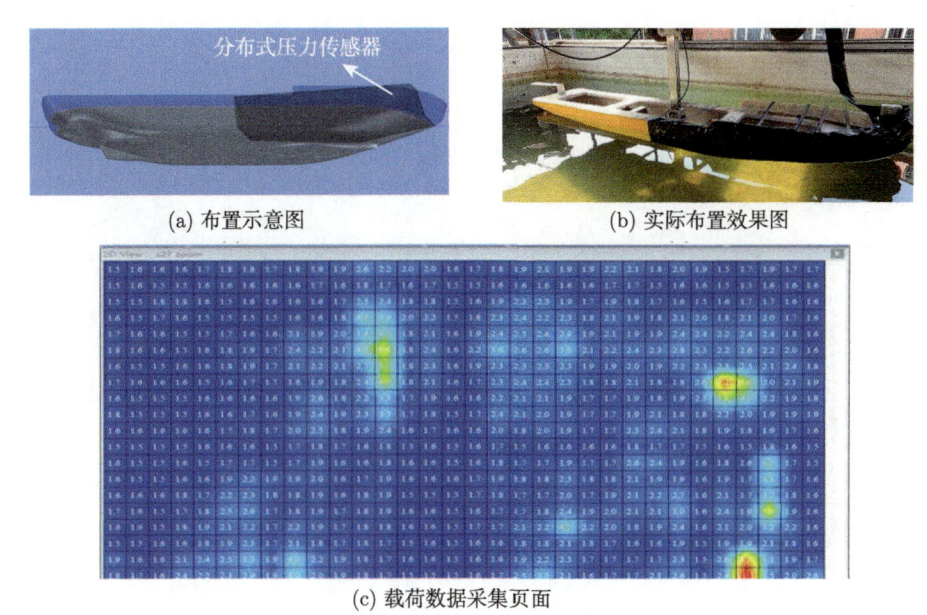

(a) 布置示意图　　　　　　　　(b) 实际布置效果图

(c) 载荷数据采集页面

图 3.8　模型试验中分布式压力传感器及其测量获得的压力图

3.3.3 模型试验结果分析方法

冰阻力定义为：在相同速度下，总阻力与冰区环境下的敞水阻力之差。由式 (3.3.7) 可知

$$R_\mathrm{i} = R_\mathrm{T} - R_\mathrm{OW} \tag{3.3.8}$$

需要注意的是，当船模在冰区环境下运动时，水阻力中几乎没有兴波阻力，因此总阻力和冰阻力之间的差异在低速时很小，但在高速时可能会大得多。

在模型试验过程中，有可能无法保证所有参数的缩比，有时需要根据目标冰况、冰厚、抗弯刚度、摩擦系数等参数的变化进行阻力结果的修正。下面根据 ITTC[14] 推荐的方法，对不同参数下阻力结果的修正进行介绍。

3.3.3.1 目标冰况修正

冰阻力试验通常有目标冰的抗弯刚度和冰厚，两者都是重要的设计参数。由于尺度效应的存在，模型冰性能试验方法测量的实际冰性能可能会偏离目标值。因此，除非采用无量纲系数法，否则需要对实验结果进行修正，试验结果通常根据冰厚、抗弯刚度和冰壳摩擦系数进行校正[14]。修正的适用范围由每个模型试验冰水池单独确定。

3.3.3.2 冰厚偏差修正

对冰厚偏差的冰阻力进行修正时,应采用以下公式:

$$R_{\mathrm{i}} = R_{\mathrm{i,m}} \left(\frac{h_{\mathrm{I,t}}}{h_{\mathrm{I,m}}}\right)^x \tag{3.3.9}$$

其中,$R_{\mathrm{i,m}}$ 为测得冰阻力;$h_{\mathrm{I,m}}$ 为测得冰厚度;$h_{\mathrm{I,t}}$ 为目标冰厚;x 为修正的指数。式 (3.3.9) 中的指数通常在 1.0~2.0 变化。指数的确定值需要由每个单独的模型试验冰水池来确定。

如果在两种冰厚差异明显的情况下测量冰阻力,则指数可以计算为

$$x = \frac{\ln(R_{\mathrm{i1}}/R_{\mathrm{i2}})}{\ln(h_{\mathrm{I1}}/h_{\mathrm{I2}})} \tag{3.3.10}$$

其中,R_{i1} 为在冰厚 h_{I1} 下测得的冰阻力;R_{i2} 为在冰厚 h_{I2} 下测得的冰阻力。

3.3.3.3 抗弯刚度偏差修正

修正的经典方法是将冰阻力分解为各个成分来进行分析:

$$R_{\mathrm{i}} = R_{\mathrm{BR}} + R_{\mathrm{R}} \tag{3.3.11}$$

其中,R_{BR} 为破冰阻力,它与冰的机械失效有关;R_{R} 为剩余冰阻力或碎冰阻力,包括清冰阻力、浮冰阻力等。

R_{BR} 可通过试验测得 (参见 3.3.2.3 节),当抗弯刚度目标值已知时,式 (3.3.11) 可以改写为

$$R_{\mathrm{i}} = R_{\mathrm{R}} + \frac{\sigma_{\mathrm{f,t}}}{\sigma_{\mathrm{f,m}}} R_{\mathrm{BR}} \tag{3.3.12}$$

其中,$\sigma_{\mathrm{f,m}}$ 为模型试验中冰的抗弯刚度;$\sigma_{\mathrm{f,t}}$ 为冰抗弯刚度的目标值。

3.3.3.4 摩擦系数修正

通常在冰阻力中引入摩擦系数余量,公式为

$$R_{\mathrm{i,corr}} = C_{\mathrm{sf}} R_{\mathrm{i}} \tag{3.3.13}$$

其中,C_{sf} 为摩擦修正系数。

由于每个阻力试验使用不同的涂层,所以冰壳摩擦系数不同,因此不同的冰阻力试验必须确定其单独的校正系数。

3.3.3.5 全尺度外推

最后,根据式 (3.3.11) 应用弗劳德数 (Fr) 将模型尺度冰阻力外推至全尺度

$$R_{\mathrm{i,P}} = \lambda^3 R_{\mathrm{i}} \tag{3.3.14}$$

其中,$R_{\mathrm{i,P}}$ 为全尺寸船舶阻力;λ 为缩尺比,这里没有计入尺度效应修正。

3.4 冰阻力数值模拟方法

近年来，随着计算机技术的飞速发展，数值模拟方法越来越多地被应用于海冰与海洋结构物作用、冰–水–结构耦合作用等问题的研究中。数值模拟方法主要基于基本的物理定律，并以此建立数值模型。数值模拟方法可以用于解决复杂的相互作用过程，而这也正是冰阻力计算所面临的难题。针对冰这种特殊材料在不同物理问题中所表现出的不同性质，总体上可以将数值模拟的建模思路分为两种：第一种是将冰视为连续材料，例如有限元方法 (FEM)、有限体积法 (FVM)、有限差分法 (FDM)、胞内粒子法 (PIC)，这些方法将待求解的连续域进行离散化处理，离散成有限个小单元，并对单元的各个节点数值进行插值近似，从而求得待求域的未知场函数，这些将冰视为连续材料的方法已经广泛应用于模拟结构与流体的行为。第二种是将冰视为离散的颗粒或是单元，每个离散元素都具备冰的性质，这些离散元素的集合与结构的相互作用即可代表冰的行为。这种思路发展出了离散元法 (DEM) 以及光滑粒子流体动力学 (SPH) 等，其通过任意分布的坐标节点构造插值函数离散控制方程，不需要产生计算网格，这些方法在冰–结构物相互作用的模拟中也逐渐被广泛使用。

但是上述方法都具备其各自的局限性，连续方法可以有效模拟船冰的接触力，但无法很好地模拟冰的断裂或大幅度变形；离散方法可以有效地模拟冰的运动、断裂与变形，但不擅长进行流体的计算。所以越来越多的研究者将目光集中到了混合数值方法 (hybrid numerical method)，例如 FEM-SPH 耦合、CFD-DEM 耦合等。CFD-DEM 耦合方法使得模拟复杂的冰–水相互作用成为可能，在船舶冰阻力研究中越来越受到研究者的重视，采用 CFD-DEM 耦合模拟，可以很好地模拟船舶在冰区中随着航速、碎冰密集度或是层冰厚度的提升而大幅增加的冰阻力，也能体现出和试验结果类似的船舶冰阻力的强烈离散特性，本章将以 CFD-DEM 耦合模拟在冰阻力预报领域的应用为例，为读者介绍数值模拟方法在冰阻力研究中的应用。

3.4.1 CFD-DEM 耦合模拟基本理论

将计算流体力学方法与离散元方法耦合使用的方法最早被研究者用来研究颗粒运输以及流化床问题，在这些问题中仅仅考虑水流与微小颗粒之间的相互作用，后来为了适应存在自由液面的问题，在原来耦合框架的基础上加入流体体积 (volume of fluid, VOF) 方法[16,17]，并在网格处理方面加入虚拟网格，以便更好地处理颗粒较大的情况。近年来，CFD-DEM 耦合方法被越来越多地应用于船–冰–水相互作用问题，尤其是船舶冰阻力预报的研究。

在 CFD-DEM 耦合过程中，流体相被视为连续的，用纳维–斯托克斯方程 (N-S 方程) 来描述，固体相则是离散相，遵循牛顿第二定律和欧拉运动定律。流固两相之间在一个时间步内互相传递两组相应数据[18]。流体相参数包括速度、压力、温度和流体密度等；颗粒相参数包括接触时间、位置、速度、压力和颗粒间相互作用力等。在 CFD-DEM 的耦合过程中，要求满足流体与固体相离散颗粒的控制方程；在船舶冰阻力的数值模拟中，因为船舶航速有限，故将海水视作不可压缩黏性流体。以一个较为成熟的 CFD-DEM 耦合模型为基础进行基本理论的介绍，流体相的求解采用传统的计算流体力学方法，通过求解 N-S 方程来计算不可压缩黏性流体的状态，采用 k-ε 湍流模型处理湍流流动问题，采用 VOF 方法描述自由边界，固体相则需要满足牛顿第二定律，并且选择 Hertz-Mindlin 接触模型来计算固体相间的作用力，其具体理论如下。

控制方程：

对于不可压缩黏性流体的自由表面流动问题，在整个流场内以连续性方程和 N-S 方程作为控制方程[19]。

连续方程：

$$\frac{\partial \alpha_{\mathrm{f}}}{\partial t} + \nabla \cdot (\alpha_{\mathrm{f}} \boldsymbol{u}_{\mathrm{f}}) = 0 \tag{3.4.1}$$

动量方程：

$$\frac{\partial (\alpha_{\mathrm{f}} \boldsymbol{u}_{\mathrm{f}})}{\partial t} + \nabla \cdot (\alpha_{\mathrm{f}} \boldsymbol{u}_{\mathrm{f}} \boldsymbol{u}_{\mathrm{f}}) = -\nabla \frac{p}{\rho_{\mathrm{f}}} - \boldsymbol{R}_{\mathrm{pf}} + \alpha_{\mathrm{f}} \boldsymbol{g} + \nabla \cdot \tau \tag{3.4.2}$$

式中，ρ_{f} 为流体密度；α_{f} 为流体体积分数；$\boldsymbol{u}_{\mathrm{f}}$ 为流体速度；τ 是流体的应力张量；$\boldsymbol{R}_{\mathrm{pf}}$ 代表流体相与颗粒相之间的动量交换，通过下式进行计算：

$$\boldsymbol{R}_{\mathrm{pf}} = \frac{|\boldsymbol{F}_{\mathrm{pf}}|}{|\boldsymbol{u}_{\mathrm{p}} - \boldsymbol{u}_{\mathrm{f}}|}(\boldsymbol{u}_{\mathrm{p}} - \boldsymbol{u}_{\mathrm{f}}) \tag{3.4.3}$$

这里 $\boldsymbol{F}_{\mathrm{pf}}$ 是流体与颗粒之间的作用力；$\boldsymbol{u}_{\mathrm{p}}$ 是颗粒的速度。

湍流模型：

自然界中流体流动状态可以分为层流和湍流两种形式。一般而言，湍流是普遍存在的现象。由于湍流非常复杂，其机理仍然没有得到全面的解释，目前也没有一种适用于所有湍流问题的模型方法。求解流体流动问题，湍流模型的选择是至关重要的一个环节，经过不断的发展，形成了多种成熟的湍流模型，其中主要有 k-ω 模型、k-ε 模型、雷诺应力模型和大涡模型等，在这些模型中对其进行改良又形成了多种细化的模型。在模拟和计算湍流问题时，根据不同的实际问题要选择适用的湍流模型。本章介绍的 CFD-DEM 耦合模型采用的是标准 k-ε 湍流模型，下面简单介绍一下该模型。

1972 年，Jones 和 Launder 创建了 k-ε 湍流模型[20]，该模型自问世以来经过了多次改进，如今已成为工业应用中最广泛使用的模型之一。k-ε 湍流模型是双方程模型，它对湍动能和湍流耗散率的传输方程进行求解，以确定湍流涡黏度。该模型假设流体流动处于完全湍流状态，并且不考虑分子黏性的影响。k-ε 湍流模型是在对湍流现象深入理解的基础上，结合大量试验数据和理论分析而逐渐形成和发展起来的，是半经验半理论公式。因此，该模型适用范围广并且精度较高。在典型的船舶冰阻力数值模拟研究中选择标准 k-ε 湍流模型就可以达到很好的计算效果。

自由液面的处理：

自由边界面重构方法包括 VOF 方法、Level Set 方法等，这些方法都存在一定的适用场景，也可以将两者结合来使用[21-23]。在此次案例中采用 VOF 方法来实现界面追踪。VOF 模型定义体积函数 α_n 代表第 n 种流体的体积分数，在每个控制体内所有流体的体积分数之和等于 1，$\alpha_n = 1$，则控制体内充满第 n 种流体；$\alpha_n = 0$，则控制体中没有第 n 种流体；$0 < \alpha_n < 1$，则控制体中第 n 种流体的体积分数是 α_n。对于本课题中的问题，控制体中有两种流体，α_1 代表第一种流体 (空气) 的体积函数，α_2 代表第二种流体 (水) 的体积函数。在控制体中，这两相的体积分数之和为 1，即

$$\alpha_1 + \alpha_2 = 1 \tag{3.4.4}$$

颗粒运动方程：

以简单的颗粒单元为例，对离散元基本方程进行分析。在一个时间步长内，颗粒单元之间应满足方程

$$m_i \frac{\mathrm{d}\boldsymbol{v}_i}{\mathrm{d}t} = \sum_j \boldsymbol{F}_{\mathrm{c},ij} + \sum_k \boldsymbol{F}_{\mathrm{lr},ik} + \boldsymbol{F}_{\mathrm{pf},i} + \boldsymbol{F}_{\mathrm{g},i} \tag{3.4.5}$$

$$I_i \frac{\mathrm{d}\boldsymbol{w}_i}{\mathrm{d}t} = \sum (\boldsymbol{M}_{\mathrm{t},ij} + \boldsymbol{M}_{\mathrm{r},ij}) \tag{3.4.6}$$

式中，m_i 为单元 i 的质量；$\boldsymbol{v}_i$ 为单元 i 的形心速度矢量；$\boldsymbol{F}_{\mathrm{c},ij}$ 为颗粒间接触力；$\boldsymbol{F}_{\mathrm{lr},ik}$ 为颗粒间非接触力（如电磁力、范德瓦耳斯力等，一般的船舶冰阻力数值模拟中不考虑此项）；$\boldsymbol{F}_{\mathrm{pf},i}$ 为颗粒与流体之间的相互作用力；$\boldsymbol{F}_{\mathrm{g},i}$ 为颗粒的重力；I_i 为单元 i 的转动惯量；$\boldsymbol{M}_{\mathrm{t},ij}$ 为滑动摩擦力；$\boldsymbol{M}_{\mathrm{r},ij}$ 为滚动摩擦力。

上式中接触力又可以展开为

$$\boldsymbol{F}_{\mathrm{c},ij} = -k_{\mathrm{n},ij}\delta_{\mathrm{n},ij} - \gamma_{\mathrm{n},ij}\dot{\delta}_{\mathrm{n},ij} - k_{\mathrm{t},ij}\delta_{\mathrm{t},ij} - \gamma_{\mathrm{t},ij}\dot{\delta}_{\mathrm{t},ij} \tag{3.4.7}$$

式中，$k_{\mathrm{n},ij}$ 为法向刚度系数；$k_{\mathrm{t},ij}$ 为切向刚度系数；$\gamma_{\mathrm{n},ij}$ 为法向阻尼系数；$\gamma_{\mathrm{t},ij}$ 为切向阻尼系数；$\delta_{\mathrm{n},ij}$ 为法向颗粒重合量；$\delta_{\mathrm{t},ij}$ 为切向颗粒重合量。

颗粒接触模型：

我们采用 CFD-DEM 耦合模型，其中的 DEM 部分主要作用于冰颗粒及其与船体作用的模拟。对冰阻力的计算关键在于颗粒间以及颗粒与船舶之间的接触模型是否能够准确模拟相互作用力。离散元方法中的接触力公式通常是弹簧–阻尼器模型的一种变形。弹簧产生排斥力将颗粒推开，而黏性阻尼由阻尼器表示，在这两者中，弹簧考虑模型的弹性部分，弹性系数表达为粒子和壁面的杨氏模量，而阻尼器则考虑了碰撞期间的能量耗散。具体示意图如图 3.9 所示。离散元接触模型经过多年发展形成了多种模型，现在较为成熟的有 Hertz-Mindlin 无滑移接触模型、Linear Spring 接触模型和 Walton Braun 接触模型。其中 Hertz-Mindlin 模型的力在迭代过程中随着位移变化是非线性增加的，使用 Hertz-Mindlin 无滑移模型可以很好地处理船冰碰撞及冰块之间的碰撞问题。

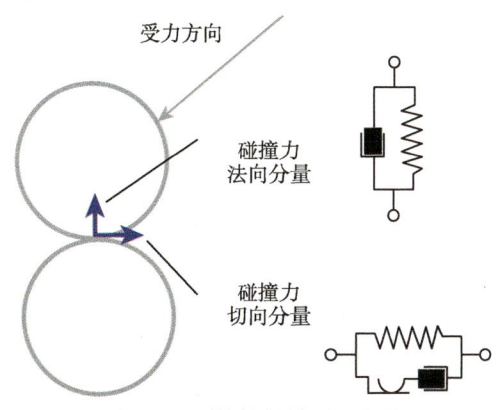

图 3.9　颗粒接触模型示意图

Hertz-Mindlin 接触模型是非线性弹簧–阻尼器接触模型，是基于 Hertz-Mindlin 接触理论 [24,25] 的一种变体。

CFD-DEM 耦合流程：

CFD-DEM 耦合虽然可以吸纳 CFD 计算流体以及 DEM 计算结构碰撞的优势，但对于 DEM-CFD 耦合方法，也有很多难点需要解决，其中主要的有两点[26]：一是时间尺度的问题，DEM 和 CFD 方法中两次迭代的时间步长求解方式是完全不同的，时间尺度也差得比较大，因此统一两者时间尺度是一个需要解决的主要问题；二是网格尺度和颗粒大小之间关系的问题。一般流体网格应该大于颗粒尺寸，但在气液交界面等特殊情况下，网格尺寸会特别小，不符合尺寸关系的一般规律。随着 CFD-DEM 耦合模型的发展，这些问题逐渐被克服。耦合模型一般分为单向耦合和双向耦合，前者表示颗粒对流体没有影响，因此节省了计算时间和计算成本。双向耦合是一种更加符合实际情况的耦合模式，下面简单介绍一下双向耦合的流程。

图 3.10 是 CFD-DEM 耦合方法的流程图。首先，将 CFD、DEM 及耦合部分进行初始化，然后计算每个控制体中流体及颗粒的体积分数，计算出流体对颗粒的作用力，以及颗粒对流体的作用力。接着结合流体对颗粒的作用力，求解上文提到的离散元相控制方程，重复 N 次以达到迭代稳定，求出颗粒的位置和速度等参数变化，储存新的参数值用于下一步的耦合迭代中。接着结合颗粒对流体的作用力，求解上文提到的流体相控制方程，得出流体速度和压力等参数值，同样用于下一次耦合迭代中。重复这一流程直到达到求解要求。

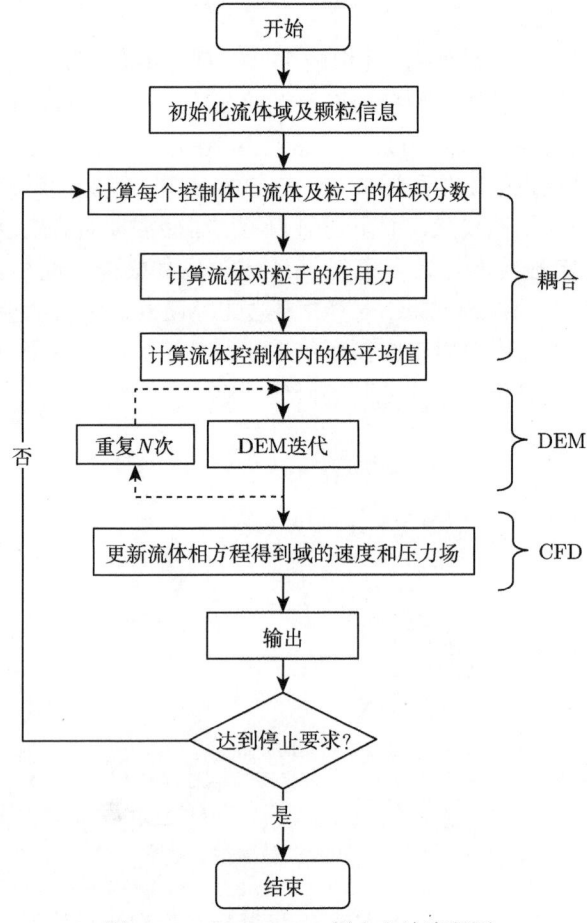

图 3.10 CFD-DEM 耦合方法流程图

3.4.2 CFD-DEM 耦合模拟应用案例

使用 CFD-DEM 耦合数值模拟可以很好地模拟船舶在碎冰、浮冰、层冰甚至是重叠冰、冰脊条件下的船舶冰阻力，本小节将通过实际案例介绍不同冰况下 CFD-DEM 数值方法模拟船舶冰阻力的情况。

对于不同冰况的模拟，关键在于使用 DEM 方法构造出不同形式的离散相以描述不同冰况的力学特性与几何形式，以碎冰冰况为例，碎冰的特点即尺寸较小，在与船舶的相互作用过程中发生二次破碎的可能性很小，因此在进行离散相构建的时候就需要使用不会继续破碎的模型，并根据所需模拟的船舶航行区域来确定碎冰冰况的碎冰大小、几何形状以及密集度，本小节给出一个典型的模拟案例，展示船体航行在碎冰区的模拟过程，如图 3.11 所示[27]。

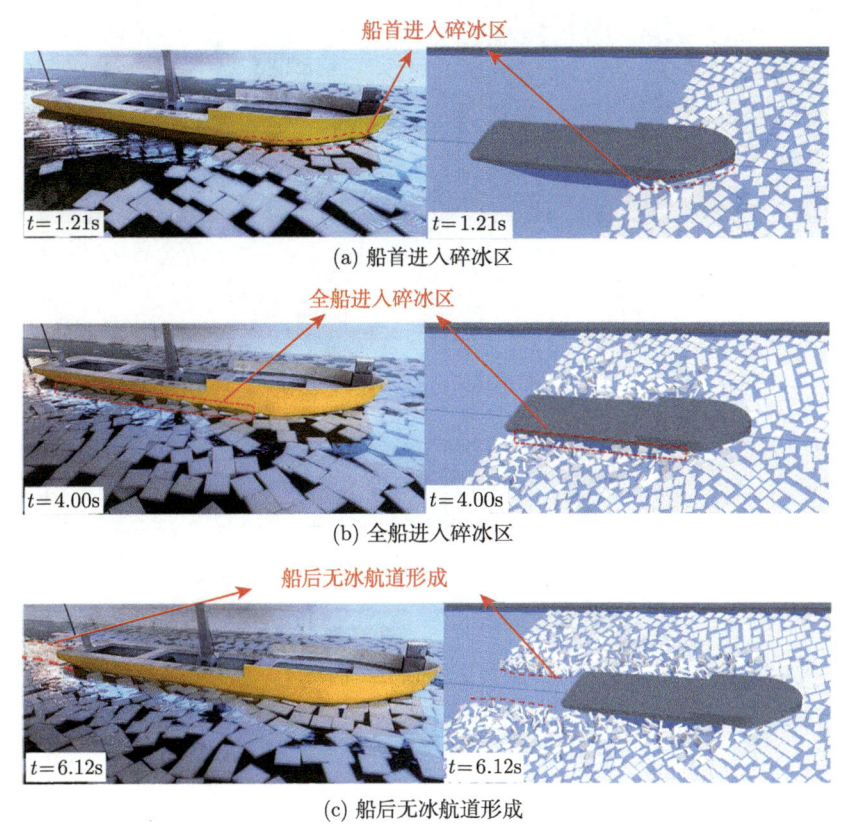

(a) 船首进入碎冰区

(b) 全船进入碎冰区

(c) 船后无冰航道形成

图 3.11　60%密集度下，船体碎冰区航行的 CFD-DEM 模拟以及船模试验对比[27]

在图 3.11 中展示了三个不同时刻船体–碎冰相互作用的 CFD-DEM 模拟效果以及其与模型试验的对比情况，可以看出 CFD-DEM 方法可以较好地模拟出船首向外推开碎冰、碎冰在船侧向后滑移、船后无冰航道形成等现象。此外，通过一定的数值技巧，还能捕捉船舶受到的冰压力，CFD-DEM 耦合模拟可以很好地模拟出船舶在碎冰航道下航行的船–冰–水耦合作用，如图 3.12 所示，数值模拟结果与实验有很好的一致性。

CFD-DEM 耦合模拟得到的船舶阻力及从模型试验中获得的阻力对比如图 3.13 所示，当船舶完全进入碎冰航道后，由于船体持续向前运动，与碎冰不断地发生激烈碰撞，导致模拟与实验的阻力结果中出现了很多周期性的、大小不一的尖峰，这在一定程度上表明了冰阻力在时间上的随机性 (图中虚线表示每隔 0.2s 的阻力平均值)。数值模拟得到的阻力结果的平均值与试验平均值的误差在 10% 以内，表明数值模拟可以很好地避免进行船模试验的高昂成本，以 CFD-DEM 耦合模拟来进行不同碎冰条件下的船舶冰阻力模拟。

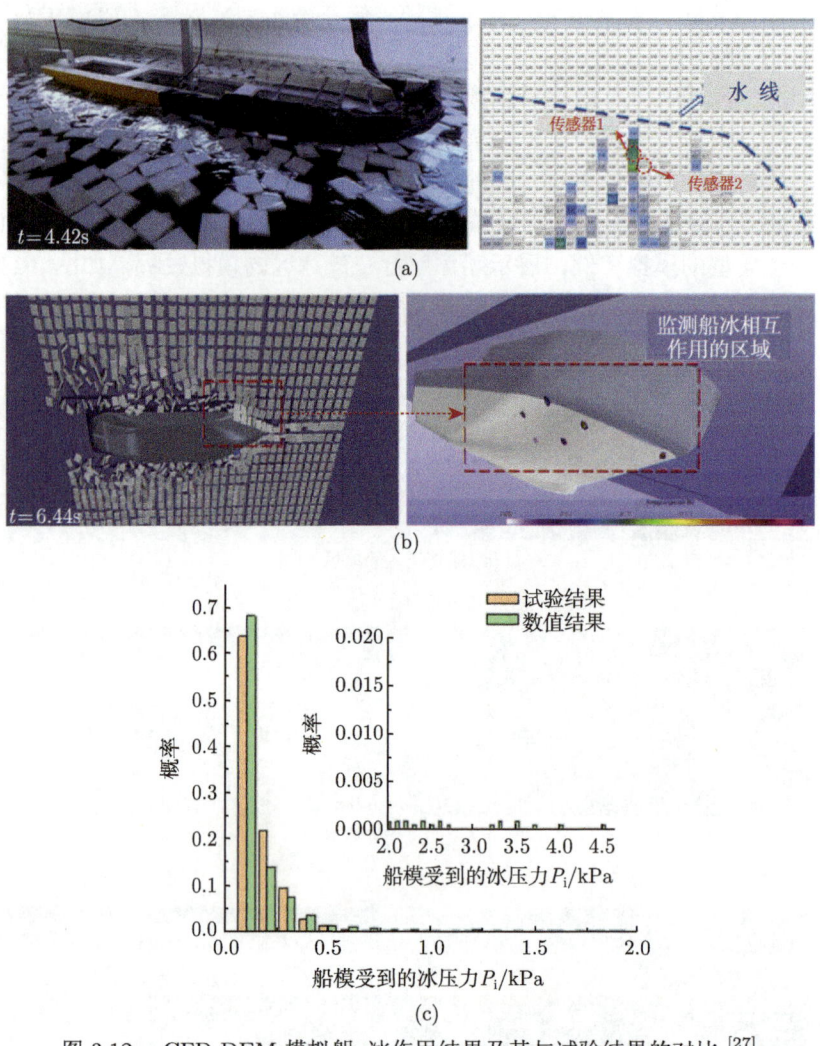

图 3.12　CFD-DEM 模拟船–冰作用结果及其与试验结果的对比 [27]

CFD-DEM 耦合方法也能很好地模拟出层冰、冰脊等特殊冰况，与碎冰无法二次破碎不同，层冰与冰脊在与船接触前都是有一定结构强度的整体，而当船舶与其发生碰撞后，当冰承受的力大于其结构强度时，就会发生断裂，故其离散相的构建比碎冰更加复杂。使用 CFD-DEM 进行船舶在层冰中的阻力模拟时，其关键在于如何构建出一个强度与预期强度相近的层冰模型，当前的主流方法是通过在球形颗粒间增加黏结键，将大量的球体颗粒黏结为一个整体。黏结键在受到超过规定强度的应力时即会发生断裂，反映至宏观层面即表现为层冰的断裂。在实际的船舶冰阻力模拟中，要专门对颗粒间的黏结强度进行标定，以使得宏观层冰模型的力学性质与实际层冰相同，DEM 构建的层冰典型结构如图 3.14 所示 [28]。

CFD-DEM 耦合方法可以很好地对船–冰–水的耦合作用进行模拟，并对层冰在船舶作用下的断裂、破碎，断裂碎冰块沿船身的滑移、堆积等现象进行准确的描述，如图 3.15 所示。

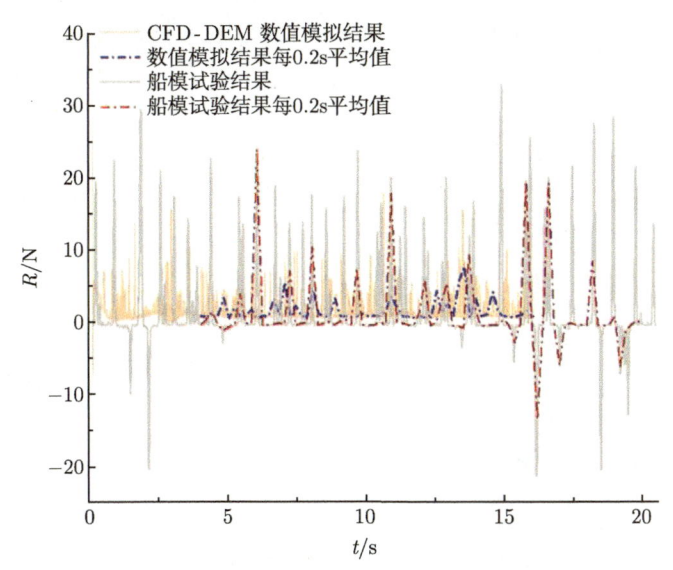

图 3.13　船体碎冰区航行阻力的 CFD-DEM 模拟结果以及与模型试验结果的对比[27]

图 3.14　CFD-DEM 耦合模型构建的层冰模型[28]

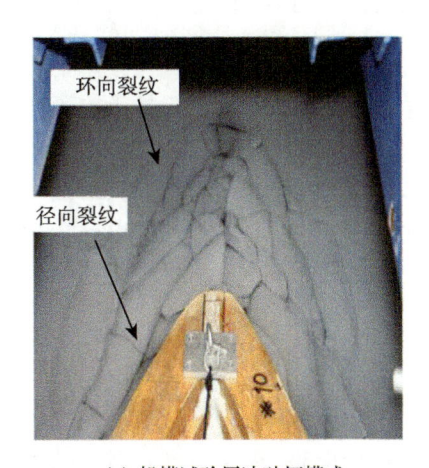

(a) 船模试验层冰破坏模式　　(b) CFD-DEM 耦合模拟

图 3.15　CFD-DEM 耦合模拟层冰破坏模式与船模试验对比[29]

使用 CFD-DEM 耦合方法得到的船舶层冰中航行的阻力也能与实验有很好的一致性，当参数标定准确时，误差可以保持在 5% 左右。并且，通过这种方法得到的阻力曲线能够很好地反映出船舶在层冰中航行时层冰破碎与堆积使得阻力呈现出一定周期性的振荡的特点，这些振荡的循环速度与航速以及冰况密切相关，层冰条件下的船舶冰阻力典型图像如图 3.16 所示。

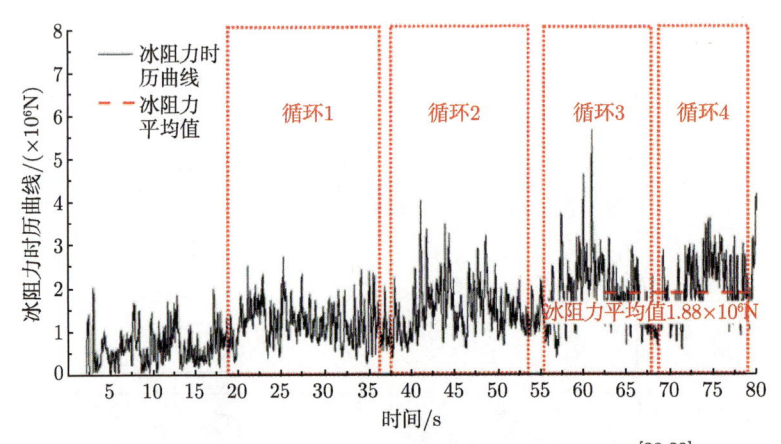

图 3.16　典型的 CFD-DEM 模拟船舶层冰阻力结果 [28,29]

通过对于 CFD-DEM 耦合模型的不断开发改进，研究人员拓宽了该耦合模拟方法的使用范围，如今 CFD-DEM 耦合模型已经可以很好地对各种船型在碎冰、层冰冰况下的船舶冰阻力进行数值模拟预报，并且也逐渐得以计算重叠冰 [29]、冰脊 [30] 等极端冰况，其他方法例如内聚力单元法 (CEM) 等 [31] 也在蓬勃发展。数值模拟作为一种低成本、高效率的方法越来越受到关注与重视，通过数值模拟，研究人员得以对船舶冰阻力进行快速、精准的预报，甚至在进一步发展后可以根据船舶自身的冰情雷达、图像识别的冰情图等输入，实现实时数值模拟，为船舶在冰区航行进行辅助决策，帮助船长选择更经济、更安全的冰区航线，大幅度提高冰区船舶航行安全性与经济性。

3.5　极地船舶的减阻技术

正如前文介绍，极地船舶的阻力成分与其他水域船舶相比有很明显的区别，冰阻力占据其中的主要部分，因此极地船舶的减阻技术与普通船舶的减阻技术有不同的目标减阻对象与作用机理。

与普通船舶主要为了减少水阻力不同，极地船舶的减阻主要针对减小船舶在冰区航行的冰阻力。目前已经有实船应用的极地船舶减阻技术有气泡辅助破冰系统和冲水润滑辅助系统。这两种系统分别针对冰阻力中不同的阻力成分，本节内容将对这两种极地船舶减阻技术进行介绍。

3.5.1　气泡辅助破冰系统

通过在船体表面引入气泡可以减小船舶的阻力早已被研究者所注意，在敞水条件下，研究人员发现了多种气泡减阻模式，并对其作用机理开展了研究。对于敞水条件下的气泡润滑系统可以分为微气泡减阻和气层减阻 [32,33] 两种基本类型，这两者都需要在船体表面，尤其是船底形成稳定且连续的气泡层，改变船体接触的介质，以借助气体的低密度特性，显著减少船舶的敞水阻力。

气泡辅助破冰系统的工作原理与气泡润滑系统有所差别，气泡辅助破冰系统不追求形成稳定的气层以大幅减小水阻力，而是借助气泡上浮至水面形成的气液混合流在船–冰间形成润滑层,而对于极地船舶,冰阻力占船舶阻力的绝大部分,借助气液混合流的动能将船周冰块推离船体,从而减少船舶的冰阻力。

气泡辅助破冰系统的具体工作原理可以归纳为两个方面,一是气泡沿船身上浮时会在船身与破碎冰块间形成气液混合流,减少船冰的接触;二是在气泡上浮至水面后发生破裂,从而产生强烈的水面脉动,使水流喷射至两侧层冰,打湿并润滑两侧层冰上的积雪。通过这种方式,气泡辅助破冰系统可以减少船冰接触与摩擦从而在大多数冰况下降低船舶的冰阻力,其工作原理如图 3.17 所示。

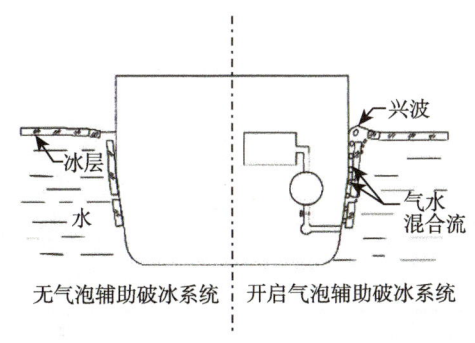

图 3.17　气泡辅助破冰系统减少极地船舶冰阻力的作用机理[34]

气泡辅助破冰系统最早源于 20 世纪 60 年代,是由芬兰 Wärtsilä 极地设计部提出的概念,希望通过产生气体来制造船-冰间的润滑层,赫尔辛基理工大学进行了相关的模型试验以及详细设计,并于 1969 年首次在波罗的海滚装渡轮 MS Finncarrie(图 3.18) 上进行测试。

图 3.18　第一艘装备有气泡辅助破冰系统的冰区船舶

为了进一步研究气泡辅助破冰系统,Wärtsilä 极地设计部组织进行了一系列实船测试以检验在碎冰、层冰等不同冰况下的减阻效果的测试,其试验结果如图 3.19 所示。在层冰冰况的实船测试中,层冰厚度在 0.3~1.5m,并且伴有 0~0.2m 厚的积雪,测试过程中船舶航速在 1m/s 左右,冰阻力在气泡辅助破冰系统的影响下减少了 20%~60%。

在碎冰航道下的测试揭示了影响气泡辅助破冰系统减阻效果的另一因素,随着测试船舶航速的提升,减阻效果随之降低,当航速达到 13kn 时,气泡辅助破冰系统的减阻效果比航速 3kn 时降低了 60%。

这些实船测试的进行验证了气泡辅助破冰系统的有效性,但实船测试的限制使得无法进行大量变参数实验以探索影响气泡辅助破冰系统减阻效果的因素。有学者[35]在此基础上进行了系统的船模试验,通过使用聚丙烯模型冰构建的碎冰域,探究了碎冰航道下气泡辅助破冰系统的减阻效果以及作用机理，并结合数值模拟进行了研究。通过试验以及模拟，观察到开启气泡辅助破冰系统后的船模行驶过后形成的无冰航道宽度显著增加，如图 3.20 所示，并且对典型工况进行了定量的减阻效果测试，开启气泡辅助破冰系统后获得了 15%~36% 的减阻率，系统的减阻效果随着航速、碎冰密集度的增加而下降，与 Wärtsilä 公司进行的实船测试结果吻合良好，气泡辅助破冰系统在低航速低碎冰密集度下有很好的减阻效果。

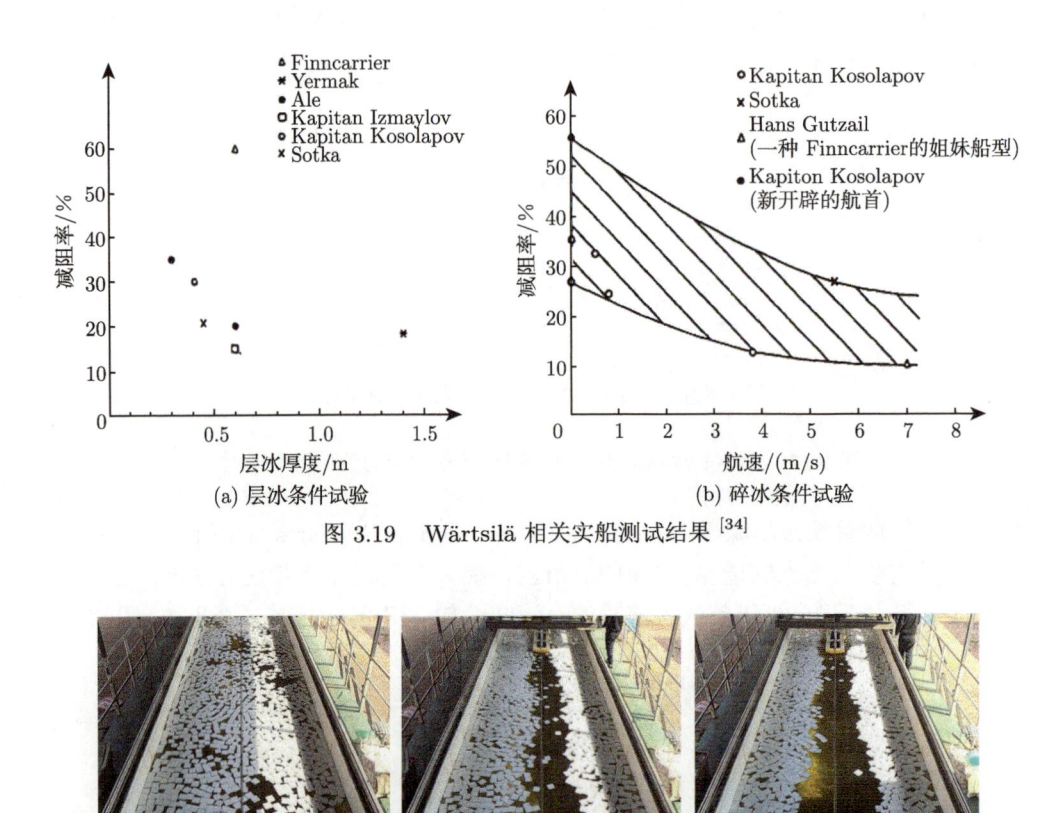

(a) 层冰条件试验　　　　　　　(b) 碎冰条件试验

图 3.19　Wärtsilä 相关实船测试结果 [34]

(a) 试验前　　　　(b) 关闭系统　　　　(c) 开启系统

图 3.20　气泡辅助破冰系统作用效果 [35]

还有学者通过 CFD-DEM 耦合数值模拟，研究了气泡辅助破冰系统船首喷口与船侧喷口的减阻贡献，探明了船首气孔对气泡辅助破冰系统减阻效果的重要作用 [36]。研究发现在船首气孔喷气量一定时，船侧气孔只需要很小的喷气量就可以维持良好的减阻效果，在此基础上继续提升船侧喷口喷气量带来的减阻效率的提升十分微弱。而船首喷口的喷气量提升能显著带来减阻效率的提升。

针对层冰条件下的气泡辅助破冰系统作用原理，相关研究也正在开展，有研究者 [37] 在小型冰池中进行了大缩尺比的气泡辅助破冰系统机理试验，发现气泡辅助破冰系统在面对层冰航道时，会在冰层下方形成气泡腔（图 3.21），减弱了水对冰的支撑，此外气泡也可以将被压碎的冰块吹离船体，从而同时降低船舶在层冰区航行时的破冰阻力与清冰阻力。一般而言，气泡辅助破冰系统在层冰区中的减阻率比在碎冰区中低，这是因为气泡辅助破冰系统主要降低的是碎冰阻力，而非破冰阻力。

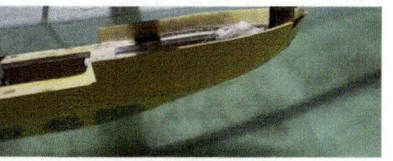

(a) 开启喷气系统　　　　　　　(b) 关闭喷气系统

图 3.21　气泡辅助破冰系统形成的冰下空腔

气泡辅助破冰系统不仅能起到降低船舶冰阻力的作用，随着该系统在冰区船舶的实际使用，研究者[38]通过 MS Baltica 破冰船的一系列试验以及使用经验总结了气泡辅助破冰系统的其他作用：减少船舶冰区停泊时发生冰困的概率；便于在冰冻港口的停靠；减小冰区航行时的转弯半径。气泡辅助破冰系统的这些作用也值得进行更为细致的研究。

3.5.2　冲水润滑辅助系统

除了气泡辅助破冰系统，实际应用中还有一类冲水润滑辅助系统，该系统也被部分破冰船使用。与气泡辅助破冰系统在水线下喷气相反，冲水润滑辅助系统在水线上方布置喷水口，在船首、船肩部位形成一系列水束冲击冰层，以求减阻效果。喷水润滑辅助系统的减阻原理主要来自两个方面，第一，降低覆雪冰摩擦阻力。在破冰船的实际航行过程中，极地冰盖表面很多情况下存在一定厚度的积雪，大量堆积的干燥雪层由于自重作用会发生一定的压实、固结等现象，并由此获得一定的强度。干燥雪与钢铁动摩擦系数为 0.21~0.28[39]，远大于湿润雪与钢铁的动摩擦系数 0.09~0.22[39]（作为对比，海冰与钢铁的动摩擦系数为 0.04~0.06[39]）。喷水润滑辅助系统可以通过水束将干燥雪润湿甚至消融，从而降低干燥雪对船体的阻力，特别是在破冰船进行冲撞破冰的过程中，减小雪的摩擦和对动能的吸收，使得冲撞贯入距离增大，提升冲撞破冰效率。第二，降低碎冰阻力。冲水也能对船周碎冰进行冲刷、将船周碎冰推离船体，从而降低破冰船碎冰阻力，提升破冰效率。

冲水润滑辅助系统目前已经被应用于两艘专业破冰船，分别是瑞典的"Oden"号极地破冰船以及日本的"白濑 2 号"破冰船，如图 3.22 所示。

(a) 瑞典"Oden"号　　　　　　　(b) 日本"白濑 2 号"

图 3.22　正在工作的冲水润滑辅助系统

对于冲水润滑辅助系统具体的减阻效果，日本研究人员[39]通过"白濑 2 号"的实船测试进行了一定的研究，在日本第 6 次夏季南极航行 (JARE60) 中，"白濑 2 号"进行了连续式破冰和冲撞式破冰的试验。在冲撞式破冰的试验中共进行了 28 组测试，冰厚范围为 1~1.7m，积雪厚度为 0.1~0.3m，其中开启冲水润滑辅助系统 15 次，未开启系统 13 次，开启冲水润滑辅助系统后冲撞破冰的贯入距离平均增加约 13%(开启前平均贯入 176.92m，开启后平均贯入 199.33m)。在连续式破冰的试验中，共进行了 23 次试验，并结合第 59 次夏季南极航

行 (JARE59) 中的 29 次试验结果, 如表 3.4 所示, 可以发现冲水润滑辅助系统可以有效减少船舶连续破冰过程中的冰阻力, 但其阻力减小的程度受冰况影响较大, 在较轻冰况下, 该系统可以得到更好的减阻效果。

表 3.4　南极航行中冲水润滑辅助系统减阻效果汇总 [39]

	关闭冲水润滑冰阻力均值/kN	开启冲水润滑冰阻力均值/kN	减阻率/%
JARE59	879.55	725.93	17.5
JARE60	2101.48	2023.12	3.72

而对于"Oden"号破冰船 [40], 其独特的船首和喷口设计, 使得冲水润滑辅助系统可以朝两侧同时喷水, 也可以只朝向船的一侧喷水, 来达到侧推的效果 (图 3.23)。根据 "Oden" 号的实船测试, 其冲水系统可以在船首产生约 100kN 的侧向推力, 在平静海面可以为 "Oden" 号提供大约 1(°)/s 的角速度, 极大地提高了 "Oden" 号的船舶回转性能。

(a) 润滑时的喷水示意　　(b) 侧推工况下的喷水示意

图 3.23　"Oden" 号的喷口与船首形状

对于冲水润滑辅助系统的船模试验研究和数值模拟研究还比较稀少, 大多数只进行过实船试验, 因此对冲水润滑辅助系统的减阻机理与影响减阻效果的因素的认识还不够深刻, 需要研究者们继续探索。

3.6　小　　结

本章分别从理论分析、数值模拟和试验研究三个角度介绍了冰区船舶阻力的研究进展, 旨在让读者了解各种研究方法下船舶冰阻力研究的阶段性成果, 理解冰阻力研究的各种手段。本章在最后给读者简要介绍了已有实船应用的两种冰区船舶减阻系统——气泡辅助破冰系统和冲水润滑辅助系统, 为读者理解冰阻力研究的意义提供一个实际的切入点。

参 考 文 献

[1] 薛彦卓, 倪宝玉, 狄少丞, 等. 冰–水–结构物耦合运动学导论 [M]. 北京: 科学出版社, 2021.

[2] 季顺迎, 雷瑞波, 李春花, 等."雪龙"号科考船在冰区航行的船体振动测量研究 [J]. 极地研究, 2017, 29(4): 427-435.

[3] Spencer D. A standard method for the conduct and analysis of ice resistance model tests[J]. Proc. of the 23rd ATTC Symp., 1992: 301-307.

[4] 郭春雨, 李夏炎, 谢畅, 等. 冰区航行船舶阻力预报方法 [J]. 哈尔滨工程大学学报, 2015, 36(7): 899-905.

[5] Lindqvist G. A straight forward method for calculation of ice resistance of ships[C]. Proceedings of POAC, 1989.

[6] Riska K. Performance of Merchant Vessels in Ice in the Baltic[M]. Helsinki: Helsinki University of Technology, 1997.

[7] Keinonen A, Browne R P. Icebreaker performance prediction[C]. Proceedings of the First International Offshore and Polar Engineering Conference, Edinburgh, Scotland, 1991: 562-570

[8] Jeong S Y, Lee C J, Cho S R. Ice resistance prediction for standard icebreaker model ship[C]. Proceedings of the Twentieth International Offshore and Polar Engineering Conference, 2010.

[9] Mellor M. Ship resistance in thick brash ice[J]. Cold Regions Science and Technology, 1980, 3(4): 305-321.

[10] Vance G P. Analysis of the performance of a 140-foot Great Lakes icebreaker: USCGC Katmai Bay[R]. U.S. Army Cold Regions Research and Engineering Laboratory, 1980.

[11] Finnish-Swedish Ice Class Rules [S]. Finnish and Swedish Maritime Administration，2002.

[12] Zong Z, Zhou L. A theoretical investigation of ship ice resistance in waters covered with ice floes[J]. Ocean Engineering, 2019, 186: 106114.

[13] Huang L F, Li Z Y, Ryan C, et al. Ship resistance when operating in floating ice floes: Derivation, validation, and application of an empirical equation[J]. Marine Structures, 2021, 79: 103057. ISSN 0951-8339.

[14] ITTC-7.5-02-04. ITTC Recommended Procedures and Guidelines-Ice Testing[S].

[15] Kujala P, Arughadhoss S. Statistical analysis of ice crushing pressures on a ship's hull during hull-ice interaction[J]. Cold Reg. Sci. Technol., 2012, 70: 1-11.

[16] Tan X, Riska K, Moan T, et al. Effect of dynamic bending of level ice on ship's continuous-mode icebreaking[J]. Cold Regions Science and Technology, 2014, 106-107: 82-95.

[17] Li L M, Li B K. Implementation and validation of a volume-of-fluid and discrete-element-method combined solver in OpenFOAM[J]. Particuology, 2018, 39: 109-115.

[18] Blais B, Lassaigne M, Goniva C, et al. Development of an unresolved CFD-DEM model for the flow of viscous suspensions and its application to solid-liquid mixing[J]. Journal of Computational Physics, 2016, 318: 201-221.

[19] 陶文铨. 数值传热学 [M]. 2 版. 西安: 西安交通大学出版社, 2001.

[20] Jones W P, Launder B E. The prediction of laminarization with a two-equation model of turbulence[J]. Heat and Mass Transfer, 1972. 15: 301-314.

[21] 王志东, 汪德燿. VOF 方法中自由液面重构的方法研究 [J]. 水动力学研究与进展 (A 辑), 2003, 18(1): 52-56.

[22] Hirt C W, Nichols B D. Volume of fluid(VOF)method for the dynamics of free boundaries [J]. Journal of Computational Physics, 1981, 39(1): 201-225.

[23] 林毅. 自由表面流动问题数值方法的理论研究及应用 [D]. 天津: 天津大学, 2010.

[24] Alberto D R, Maio D, Paolo F. Comparison of contact-force models for the simulation of collisions in DEM-based granular flow codes[J]. Chemical Engineering Science, 2004, 9: 525-541.

[25] Johnson K L. Contact Mechanics[M]. Cambridge: Cambridge University Press, 1987.

[26] Norouzi H R, Zarghami R, Gharebagh R S, et al. Coupled CFD-DEM Modeling[M]. United Kingdom: John Wiley & Sons Ltd, 2016.

[27] Xue Y, Zhong K, Ni B Y, et al. A combined experimental and numerical approach to predict ship resistance and power demand in broken ice[J]. Ocean Engineering, 2024, 292: 116476.

[28] Ni B Y, Chen Z W, Zhong K, et al. Numerical simulation of a polar ship moving in level ice based on a one-way coupling method[J]. Journal of Marine Science and Engineering, 2020, 8(9): 692.

[29] 徐雪松. 重叠冰区船舶阻力特性研究 [D]. 哈尔滨: 哈尔滨工程大学, 2022.

[30] 尤嘉. 结构物–冰脊相互作用的试验研究 [D]. 哈尔滨: 哈尔滨工程大学, 2023.

[31] 倪宝玉, 王亚婷, 徐莹, 等. 基于内聚力单元法的船舶与重叠冰碰撞数值模拟研究 [J]. 哈尔滨工程大学学报 (英文版), 2024, (1): 23.

[32] McCormick M E, Bhattacharyya R. Drag reduction of a submersible hull by electrolysis [J]. Naval Engineers Journal, 2010, 85(2): 11-16.

[33] Elbing B R, Winkel E S, Lay K A, et al. Bubble-induced skin-friction drag reduction and the abrupt transition to air-layer drag reduction[J]. Journal of Fluid Mechanics, 2008, 612: 201-236.

[34] Juurmaa K. The Wärtsilä air bubbling system[J]. Polar Record, 1978, 19(119): 121-127.

[35] 郭鹏杰. 气泡辅助破冰清冰系统减阻机理的试验及数值模拟研究 [D]. 哈尔滨: 哈尔滨工程大学, 2021.

[36] Ni B Y, Wei H, Li Z, et al. Numerical simulation of an air-bubble system for ice resistance reduction[J]. Journal of Marine Science and Engineering, 2022, 10(9): 1201.

[37] 倪宝玉, 郭鹏杰, 薛彦卓. 冰水槽内气泡辅助破冰系统的机理实验研究 [J]. 哈尔滨工程大学学报, 2020, 41(6): 7.

[38] Wilkman G. Experience of air bubbling system in ice navigation and future possibilitie[C]. OTC Arctic Technology Conference. OnePetro, 2011.

[39] Yoshino S, Yamaguchi H, Ushio S, et al. Evaluation of water flushing effect on icebreaking operation of "Shirase" by analysis of Japanese Antarctic Research Expedition voyage data[R]. 东京大学大学院, 2019, 10.

[40] Johansson B M, Liljestrom G C. Oden-Icebreaker technology for the year 2000[J]. Society of Naval Architects and Marine Engineers-Transactions, 1989, 97: 53-83.

第 4 章　极地船舶的推进特性和主机功率预报

4.1　概　　述

承接第 3 章极地船舶的阻力特性,本章研究极地船舶的推进特性以及对应的主机功率预报。推进装置作为船舶核心部分之一,在极地船舶的设计过程中如何为船舶配备一套高效、合理、经济的推进系统是造船业极为关注的问题。由于极地航行船舶特殊的工作环境,需要考虑环境低温和海冰等环境因素对推进系统造成的影响。因此,极地船舶推进系统的设计使用与常规船舶推进系统有所不同,在主机性能选型、机舱布置以及推进器形式、强度、防寒处理、空泡和噪声性能等问题上均需采用特殊的处理方法[1]。

船舶主机作为船舶的"心脏",其主机功率对船舶快速性等航行性能具有至关重要的影响。对于极地船舶,功率不足会导致船舶冰困事故、船舶随冰漂流、船体倾覆等极为严重的后果;功率过大又会损失航行经济性。因此,确保冰区船舶具有合适的主机功率是十分必要的。

以破冰船为典型代表的极地船舶在冰区海域航行时,如第 3 章所述,除了连续式、冲撞式破冰等以艏向运动为主的破冰方法,还有艉破冰方法从而实现船舶的双向破冰,如图 4.1 所示。对于艉破冰方法,要求船舶能够快速实现螺旋桨的正反转转换,推动船舶时进时退实现破冰,这使得船舶主机所受负载的变化较大,因而对其设计有着严苛的要求。并且双向破冰方式对艏艉强度和形式有着进一步的限制,增加了推进器的安装难度,对螺旋桨的结构强度与水动力性能也提出了极为苛刻的要求。

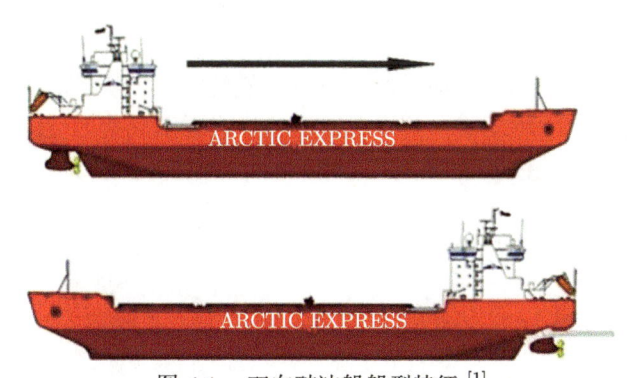

图 4.1　双向破冰船船型特征 [1]

4.2　海冰与极地船舶推进器的相互作用

4.2.1　极地船舶推进器选型

选择适当的推进器是充分发挥船舶性能的重要因素,在保证船舶极地海域工作效率的前提下,需充分提高船舶推进器的推进效率,合理设计推力减额,并注重节能技术的运用,降低推进器噪声,避免推进器的空泡侵蚀。

近年来，极地冰区航行船舶的推进系统较多地采用了特种推进装置来取代常规螺旋桨，以应对冰区的复杂环境。这些特种推进装置主要有导管螺旋桨、可调螺距桨和全回转式推进器，下面将分别对这几种特种推进装置进行介绍。

4.2.1.1 导管螺旋桨

导管螺旋桨又称作套筒螺旋桨，通常是在传统螺旋桨的外围加上一个环形套筒 (图 4.2)，套筒的剖面为机翼型或折角线型，由于它能显著改善重载螺旋桨的效率，故而在重载船舶上得到了广泛应用。对于有破冰作业需求的极地船舶，其主机功率冗余度高，导管螺旋桨与大功率主机的匹配度更高，能够更好地满足破冰航行时的推力需求，且导管结构也能起到阻挡碎冰，防止桨叶受损的作用。

图 4.2 导管螺旋桨

4.2.1.2 可调螺距桨

常规的船用螺旋桨螺距为固定值，固定螺距螺旋桨的设计载荷也是固定的，只有在设计条件下运行时，才能充分利用主机功率使船舶达到预期的航速。但对于多工况船舶，由于螺旋桨工况变化较大，固定螺距桨无法保证各种工况下都能充分发挥主机功率。

可调螺距桨 (图 4.3) 能利用桨毂中的操纵机构旋转叶片，从而改变桨叶的螺距分布，使之在各种工况下充分发挥主机功率，并能改善非设计点时螺旋桨的性能，降低耗油量，提高经济性。此外可调螺距桨可在单向旋转下实现快速倒车，使主机控制、减速齿轮箱及其他推进

图 4.3 可调螺距桨

辅助系统的设计简化。可调螺距桨较固定螺距桨在船舶经济性和机动性上表现的突出优越性，使其近年来越来越受到国内外学者的关注和重视。由于极地冰区航行船舶需要在敞水和冰区水域两种环境下工作，因此可调螺距桨能在冰区船舶上得到广泛的应用。

4.2.1.3 全回转式推进器

全回转式推进器的轴是竖向立轴，螺旋桨可以绕轴线做 360° 的回转，能起到舵的转向作用，可显著改善船的操纵性能和紧急机动性能，使船舶实现原地回转、横向移动、急速后退和在微速范围内操舵等特殊驾驶操作，此外，螺旋桨可以回转而不需要主机倒车，增加了主机的使用寿命，并且在推进器发生故障时可以将整机从机舱吊出而不需要进坞，使得维修工作大大简化，十分适合极地船舶的工作环境。

全回转式推进器分为 Z 形传动全回转式推进器和吊舱电力全回转式推进器，两种推进器的构造不同，但水动力性能相近。

1) Z 形传动全回转式推进器

Z 形传动全回转式推进器又称悬挂式螺旋桨装置。主机的功率经联轴器、离合器、带有万向节的传动轴、上水平轴、上部螺旋锥齿轮、垂直轴、下部螺旋锥齿轮和下水平轴等部件传递给螺旋桨，从而推动船舶前进。Z 形传动全回转式推进器结构如图 4.4 所示。

图 4.4　Z 形传动全回转式推进器

采用 Z 形传动全回转式推进器的主要优点是：通过旋转螺旋桨方位，推力方向可以自由变化，使得船舶获得良好的操纵性能，可以省掉舵、舣柱和舣轴管等结构，使船尾形状简单，从而减小阻力。

不足之处是：由于主机功率至少经两级齿轮传递，传动效率较主机直接推进明显降低；传动装置结构复杂，使传递功率受到较大限制。

2) 吊舱电力全回转式推进器

吊舱电力全回转式推进器是在传统的电力推进系统的基础上改进而发展的一种新型推进装置，由吊舱和螺旋桨组成，流线型的水下吊舱悬挂于船下，由法兰盘与船体相接，吊舱内安装的电动机直接驱动螺旋桨。船舶主机驱动主发电机，发出的电能供到主配电板，再由主配电板给推进电机供电。目前船舶电力推进电机多采用交流电机,通过交流变频器调节转速。吊舱电力全回转式推进器结构如图 4.5 所示,其集推进和操舵装置于一体,能够增加船舶设计、建造和使用的灵活性,使电力推进技术的优越性得到更充分的体现,在极地船舶上有着极佳的适用性,例如我国新一代极地科考船"雪龙 2 号"就使用了吊舱电力全回转式推进器。

图 4.5 吊舱电力全回转式推进器

吊舱电力全回转式推进器省掉了舵、艉柱和艉轴管等结构,简化了船尾形状,减少了阻力,使船舶具有优异的操纵性能。但吊舱电力全回转式推进器的设计、制造和供应仍具有很大的技术难度,核心技术目前仍掌握在少数发达国家中。

4.2.2 海冰对螺旋桨的影响

冰区航行的船舶所在水域存在着大量的海冰,海冰会靠近、阻塞推进器以及诱导推进器产生空泡;同时,海冰也可能会与推进器发生接触,使得冰区航行船舶推进器受到的载荷与敞水水域航行船舶推进器相比具有特殊性。由于海冰的影响,通常认为推进器受到的额外载荷由两部分组成:一部分是海冰与螺旋桨相互接触而造成海冰破坏所产生的载荷,称之为冰载荷;另一部分是海冰的靠近效应、阻塞效应以及海冰导致的空泡效应而造成的额外水动力载荷,称之为不可分离水动力载荷 [2]。而普通的敞水水域航行船舶推进器所受到的载荷则可以称为可分离水动力载荷。这样,冰区航行船舶所受到的载荷就可以分为三个部分:冰载荷、不可分离水动力载荷以及可分离水动力载荷 (图 4.6(a))。

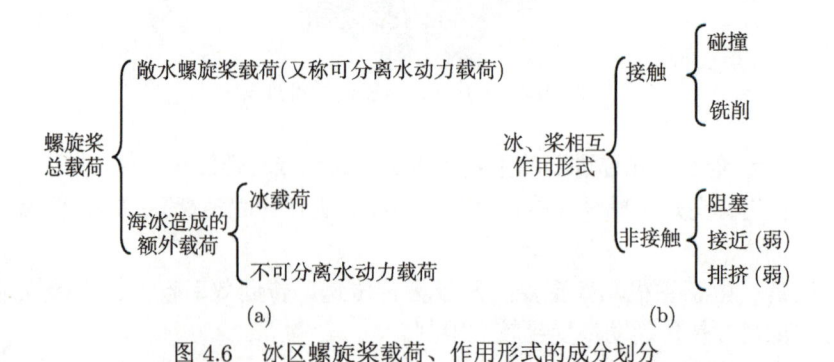

图 4.6 冰区螺旋桨载荷、作用形式的成分划分

海冰影响下的推进器载荷具有很大的不确定性,这主要与冰的特性以及冰与推进器的相互作用条件密切相关。通常假定因海冰影响而产生的载荷与可分离水动力载荷是相互独立的,推进器的总载荷一般通过冰池试验得到。为了便于分析研究,将相互作用形式分为接触

和非接触两种工况,前者包含碰撞和铣削两种形式,后者包括接近、阻塞和排挤三种形式,如图 4.6(b) 所示。在接近和排挤形式下,由于海冰对推进器载荷的影响较小,因此在研究海冰的影响时,通常将作用过程简化为阻塞、碰撞、铣削三种形式。下面分别简要介绍。

4.2.2.1 阻塞工况

在阻塞工况下,海冰会使螺旋桨的进流速度减小,从而使得水动力螺距角减小,桨叶攻角增大,进而导致推力和转矩得到大幅度的增加。相关试验显示,在阻塞状态下非接触水动力载荷比敞水条件下的载荷高出 65%~75%[3,4],分别对三种桨模 (JRPA 敞水桨、JRPA 导管桨、R-Class 桨) 在阻塞条件下的水动力性能予以研究,均得出了推力和扭矩大幅度增大的结论,特别是 R-Class 桨,在试验时,在阻塞条件下的推力和扭矩分别是敞水条件下的 3 倍和 2 倍[5]。

4.2.2.2 碰撞工况

碰撞属于冰、桨接触工况,此工况是固体与固体之间的接触,其接触力会比非接触水动力大得多。因此这种接触力是接触工况下螺旋桨载荷的主要组成部分之一。目前,与冰、桨相关的接触研究主要集中在铣削工况上,对碰撞的研究较少,其原因是采用试验的方法研究碰撞难度较大,在试验过程中由于冰块处于无约束状态,很难对冰、桨碰撞过程进行控制。相比而言,采用数值模拟方法对碰撞问题进行预报和分析则取得了较大进展。

4.2.2.3 铣削工况

铣削也属于冰、桨接触工况,此工况同样是固体与固体之间的接触,其接触力比非接触水动力大得多,是接触工况下螺旋桨载荷的另一个主要组成部分。冰、桨铣削时,螺旋桨的高速旋转会造成海冰的脆性破坏,这种破坏模式使得桨叶承受着巨大的应力,在数值仿真中,铣削时的最大载荷比碰撞时的载荷还大一个数量级[5]。这说明,冰区航行船舶推进器在与海冰发生铣削时受到的载荷远高于普通敞水航行船舶推进器所受到的载荷。高量级的载荷会超过螺旋桨的应力极限,致使桨叶发生塑性变形而造成螺旋桨的结构破坏。此外,在铣削过程中,螺旋桨与海冰的周期性相互作用还有可能造成疲劳破坏。

4.2.3 冰桨接触理论预报方法

长期以来,研究人员通过对冰桨接触机理和规律的总结,结合实验数据,建立了冰桨接触理论预报模型,用于冰桨接触过程中冰载荷的预报[6]。

Kotras 等[7]采用一个楔形结构代替螺旋桨桨叶来预报冰桨接触冰载荷,根据螺旋桨的转速和进速的比值,可以将冰桨接触条件下的螺旋桨运转工况划分成四个象限,如图 4.7 所示。对于固定螺距的常规螺旋桨,第一象限为螺旋桨转速和进速均为正值的情况,桨叶的导边将与海冰发生接触,此时可认为发生了冰桨铣削,同时还会伴随着碰撞工况的发生。第三象限则为螺旋桨转速和进速均为负值的情况,桨叶随边将可能先与冰块发生接触,此时冰桨作用形式被划分为铣削工况。其他象限则对应着船舶倒车、回转等运动状态,海冰主要与桨叶的叶背或叶面发生接触,以冰桨碰撞工况为主。

Kotras 对冰桨铣削工况进行建模分析,该螺旋桨–冰铣削模型的目的是预测螺旋桨叶片和传动轴上的冰力和力矩的峰值与时历变化。该模型的概述如图 4.8 所示。

计算过程中将螺旋桨叶片沿径向剖开,离散为一系列条带,且假设螺旋桨叶片具有几何相似的截面轮廓,沿其半径具有可变的螺距和弦长,故而每个条带都有一个理想化的轮廓,可计算出其与冰边界的简单线性相交情况。每个条带的轮廓由一系列点定义,如图 4.9 所示。所有点都以弦长 c 的无量纲形式缩放,例如,$x_2 = d_2/c, y_2 = h_2/c$。

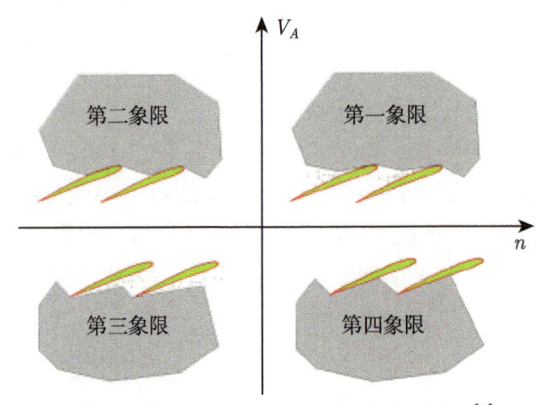

图 4.7 常规螺旋桨–冰桨接触工况象限 [6]

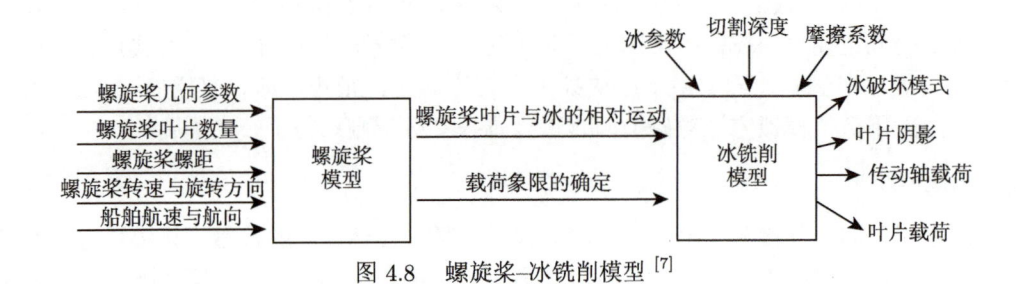

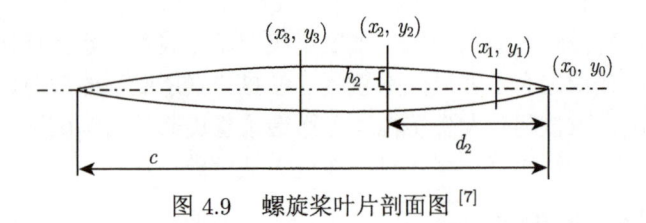

图 4.8 螺旋桨–冰铣削模型 [7]

图 4.9 螺旋桨叶片剖面图 [7]

叶片被表示为一系列等宽、离散的条带,它们一起旋转,但为了进行力评估,它们各自作为独立的单元存在。条带的数量是桨叶切入冰层深度的函数,随着切割深度的增加,条带的数量也在增加。当螺旋桨以恒定速率旋转和平移时,条带在空间上呈现出三维螺旋的运动轨迹,如图 4.10 与图 4.11 所示。

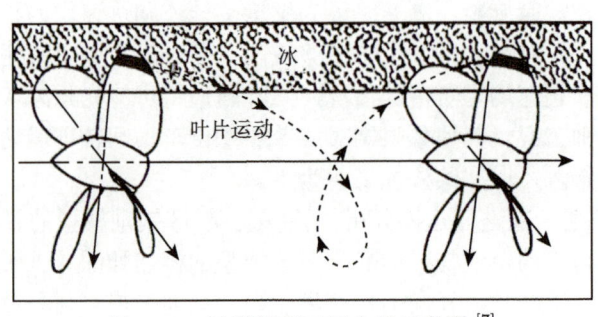

图 4.10 冰桨铣削工况全景示意图 [7]

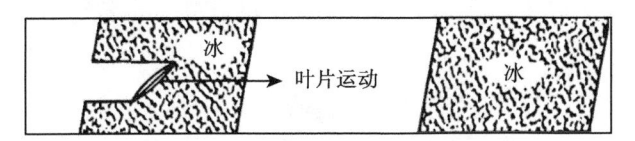

图 4.11　冰桨铣削工况剖视图 [7]

Kotras 提出了桨叶阴影的概念，即在第一个桨叶刺入冰面后，必须考虑到第二个桨叶接近并接触冰面时冰已经发生过变形，在冰体内部形成了一条路径，这可能会影响作用在第二片桨叶上的受力情况。这种当第二个桨叶遇到残缺冰块，部分地穿过先前铣削形成的路径的现象被称为桨叶阴影 (图 4.12)。

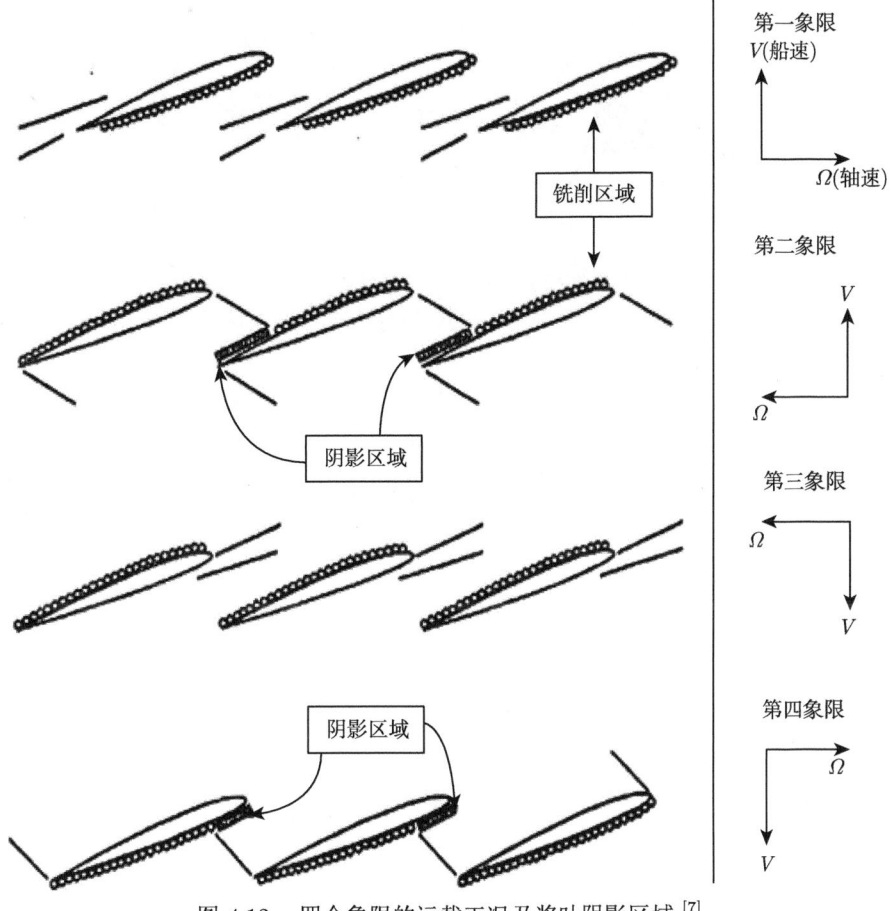

图 4.12　四个象限的运载工况及桨叶阴影区域 [7]

在考虑叶片四个象限运转条件和桨叶阴影后，需注意实际场景中可能会有两种不同的桨叶阴影效果。如图 4.13 所示，图 4.13(a) 给出了轴速与船速乘积为正值时的阴影示例。先前形成的路径位于叶片条带的尾缘，冰沿着破坏面存在发生剪切或弯曲破坏的可能。当轴速与船速乘积为负时，如图 4.13(b) 所示，先前形成的路径位于叶片条带的前缘，冰只有在与桨叶直接接触的部位才会发生破碎。

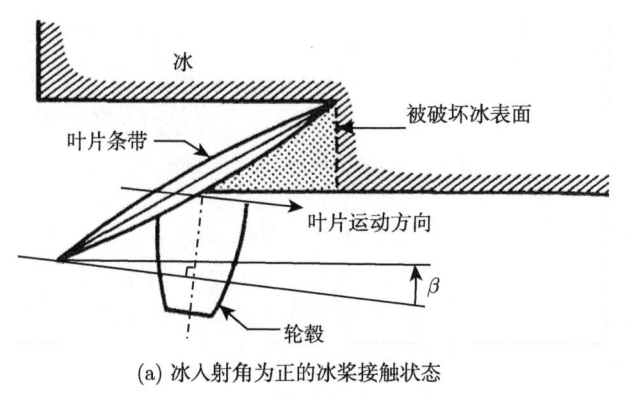

(a) 冰入射角为正的冰桨接触状态

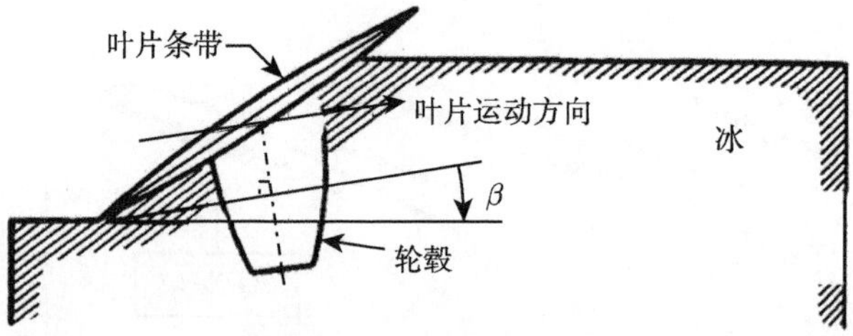

(b) 冰入射角为负的冰桨接触状态

图 4.13　四个象限的运载工况及桨叶阴影区域 [7]

如图 4.14 所示，对于不同的冰入射角，桨叶阴影程度的计算方法也有所不同，当冰入射角为正值时，前进角 β 的正弦值等于阴影高度 h_s 除以叶片间距

$$h_s = (2\pi r/z)\sin\beta \tag{4.2.1}$$

其中，r 为桨半径；z 是螺旋桨上的叶片数。

当冰入射角为负值时，阴影高度 h_s 的计算公式为

$$h_s = c\sin(\psi - \beta) + (2\pi r/z)\sin\beta \tag{4.2.2}$$

其中，ψ 是局部螺距角。

对于与冰接触的每个面，通过求解冰的边界与叶片相应部分的交点来确定交点的位置。当冰盖与叶片前缘接触时，如图 4.15 所示，其中，

$$x = \frac{x_1 \tan(y_2 - y_1) + (x_1 - x_2)(p + y_1 \tan\alpha)}{\tan\alpha(y_2 - y_1)} \tag{4.2.3}$$

$$y = (y_2 - y_1)\frac{x_1 - x}{x_1 - x_2} + y_1 \tag{4.2.4}$$

如果桨叶并未深入冰块内部，交点位置则由下式计算：

$$x = (x_2 - x_1)\frac{h - y_1}{y_2 - y_1} + x_1 \tag{4.2.5}$$

$$y = h \tag{4.2.6}$$

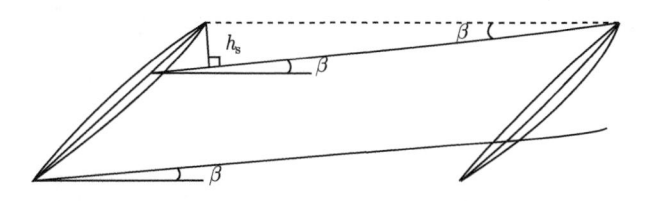

(a) 冰入射角为正的冰桨接触状态

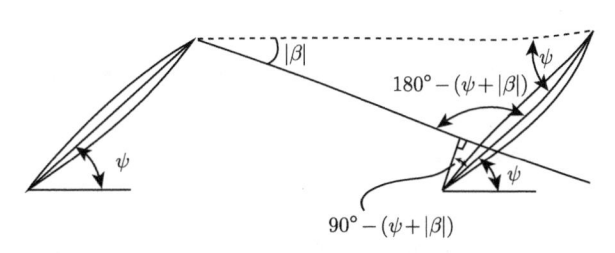

(b) 冰入射角为负的冰桨接触状态

图 4.14　桨叶阴影程度计算方法示意图 [7]

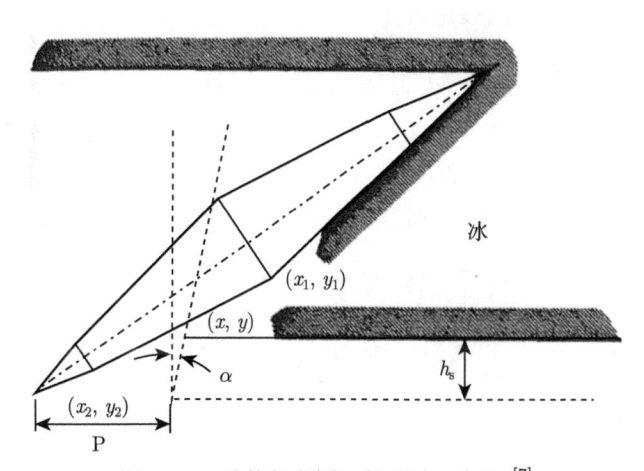

图 4.15　冰接触范围计算方法示意图 [7]

冰与叶片条带存在接触时，施加在叶片条带上的冰载荷计算方法如下：对于任意体积为 V_0 的冰，使其发生破碎的能量等于 $\sigma_c \cdot V_0$，其中 σ_c 为冰的破碎强度，对于长度为 L、宽度为 Δt、与前进方向成 θ 角的冰块，由叶片位移增量 Δx 引起的冰的体积变化公式如下：

$$V_0 = \sin\theta(L \cdot \Delta t \cdot \Delta x) \tag{4.2.7}$$

在此过程中桨叶对冰所做的功 W 可以表示为

$$W = N\Delta x \sin\theta + T\Delta x \cos\theta \tag{4.2.8}$$

其中，N 为法向力；T 为切向力。进一步假设切向力仅仅是由叶片和冰之间的摩擦产生的，则切向力可以表示为

$$T_i = \mu N_i \tag{4.2.9}$$

式中，μ 为摩擦系数。

桨叶对冰所做的功与冰破碎所需的能量相等，则法向力可以表示为

$$N_{\mathrm{i}} = \frac{\sigma_{\mathrm{c}} L_{\mathrm{i}} \Delta t_{\mathrm{i}} \sin \theta_{\mathrm{i}}}{\sin \theta_{\mathrm{i}} + \mu \cos \theta_{\mathrm{i}}} \tag{4.2.10}$$

通过上述分析方法，可实现对冰桨铣削载荷的理论预报。在冰桨铣削过程中，冰的破坏模式包含压碎、弯曲或剪切，一般的冰失效顺序是叶片最初被压入冰中，随着叶片继续深入冰面，载荷不断增加，直到与叶片接触的冰面部分发生失效。用这种方法，每个叶片上的各个单元上的载荷相加，即可得到每个叶片和传动轴上的总力和力矩。

冰桨接触过程的复杂性涉及多种因素，理论模型往往过于理想化，导致其应用范围有限。经过算法上的持续更新优化，通过理论预报方法已能够估算在任意切削角下作用于叶片的接触冰载荷及考虑了水动力的冰桨接触载荷[8,9]。

4.2.4 冰桨接触试验预报方法

冰桨接触试验主要包括实船试验与模型试验，冰桨接触实船试验开展得更早，学者们通过实船测量试验得到了非常宝贵的数据，对冰载荷幅值大小和作用位置的理解有很大的帮助。但是，实船测量试验很难把握准确信息，而且需要花费很大的人力和物力，因此实船测量试验很难成为研究冰桨接触的理想方法。

模型试验测量方法能够很好地克服实船测量的缺点，并且能够很好地控制试验测量条件，Browne 等[10] 开展了普通桨和导管桨上的冰载荷作用机理的研究，获得的模型试验结果与实船试验吻合度较好。随着试验技术的进步，利用激光传感器可对桨叶不同位置处的冰载荷直接进行测量[11]，设计合理的试验 (图 4.16 和图 4.17) 可研究螺旋桨的几何参数、进速系数、攻角和桨的铣削深度等因素对桨—冰相互作用载荷的影响[12-16]。

图 4.16 冰池螺旋桨模型试验[14]

图 4.17 冰桨接触模拟试验[16]

与第 3 章 3.3 节所述冰阻力模型试验方法相同，冰桨接触试验同样遵循弗劳德数 Fr 相似与柯西数 Ca 相似的模型率。

$$Fr = \frac{U_{\mathrm{f}}}{\sqrt{g D_{\mathrm{f}}}} = \frac{U_{\mathrm{m}}}{\sqrt{g D_{\mathrm{m}}}} \tag{4.2.11}$$

式中，下标 f 表示实尺度；下标 m 表示模型尺度；U 为螺旋桨在冰中的进速；D 为螺旋桨桨盘直径，缩尺比为 $\lambda = D_{\rm f}/D_{\rm m}$。

模型冰和实际冰之间关于压缩强度和杨氏模量的缩尺运算公式如下：

$$\sigma_{\rm c,f} = \frac{\rho_{\rm f}}{\rho_{\rm m}} \lambda \sigma_{\rm c,m} \tag{4.2.12}$$

$$E_{\rm c,f} = \frac{\rho_{\rm f}}{\rho_{\rm m}} \lambda E_{\rm c,m} \tag{4.2.13}$$

以冰桨切削试验为例，郭春雨等[17]基于冰桨切削试验平台，以酚醛保温板作为模型冰，在空气和水中分别开展了在不同模型冰推送速度、切削深度、螺旋桨转速和进速系数下冰桨的切削试验，测量了螺旋桨的推力和扭矩，如图 4.18 所示。该试验中，根据模型冰的特性，按照冰的缩尺运算式 (4.2.12) 与式 (4.2.13)，换算出其对应实尺度冰的压缩强度和杨氏模量分别为 24.89kPa 和 480MPa(实际海冰：$100{\rm kPa} \leqslant \sigma \leqslant 2500{\rm kPa}$，$E = 500{\rm MPa}$)，与实际海冰的特性存在差异，但是仍然可以定性地分析螺旋桨–冰相互作用的试验研究。

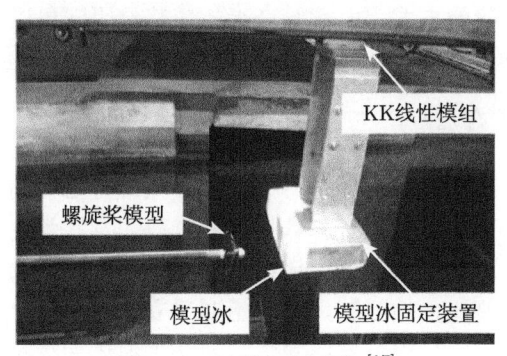

图 4.18 冰桨切削试验[17]

开展螺旋桨–冰在空气中的切削试验的意义在于螺旋桨–冰在水中切削时螺旋桨周围的环境十分复杂，通常会受到敞水水动力载荷、阻塞水动力载荷、切削冰载荷和碎冰挤压载荷等的共同作用。为了分析螺旋桨–冰相互作用过程中只有冰载荷的情况，需分别开展螺旋桨–冰在空气中和水中的切削试验，在试验过程中对模型冰推送速度 V、切削深度 H、螺旋桨转速 n 和进速系数 J 进行变工况试验，并分别监测螺旋桨的推力和扭矩，进而分析出不同状态下螺旋桨推力 T 和扭矩 Q 的变化。

如图 4.19 所示，可将螺旋桨–冰切削过程中的螺旋桨划分为四个主要区域，在区域 (a) 中，桨叶随着螺旋桨的旋转不断地嵌入模型冰内切削模型冰，此时螺旋桨桨叶受到的载荷为切削冰载荷。切削后的碎冰沿着螺旋桨桨叶进入过渡区域，在该区域内充满了切削后的模型冰碎屑和切削区域内挤压产生的回流，该区域内螺旋桨桨叶主要受到碎冰的挤压载荷。当切削后的碎冰通过过渡区域后，直接进入了来流和碎冰区，如图中 (c) 区域所示，该区域内螺旋桨桨叶所处的环境最为复杂，充满了切削后的碎冰、非连续流、回流以及空泡，该区域内螺旋桨桨叶受到碎冰挤压载荷、阻塞水动力载荷以及空泡的影响。同时，观察出当螺旋桨一个桨叶与模型冰进行切削时，其他三个桨叶主要位于 (d) 区域内，该区域内螺旋桨桨叶主要受到均匀流和模型冰尾涡的扰动流 (湍流和分离流)，此时，桨叶受到的载荷主要有敞水水动力载荷和阻塞水动力载荷。

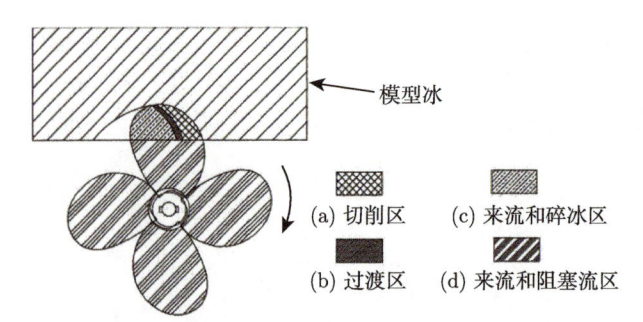

图 4.19　螺旋桨–冰切削过程中的物理现象分割图 [17]

不同进速系数下螺旋桨冰载荷的变化趋势有所不同。出现这种现象的主要原因是空泡的产生，随着拖车航速的不断增加，模型冰逐渐靠近螺旋桨时螺旋桨–冰之间的限制流被加速到气化压力以下，使螺旋桨–冰之间产生空泡，造成桨叶失速和升力损失。

通过试验可以得知螺旋桨–冰在水中切削时模型冰逐步靠近螺旋桨时螺旋桨推力和扭矩并不是恒定增加的，它与螺旋桨进速系数、模型冰尺寸、空泡密切相关。冰桨模型试验作为研究螺旋桨冰载荷的最直接的方式，由试验获得的冰桨作用现象以及得到的螺旋桨推力和扭矩变化曲线为极地船舶推进器的设计提供了依据，也可为冰桨接触的数值模拟提供参考。

4.2.5　冰桨接触数值模拟方法

数值计算方法能够将冰桨接触过程中海冰的破坏模式考虑在内，便于对冰桨接触的动态过程进行细致考虑。近年来，计算能力和数值计算方法的发展带动了冰桨接触数值预报技术的发展。在实际工况下，冰桨接触过程中会不断地有碎冰块进入流场中，引起周围流场的紊乱。因数值计算方法和计算能力的限制，目前想要建立冰桨流耦合计算数值模型来模拟这一实际过程有很大的难度。因此，很多数值模型都忽略了流体的影响，虽然无法体现出碎冰块在海水的作用下的运动过程以及计算出螺旋桨受到的干扰水动力，但是能够比较真实地再现接触过程中冰块的破碎过程和计算瞬态冰载荷 [6]。

目前主流的冰桨接触数值模拟多基于有限元方法与 SPH 方法 [18-22] (图 4.20)，数值模拟方法与试验方法相互补充，用于探究不同冰桨作用形式对桨叶载荷分布和危害程度的影响，揭示不同的螺旋桨运转参数、海冰尺寸等因素对螺旋桨应力分布的影响规律，以及分析非接触状态下冰桨的非定常干扰问题 [23]。得益于近场动力学 (PD) 理论在模拟冰裂纹扩展规律上的优势，该方法在冰力学领域的应用愈发广泛，使用近场动力学方法构建的冰桨接触数值模型可准确实现冰桨铣削过程中冰破坏模式及螺旋桨冰载荷特性的变参数工况分析 [24,25]。这里简要介绍 PD 方法在冰桨接触数值模拟中的应用 [6]。

(a) 有限元方法[18]　　　(b) SPH方法[19]

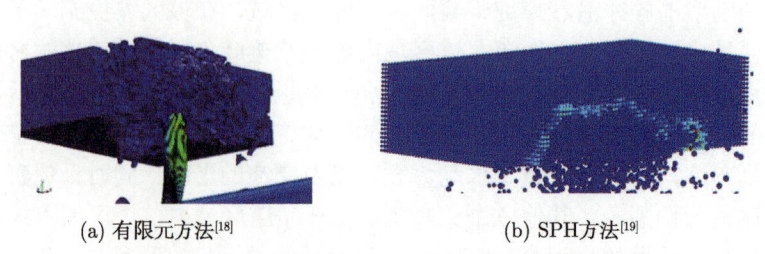

图 4.20　有限元方法与 SPH 方法模拟冰桨铣削结果

4.2.5.1 近场动力学冰桨接触预报实例

A. 冰载荷的瞬态变化对比

图 4.21 为冰桨铣削过程中力和力矩曲线的数值计算数据与试验数据对比情况,试验数据来自 Wang 等[13] 给出的铣削深度 35mm,螺旋桨转速 5r/s,进速 0.5m/s 工况下的单个桨叶一次切削冻结冰块过程中的冰载荷的试验值。由图可知,两条曲线波峰附近区域属于接触区域,由于冰桨作用的随机性,冰载荷计算值曲线与试验值曲线不完全一致。由于试验是在冰水池中开展的,冰桨铣削试验时螺旋桨既受到流体的作用,也受到接触冰载荷的作用。试验值在桨叶未受到切削时也受到力的作用,这个力主要是桨叶受到的水动力载荷,并且可以观察到力也发生波动,这可能是在冰桨相互作用下桨叶附近的水流比较复杂,伴流场不均匀引起的,并且冰桨接触时的水动力远比接触冰载荷小得多。

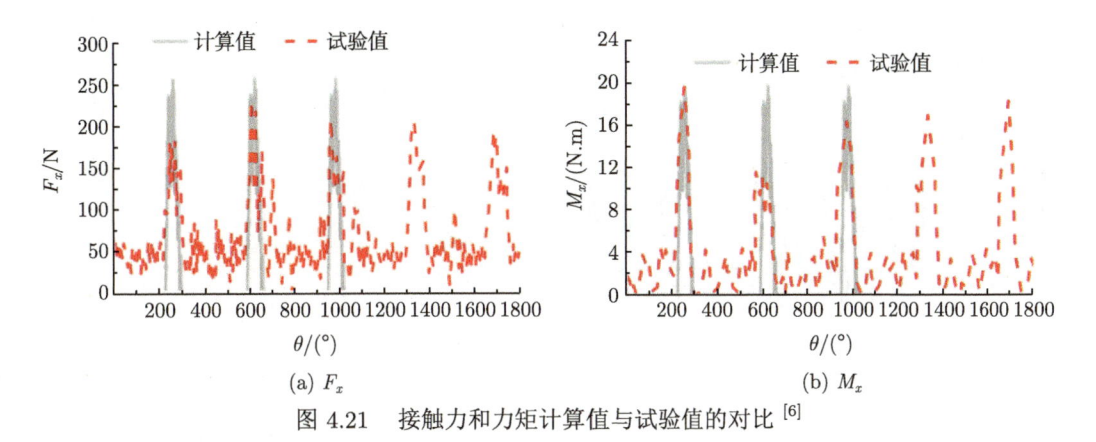

(a) F_x　　(b) M_x
图 4.21　接触力和力矩计算值与试验值的对比 [6]

B. 冰的破碎方式对比

基于近场动力学方法,将计算模型和冰材料参数设置得与试验测量值相同,计算螺旋桨转速 5r/s,冰进速为 0.2m/s 的冰桨铣削工况,如图 4.22 所示模拟的冰桨铣削过程中海冰的破碎情况与实际情况相符合。可观测到由于受到桨叶的切削作用,不断地有碎冰形成,并加速向后抛出。

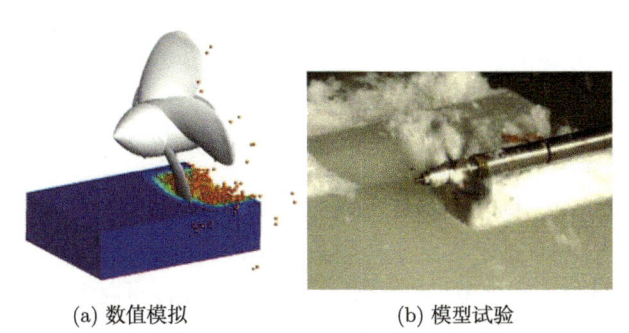

(a) 数值模拟　　(b) 模型试验
图 4.22　冰破碎模式模拟结果与试验结果的对比 [6]

冰桨铣削后冰块上将留下一道道划痕,数值模拟的划痕结果与试验测量照片显示的结果吻合良好,如图 4.23 所示。

(a) 数值模拟　　　　　　(b) 模型试验

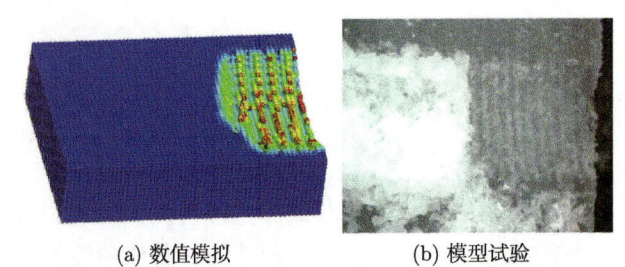

图 4.23　冰破碎模式模拟结果与试验结果的对比 [6]

4.2.5.2　螺旋桨轴承力特征

在得到螺旋桨接触冰载荷时域结果后，可基于快速傅里叶变换 (FFT) 把时域结果转为频域结果，从而实现对螺旋桨轴承力的频域分析。如图 4.24 所示，给出了 x 方向 (螺旋桨旋转轴向) 的螺旋桨轴承力脉动时域和频域曲线。

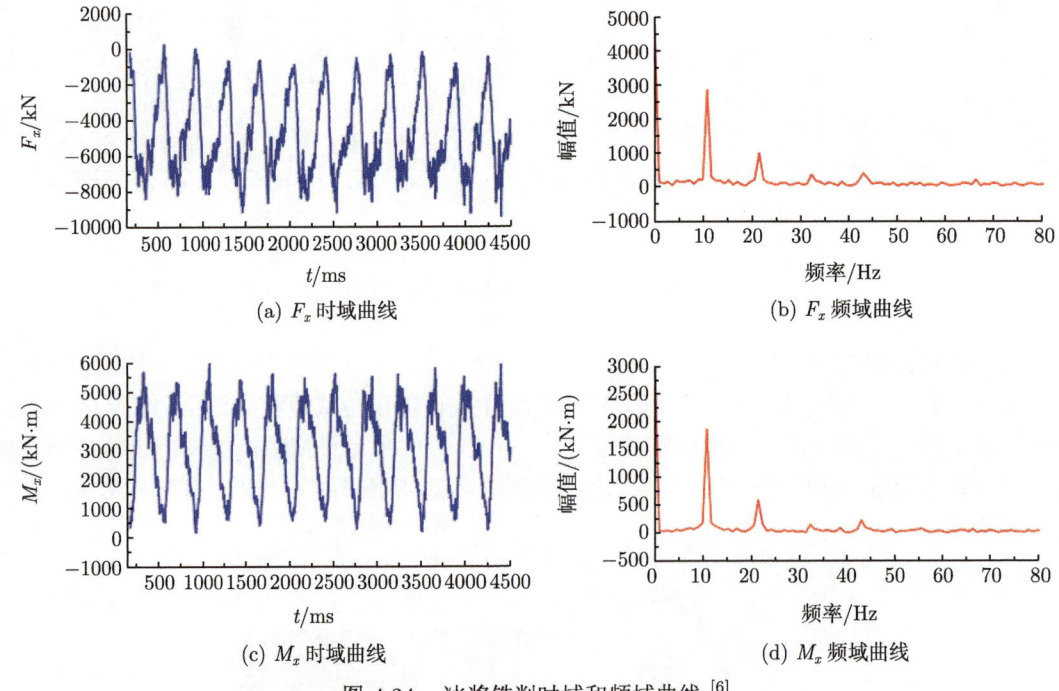

(a) F_x 时域曲线　　　　　　(b) F_x 频域曲线

(c) M_x 时域曲线　　　　　　(d) M_x 频域曲线

图 4.24　冰桨铣削时域和频域曲线 [6]

由时域曲线图可知，其时域曲线为锯齿状，螺旋桨所受非定常轴承力具有一定的周期性。从图中大概可以估算出一个周期时长大约为 0.085s，大概等于螺旋桨旋转周期的四分之一。由于该桨为四叶桨，每个桨叶交替切削冰块，从而一个旋转周期内非定常推力及力矩均呈现为四周期分布。每个周期内轴承力的脉动幅度非常大。

从频谱曲线来看，其主要脉动频率是叶频 (12Hz) 和倍叶频 (24Hz)，其中以叶频处脉动峰值最大，其他频率脉动幅值基本可以忽略不计。数值计算方法能够准确地模拟冰桨铣削冰的动态破坏行为，在桨叶的铣削作用下将会不断产生碎冰块，接触冰载荷随时间变化会剧烈变化，对船体结构强度存在安全隐患，且通过傅里叶变换分析发现，接触冰载荷的脉动幅值主要集中于叶频处。

如今，以近场动力学为代表的一系列数值计算模型已经可以较好地实现对冰桨相互作用的数值模拟预报，为冰区船舶的螺旋桨抗冰载荷设计提供重要的数据支撑。

4.3 极地船舶主机功率的预报方法

冰区船主机功率的预报方法可大致分为经验预报方法、试验预报方法、数值预报方法。其中，经验预报方法基于大量经验公式，按照这些经验公式的来源，又可将经验预报方法划分为两种常见的预报方法，一种是采用航速–阻力曲线预报；一种是采用规范法预报，下面分别进行介绍。

4.3.1 航速–阻力经验公式预报法

采用航速–阻力曲线预报冰区船的主机功率方法，首先需要准确预报冰区船的航行阻力。对于在极地冰区航行的船舶，将摩擦水阻力和冰阻力叠加获得总阻力，通过经验公式可计算出不同航速下船舶总阻力，进而拟合出航速–阻力曲线，再将阻力结果代入主机功率计算公式，即可获得相应的航速主机功率曲线。

4.3.1.1 冰阻力经验公式

如前文第 3 章所述，可根据冰情选择适用的经验公式估算极地船舶在冰区航行的冰阻力，如计算平整冰区船舶冰阻力的 Lindqvist 公式、Riska 公式；计算浮冰区船舶冰阻力的 Mellor 公式、芬兰–瑞典冰级规范公式等。

4.3.1.2 摩擦水阻力经验公式

如前文所述，冰区船在碎冰区航行时除了遭受冰阻力外，还将遭受水阻力。这里首先忽略冰阻力和水阻力间的耦合作用，假设冰阻力和水阻力相互独立且满足线性叠加的关系。此外，考虑到海冰的存在将极大地消除自由液面的兴波，并改变船舶尾流的变化等，在计算水阻力时，仅考虑水与船体间的摩擦阻力，忽略比重较小的兴波阻力和黏压阻力的作用。

对于实船的摩擦阻力，有较多的计算方法，较为通用的是 1957 ITTC 公式[26]。根据 ITTC(1995) 经验公式近似有摩擦水阻力 R_w：

$$R_\mathrm{w} = (C_\mathrm{f} + \Delta C_\mathrm{f}) \cdot \frac{1}{2}\rho_\mathrm{W} V^2 S \tag{4.3.1}$$

式中，C_f 为摩擦阻力系数；ΔC_f 为粗糙度补贴系数；ρ_W 为海水密度；V 为船舶航速；S 为船舶湿表面积。

$$C_\mathrm{f} = \frac{0.075}{(\lg Re_\mathrm{h} - 2)^2} \tag{4.3.2}$$

式中，Re_h 为船体雷诺数。粗糙度补贴系数 ΔC_f 由荷兰试验水池于 1973 年发表的不同船长时的取值表 4.1 估算。

4.3.1.3 主机功率计算方法

通过计算船舶阻力与航速的曲线，获得不同航速下船体的有效功率 P_E，计算公式为

$$P_\mathrm{E} = R_\mathrm{T} \cdot V \approx (R_\mathrm{i} + R_\mathrm{w}) \cdot V \tag{4.3.3}$$

式中，R_T 为总阻力；R_i 和 R_w 分别为冰阻力和摩擦水阻力。考虑到有效功率 P_E 与主机功率 N_e 间的比值，即推进系数 k_e，有

$$N_e = P_E/k_e \tag{4.3.4}$$

表 4.1 ΔC_f 随船长变化的关系

船长/m	$\Delta C_f/(\times 10^3)$
50~150	0.35~0.4
150~210	0.2
210~260	0.1
260~300	0
300~350	−0.1
350~450	−0.25

推进系数 k_e 是多种效率相乘的综合名称，与轴系传送效率、相对旋转效率、螺旋桨的旋转效率和船身效率等多种因素有关，对于不同的螺旋桨和不同船体会有一定的变化。因为这里主要考虑冰区航行船舶的阻力问题，同时考虑到船型螺旋桨以及桨机匹配情况，选取 k_e 为 0.60 进行计算，暂不考虑 k_e 的变化。注意这是一种简化方法，实际上，尤其是冰区船舶在航行过程中，k_e 的变化可能很复杂。根据船体总阻力–速度变化曲线，即可获得有效功率–速度变化曲线，再根据主机功率计算式 (4.3.3) 可获得主机功率曲线，从而根据最大航速获得船舶所需的主机功率[27]。

4.3.2 规范预报法

规范预报法是主机功率初步估算最常用的方法，因为这种方法最为简便，常用的规范有芬兰–瑞典规范、CCS 规范等。这里以 B1 级冰区船舶在碎冰区航行为例，说明规范预报法的基本流程。

4.3.2.1 芬兰–瑞典规范预报方法

根据芬兰–瑞典规范 IA 级 (等同于 B1 级) 冰级船的计算公式，主机输出功率 (单位：kW) 应不小于下式所确定的值[28]：

$$N_e = k_e \frac{(R_T/1000)^{3/2}}{D_P} \tag{4.3.5}$$

式中，D_P 为推进器的直径；k_e 为推进系数，对于单个定螺距螺旋桨选取为 2.26；R_T 为船舶航行在碎冰航道中的总阻力，计算公式详见前文第 3 章式 (3.2.10)。

4.3.2.2 CCS 规范预报方法

对于 B1 级冰区船舶，基于 CCS 规范的主机输出功率计算与式 (4.3.5) 相似，仅在计算船舶的冰区航行阻力时有所区别，具体表现为以船舶航行在具有浮冰 (由碎冰组成，或有凝结层) 航道中的阻力 R_{CH} 替代式 (4.3.5) 中的 R_T，R_{CH} 由下式确定：

$$R_{CH} = C_1 + C_2 + 845 C_\mu (H_F + H_M)^2 \times (B + C_\psi H_F) + 42 L_{PAR} H_F^2$$
$$+ 825 \times \left(\frac{LT}{B^2}\right)^3 \times \frac{A_{WF}}{L_{pp}} \tag{4.3.6}$$

其中，C_1 和 C_2 为浮冰固结层影响系数，对 B1 级船舶需满足下列条件：

$$\begin{cases} C_1 = 0 \\ C_2 = 0 \end{cases} \tag{4.3.7}$$

$C_\mu = 0.15\cos\varphi_2 + \sin\psi\sin\alpha_1$ 且 $C_\mu \geqslant 0.45$；$C_\psi = 0.047\psi - 2.115$，当 $\psi \leqslant 45°$ 时，$C_\psi = 0$；$\left(\dfrac{LT}{B^2}\right)^3$ 的值不应大于 20 或小于 5；$\psi = \arctan\left(\dfrac{\tan\varphi_2}{\sin\alpha_1}\right)$；$A_{\text{WF}}$ 为船体首部水线面面积；B 为最大船宽，L 为最大船长；H_M 为航道中部的浮冰厚度，在 B1 冰级下，取值为 1.0；H_F 为船首部排开的冰层厚度，$H_\text{F} = 0.26 + \sqrt{H_\text{M}B}$；$L_{\text{PAR}}$ 为平行舯体长度；L_{pp} 为垂线间长；T 为船的实际冰级吃水；α_1 为在 $B/4$ 处水线角；φ_1 为中心线处艏柱倾角 (参见图 4.25)；φ_2 为 $B/4$ 处纵剖线艏柱倾角 [29]。

以某 B1 冰级 36000t 多用途船为例 (图 4.25)，将实船参数代入公式 (4.3.6) 和 (4.3.5) 中，可计算得到阻力 R_{CH} 约为 753.82kN，最小的主机输出功率 N_E 为 6785.87kW。类似地，也可以采用 CCS 规范计算上述主机输出功率，计算结果约为 6741.79kW。可见这两种规范的计算结果十分接近。

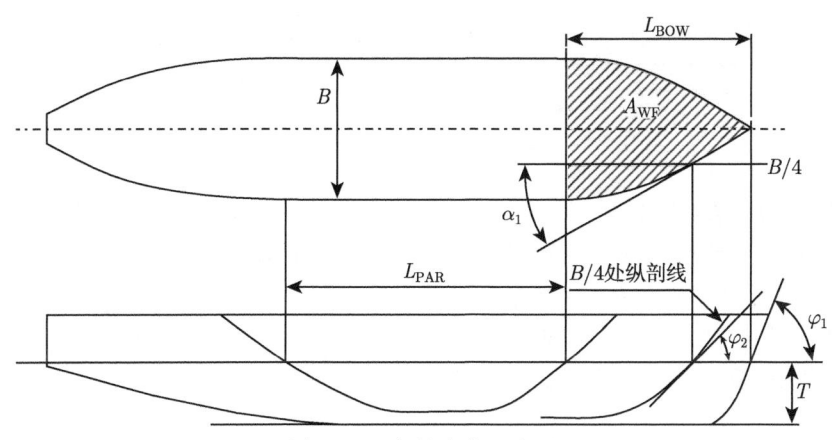

图 4.25 船体参数示意图

4.3.3 数值模拟及试验预报方法

尽管经验公式和规范法计算简便，但由于没有考虑船舶航速、冰情变化等参数的影响，计算结果往往过于保守。数值模拟方法和试验方法也是预报主机功率的常用方法。数值模拟方法的原理与 4.3.1 节基本一致，主要是在冰阻力和水阻力预报时，采用第 3 章所述的各种数值方法，而不是直接采用经验公式法。

试验方法包括实船试验和冰水池模型试验，是船舶推进特性预报研究中比较直接有效的方法。冰区船的实船试验开展难度较大，极地环境下的实船试验更是在少数重大科考项目中才有机会开展，因此，船模试验是目前公认的应用广泛且预报结果较为准确的试验方法。

预报船舶主机功率的试验是以船模自航试验的形式开展的，以判断船、机、桨三者匹配后的综合性能。对于极地船舶，通过冰中自航试验确定给定冰情、给定航速下的船舶阻力和功率需求，还可以观察碎冰与船体、推进器的接触情况。

自航试验可分为强制自航试验与自由自航试验,冰中自航试验的内容如图 4.26 与图 4.27 所示。

项目	冰中强制自航	水中强制自航	冰中自由自航
设定参数	模型速度、螺旋桨转速	模型速度、螺旋桨转速	螺旋桨转速
测量参数	冰中拖曳力、推力、扭矩	水中拖曳力、推力、扭矩	冰中航速、推力、扭矩
结果	冰中自航点、所需功率	水中剩余力、推力、扭矩	冰中达到的航速、需要的推力、功率

图 4.26　冰中自航试验过程[30]

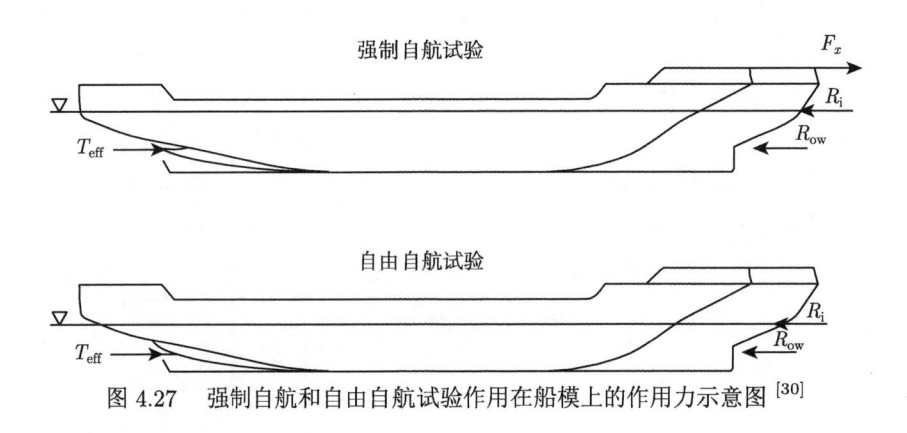

图 4.27　强制自航和自由自航试验作用在船模上的作用力示意图[30]

冰中强制自航试验流程如下。

(1) 试验准备阶段：选择合适的冰区试验区域，确保试验安全性和有效性，并检查船模和试验设备是否符合试验要求，同时确定所需进行试验的船模航行速度和螺旋桨转速工况。

(2) 船模航行阶段：在拖车拖曳和螺旋桨推力的共同作用下船模保持预定的航速前行。

(3) 数据采集整理阶段：试验过程中测量并记录船模速度、拖车拖力、螺旋桨转速、推力和扭矩。

(4) 重复试验阶段：调节螺旋桨转速，改变螺旋桨提供的推力，在拖车拖曳和螺旋桨推力的共同作用下船模仍保持预定航速前行，重复流程 (1)~(4) 直至完成试验所有预定工况。

(5) 试验结束阶段：完成试验数据的采集与评估，结束试验，对试验结果进行总结，形成试验报告。

冰中强制自航试验是使船舶保持一定的航速，改变螺旋桨的转速，推力随之增大，推力范围从 0 到最大，而拖车拖力随之减小，拖力范围从最大到 0。在敞水池进行与冰中自航试验相同航速的过载试验。

在敞水池中：

$$T_{\text{eff}} + F_{\text{RES}} + R_{\text{OW}} = 0 \tag{4.3.8}$$

在冰水池中：

$$T_{\text{eff}} + F_{\text{X}} + R_{\text{i}} + R_{\text{OW}} = 0 \tag{4.3.9}$$

式中，T_{eff} 为螺旋桨有效推力；F_{RES} 为敞水池模型拖力，模型试验中分别在船首与船尾布置拖缆，故 F_{RES} 方向可以向船首也可以向船尾，本节中以指向船首方向的力为正，反之为负；

F_X 为冰水池模型拖力；R_i 为冰阻力；R_OW 为敞水阻力。根据冰水池中拖力 F_X 随螺旋桨转速变化曲线，得出 $F_\mathrm{X}=0$ 时的螺旋桨转速 N，根据转速 N 得到此转速下敞水池中的拖力 F_RES。为平衡螺旋桨的推力 T_eff，此时的拖力 F_RES 是船尾处拖缆产生的朝向船尾的拖力，为负值。在同样的转速 N 和航速下，式 (4.3.8) 和式 (4.3.9) 中的推力 T_eff 和敞水阻力 R_OW 相等，且 $F_\mathrm{X}=0$，由此可得冰阻力

$$R_\mathrm{i} = F_\mathrm{RES} \tag{4.3.10}$$

所需要的螺旋桨推力和功率可从自航点 ($F_\mathrm{X}=0$，$T_\mathrm{eff}=R_\mathrm{i}+R_\mathrm{OW}$) 测量插值处的推力和扭矩得到。图 4.28 为中国船舶集团有限公司第七〇八研究所在汉堡冰水池开展项目的强制自航试验情况 [30]。

图 4.28 强制自航试验 [30]

冰中自由自航试验流程如下。

(1) 试验准备阶段：选择合适的冰区试验区域，确保试验安全性和有效性，并检查船舶和试验设备是否符合试验要求，同时确定所需进行试验的船模航行速度和螺旋桨转速工况。

(2) 船模航行阶段：螺旋桨按照预定转速提供推力，使得船模以一定的速度在冰水池中航行。

(3) 数据采集整理阶段：试验过程中测量并记录船模速度、螺旋桨转速、推力和扭矩。

(4) 重复试验阶段：冰水池冰情保持不变，调节螺旋桨转速，改变螺旋桨提供的推力，在螺旋桨推力的作用下船模保持一定航速前行，重复流程 (1)~(4) 直至完成试验所有预定工况。

(5) 试验结束阶段：完成试验数据的采集与评估，结束试验，对试验结果进行总结，形成试验报告。

冰中自由自航试验是变化螺旋桨的转速，船模在同样的冰情下由于螺旋桨发出的转速不同，螺旋桨的推力不同，船模的航速便不相同。在敞水池中，针对船模的不同航速进行每一航速下的过载试验，螺旋桨转速设置与冰水池中工况相同，每个航速下的强制拖力即对应航速对应冰情的冰阻力。图 4.29 为中国船舶集团有限公司第七〇八研究所在阿克尔冰水池开展项目的自由自航试验情况。

通过模型试验，可获得船舶在冰区航行时冰–船相互作用的详细进程，从而更为准确地预报船舶主机功率，试验研究所获得的相关规律与结论也适用于同型号的系列船型。

随着对冰层力学性质研究的不断深入，模型实验模拟的冰况条件也在不断精细化，考虑到极地冰层上常年覆盖积雪层，而覆雪的存在已被广泛证实是促使冰–船相互作用进程发生显著变化的关键因素。因此，针对更多船型及充分考虑覆雪条件等实际环境要素的模型试验研究将是未来极地船舶研究中的重点。

图 4.29　自由自航试验[30]

4.4　小　结

本章介绍了极地船舶推进性能的设计要求和设计方法，相关内容包含极地船舶推进器的选型和冰桨耦合作用下极地船舶螺旋桨的特殊抗载荷性能的预报方法；主机性能的选定，主机功率预报方法。主要介绍了为适应极地作业环境而对极地船舶推进系统做出的特殊设计，从冰桨接触载荷理论预报、冰桨切削试验、冰桨接触数值模拟三个方面阐述了目前已经成熟的螺旋桨冰载荷预报方法；又介绍了预报极地船舶主机功率的经验公式预报法、规范预报法、数值模拟方法与冰水池试验预报法，旨在让读者了解极地船舶设计过程中各种预报推进系统与主机系统功能的技术手段。

参 考 文 献

[1] 孙文林, 王超, 康瑞, 等. 冰区航行船舶推进系统设计的若干考虑 [J]. 船舶工程, 2015, 37(9): 31-36.

[2] 王超, 韩康, 汪春辉, 等. 冰区航行船舶推进器特殊性分析 [J]. 中国舰船研究, 2019, 14(2): 1-7.

[3] Luznik L, Walker D, Bose N, et al. Effects of ice block-age size and proximity on propeller performance during non-contact propeller-ice interaction[C]. Proceedings of the 14th International Conference of Offshore Mechanics and Arctic Engineering. Copenhagen, Denmark: National Research Council Canada, 1995.

[4] Walker N D L. The Influence of Blockage and Cavitation on the Hydrodynamic Performance of Ice Class Propellers in Blocked Flow[D]. Newfoundland: Memorial University of Newfoundland, 1996.

[5] Wang J Y, Akinturk A, Jones S J, et al. Ice loads acting on a model podded propeller blade (OMAE2005-67416)[J]. Journal of Offshore Mechanics and Arctic Engineering, 2007, 129(3): 236-244.

[6] 叶礼裕. 冰桨接触动态特性及桨强度的预报方法研究 [D]. 哈尔滨: 哈尔滨工程大学, 2018.

[7] Kotras T, Humphreys D, Baird A, et al. Determination of propeller-ice milling loads[J]. Journal of Offshore Mechanics and Arctic Engineering, 1987, 109(2): 193-199.

[8] Veitch, B. Predictions of ice contact forces on a marine screw propeller during the propeller-ice cutting process[J]. Acta Polytech. Scand., Mech. Eng. Ser., 1995, 118: 1-110.

[9] Veitch B. Predictions of propeller loads due to ice contact[J]. International Shipbuilding Progress, 1997, 44(439): 221-239.

[10] Browne R P, Keinonen A, Semery P. Ice loading on open and ducted propellers[C]. The First International Offshore and Polar Engineering Conference, Edinburgh, The United Kingdom, 1991.

[11] Morin A, Caron S, van Neste R, et al. Field monitoring of the ice load of an icebreaker propeller blade using fiber optic strain gauges[C]. Symposium on Smart Structures and Materials, 1996: 427-438.

[12] Moores C, Veitch B, Bose N, et al. Multi-component blade load measurements on a propeller in ice[J]. Transactions of the Society of Naval Architects and Marine Engineers, 2003, 110(2003): 169-187.

[13] Wang J, Akinturk A, Jones S J, et al. Ice loads on a model podded propeller blade in milling conditions[C]. ASME 2005 24th International Conference on Offshore Mechanics and Arctic Engineering. American Society of Mechanical Engineers, 2005: 931-936.

[14] Wang J, Akinturk A, Bose N, et al. Experimental study on a model azimuthing podded propulsor in ice[J]. Journal of Marine science and Technology, 2008, 13(3): 244-255.

[15] Karulina M M, Karulin E B, Belyashov V A, et al. Assessment of periodical ice loads acting on screw propeller during its interaction with ice[C]. Icetech, 2008.

[16] Huisman T J, Bose R W, Brouwer J, et al. Interaction between warm model ice and a propeller[C]. Proceedings of the ASME 2014 33rd International Conference on Ocean, Offshore and Arctic Engineering, San Francisco, 2014.

[17] 郭春雨, 徐佩, 赵大刚, 等. 螺旋桨–冰切削过程中接触载荷实验 [J]. 哈尔滨工程大学学报, 2018, 39(7): 1172-1178.

[18] 常欣, 王锡栋, 王超, 等. 螺旋桨在冰桨铣削下的强度计算分析 [J]. 哈尔滨工程大学学报, 2017, 38(11): 1702-1708.

[19] 王锡栋. 极地船舶与推进装置的冰载荷数值预报分析 [D]. 哈尔滨: 哈尔滨工程大学, 2017.

[20] Vroegrijk E J, Carlton J S. Challenges in modelling propeller-ice interaction[C]. ASME 2014 33rd International Conference on Ocean, Offshore and Arctic Engineering, 2014: V010T07A028-V010T07-A028.

[21] 胡志宽. 冰载荷下螺旋桨静力分析及冰与桨碰撞动力响应研究 [D]. 哈尔滨: 哈尔滨工业大学, 2014.

[22] 孙文林. 冰区船舶螺旋桨强度的规范方法校核 [D]. 哈尔滨: 哈尔滨工程大学, 2016.

[23] 王国亮. 冰–桨–流相互作用下的螺旋桨水动力性能研究 [D]. 哈尔滨: 哈尔滨工程大学, 2016.

[24] Ye L Y, Wang C, Chang X, et al. Propeller-ice contact modeling with peridynamics[J]. Ocean Engineering, 2017, 139: 54-64.

[25] Wang C, Xiong W P, Chang X, et al. Analysis of variable working conditions for propeller-ice interaction[J]. Ocean Engineering, 2018, (156): 277-293.

[26] ITTC. Final report and recommendations to the 25th ITTC[C]. Proceedings of the 25th International Towing Tank Conference, Fukuoka, Japan, 2008.

[27] 倪宝玉, 胡冰, 王伟彬, 等. 冰级船主机功率理论预报方法研究 [J]. 舰船科学技术, 2020, 42(9): 50-55.

[28] Finnish Maritime Administration. Finnish-Swedish Ice Class Rules[S]. 2002.

[29] 中国船级社. 钢制海船入级规范 [S]. 2018.

[30] 张东江, 吴刚. 冰水池模型试验内容对比 [J]. 船舶工程, 2022, 44(6): 20-30.

第 5 章 极地船舶的操纵特性

5.1 概述

除了极地船舶的阻力和推进特性以外，操纵特性也是极地船舶不可忽视的重要特性。极地船舶由于海冰的存在，其机动性受到限制，转向存在困难，若操纵不当，易发生冰困。例如，2014 年 1 月，"雪龙"号在参与营救俄罗斯"绍卡利斯基院士"号科考船后，自身被周围的浮冰所困。在冰困 4 日之后，终于在西风的帮助下，历时十多个小时碾冰成功后自主脱困。因此，对极地船舶的操纵性能进行预报和评估是必不可少的。

极地船舶操纵性能的预报和评估主要是根据冰阻力下船体所受冰力，构建操纵运动方程并求解，从而模拟极地环境下的船舶直行、回转、z 型等运动，并据此得出船舶在极地的运动轨迹、回转半径、纵荡力、横荡力、艏摇力矩等[1]。本章将会从经验、试验以及数值三个方面对极地船舶操纵性能的预报方法进行相关介绍。

5.2 经验预报方法

极地船舶操纵性能的经验预报通常是根据所构建的极地船舶操纵性方程，采用相关经验公式对方程中的各种系数和力进行计算，最后根据计算结果对极地船舶的操纵性能进行评估和预报。

5.2.1 操纵运动方程

在大地坐标系中，船舶的位置和运动参数随时间变化的规律十分复杂，而在固联于船体的随体运动坐标系中，船舶的位置参数一直保持不变，因此在随体运动坐标系中分析船舶的操纵运动更为容易，坐标系之间的转换方法可见相关参考文献[2]。

由于船舶一般在静水表面运动，其横倾、纵倾以及垂荡运动都比较小，因此本书将忽略其对水平面内运动的影响，构建三自由度的船舶操纵方程。坐标原点位于船体重心时的运动方程式如下：

$$\begin{aligned} m(\dot{u} - vr) &= \sum \hat{X} \\ m(\dot{v} + ur) &= \sum \hat{Y} \\ I_{zz}\dot{r} &= \sum \hat{N} \end{aligned} \quad (5.2.1)$$

其中，m 为船舶的质量；u、v 和 r 分别为前进方向、横移方向以及转动方向上的速度；$\dot{u}$、$\dot{v}$ 和 $\dot{r}$ 分别为前进方向、横移方向以及转动方向上的加速度；I_{zz} 为船舶转动惯量；$\sum \hat{X}$、$\sum \hat{Y}$ 和 $\sum \hat{N}$ 为船舶在三个自由度上所受到的所有外载荷之和。

日本操纵性数学模型小组 (简称 MMG) 提出的分离型船舶运动模型将船、桨、舵三者进行分离，在保证每部分单独性能的基础上，对三者的干涉效应进行简单的加和表示。本书

采用 MMG 方程，并在此基础上考虑冰力的影响，故式 (5.2.1) 可以更详细地表示为

$$m(\dot{u} - vr) = \sum \widehat{X} = \widehat{X}_{\mathrm{H}} + \widehat{X}_{\mathrm{P}} + \widehat{X}_{\mathrm{R}} + \widehat{X}_{\mathrm{I}}$$
$$m(\dot{v} + ur) = \sum \widehat{Y} = \widehat{Y}_{\mathrm{H}} + \widehat{Y}_{\mathrm{P}} + \widehat{Y}_{\mathrm{R}} + \widehat{Y}_{\mathrm{I}} \quad (5.2.2)$$
$$I_{zz}\dot{r} = \sum \widehat{N} = \widehat{N}_{\mathrm{H}} + \widehat{N}_{\mathrm{P}} + \widehat{N}_{\mathrm{R}} + \widehat{N}_{\mathrm{I}}$$

式中，下标 H、P、R、I 分别代表船体、螺旋桨、舵和海冰的作用。

5.2.2 裸船体力和力矩

船舶在流体中航行时所受到的流体力一般可分为由惯性作用产生的惯性力和由流体黏性而产生的黏性力。因此，裸船体所受流体力可以表示为

$$\widehat{X}_{\mathrm{H}} = \widehat{X}_{\mathrm{HI}} + \widehat{X}_{\mathrm{HL}}$$
$$\widehat{Y}_{\mathrm{H}} = \widehat{Y}_{\mathrm{HI}} + \widehat{Y}_{\mathrm{HL}} \quad (5.2.3)$$
$$\widehat{N}_{\mathrm{H}} = \widehat{N}_{\mathrm{HI}} + \widehat{N}_{\mathrm{HL}}$$

式中，下标 H 表示裸船体，I 和 L 分别表示惯性力和黏性力。

5.2.2.1 惯性力和力矩经验估算

根据流体力学的相关理论，当船舶处于非定常运动状态时，会受到一个与加速度方向相反但数值上成比例的惯性力，称为附加惯性力。附加惯性力与加速度之间存在的比例系数称为附加质量；同理，对于角加速度而言，该系数称为附加惯性矩。对于简单的几何体如球体、圆柱体、平板等，附加质量 (惯性矩) 具有特定的解析解；而对复杂的几何形状而言，一般通过经验公式或者模型试验的方法进行估算。

国内外许多学者都对附加质量进行了研究：范尚雍使用切片方法对船舶二因次横向运动的附加质量进行了估算 [3]；Clarke 等 [4] 收集了大量约束船模试验以及 36 个船模旋臂试验的资料，使用回归分析的方法进行了处理，得到了惯性力和惯性力矩的公式；元良诚三 [5,6] 根据系列船模试验结果，得出了估算 x 方向附加质量 m_x 和 y 方向附加质量 m_y，绕 z 轴附加惯性矩 J_{zz} 的图谱。在进一步的研究中，周昭明等 [7] 将元良图谱回归成如下的多项式，使计算机的运算更为方便：

$$\frac{m_x}{m} = \frac{1}{100}\left[0.398 + 11.97 C_{\mathrm{b}}\left(1 + 3.73\frac{d_0}{B}\right) + 2.89 C_{\mathrm{b}}\frac{L}{B}\left(1 + 1.13\frac{d_0}{B}\right)\right.$$
$$\left. + 0.175 C_{\mathrm{b}}\left(\frac{L}{B}\right)^2\left(1 + 0.54\frac{d_0}{B}\right) - 1.107\frac{L}{B}\frac{d_0}{B}\right]$$
$$\frac{m_y}{m} = \left[0.882 - 0.54 C_{\mathrm{b}}\left(1 - 1.6\frac{d_0}{B}\right) - 0.156\frac{L}{B}(1 - 0.673 C_{\mathrm{b}})\right. \quad (5.2.4)$$
$$\left. + 0.826\frac{L}{B}\frac{d_0}{B}\left(1 - 0.678\frac{d_0}{B}\right) - 0.638 C_{\mathrm{b}}\frac{L}{B}\frac{d_0}{B}\left(1 - 0.669\frac{d_0}{B}\right)\right]$$
$$\frac{\sqrt{\frac{J_{zz}}{m}}}{L} = \frac{1}{100}\left[33 - 76.85 C_{\mathrm{b}}(1 - 0.784 C_{\mathrm{b}}) + 3.43\frac{L}{B}(1 - 0.63 C_{\mathrm{b}})\right]$$

式中，L 为船长；B 为船宽；d_0 为吃水；C_b 为方形系数，m 为船舶质量。建议采用上述公式对附加质量 (惯性矩) 进行计算。

5.2.2.2 黏性力和力矩经验估算

关于黏性力的计算，国内外很多学者基于试验数据总结出了一些经验公式，较为常用的有井上模型、贵岛模型、乌野模型等。出于船舶在冰区航行的纵向速度较大、横向速度相对较小的考虑，建议采用井上模型[8]。

$$\begin{aligned}\widehat{X}_{\mathrm{HL}}^{*} &= \widehat{X}_{\mathrm{uu}}^{*}u^{*2} + \widehat{X}_{\mathrm{vv}}^{*}v^{*2} + \widehat{X}_{\mathrm{vr}}^{*}v^{*}r^{*} + \widehat{X}_{\mathrm{rr}}^{*}r^{*2} \\ \widehat{Y}_{\mathrm{HL}}^{*} &= \widehat{Y}_{\mathrm{v}}^{*}v^{*} + \widehat{Y}_{\mathrm{r}}^{*}r^{*} + \widehat{Y}_{\mathrm{vv}}^{*}|v^{*}|v^{*} + \widehat{Y}_{\mathrm{vr}}^{*}|v^{*}|r^{*} + \widehat{Y}_{\mathrm{rr}}^{*}|r^{*}|r^{*} \\ \widehat{N}_{\mathrm{HL}}^{*} &= \widehat{N}_{\mathrm{v}}^{*}v^{*} + \widehat{N}_{\mathrm{r}}^{*}r^{*} + \widehat{N}_{\mathrm{rr}}^{*}|r^{*}|r^{*} + \widehat{N}_{\mathrm{vvr}}^{*}v^{*2}r^{*} + \widehat{N}_{\mathrm{vrr}}^{*}v^{*}r^{*2}\end{aligned} \quad (5.2.5)$$

式 (5.2.5) 中上标 * 表示无量纲量，本书采用 MMG 推荐的特征参量：对于力和力矩，对应的特征参量分别为 $0.5\rho_{\mathrm{W}}V^{2}Ld_{0}$ 和 $0.5\rho_{\mathrm{W}}V^{2}L^{2}d_{0}$；对于速度和长度，对应的特征参量分别为 V 和 L，其中 L 为船长，V 为船舶航行时的合速度。根据黏性力的求解理论，公式 (5.2.5) 右端各项系数分别为直航阻力系数 $\widehat{X}_{\mathrm{uu}}$、线性水动力导数如 $\widehat{Y}_{\mathrm{v}}$、$\widehat{N}_{\mathrm{v}}$ 等，以及非线性水动力导数如 $\widehat{Y}_{\mathrm{vv}}$、$\widehat{N}_{\mathrm{vvr}}$ 等三个部分，下面分别给出三个部分的相关计算公式。

1) 直航阻力系数

井上模型中无因次直航阻力系数计算公式[9]为

$$\widehat{X}_{\mathrm{uu}}^{*} = -\frac{S}{Ld}C_{\mathrm{t}} \quad (5.2.6)$$

式中，S 为船舶湿表面积；C_{t} 为船舶航行时的总阻力系数。在计算湿表面积时，可以采用曾祥华等[10]提出的减量法，公式为

$$S = LBd_{0}\left(\frac{1}{d_{0}} + \frac{2}{B} + \frac{2}{L}\right) - 4.4\left(\nabla\left(\frac{1}{C_{\mathrm{b}}} - 1\right)\right)^{\frac{2}{3}} \quad (5.2.7)$$

式中，∇ 为船舶排水体积。

根据船舶阻力学知识[11]，船舶的总阻力系数为

$$C_{\mathrm{t}} = C_{\mathrm{f}} + C_{\mathrm{r}} + \Delta C_{\mathrm{f}} \quad (5.2.8)$$

其中，C_{f} 表示摩擦阻力系数；C_{r} 表示剩余阻力系数；ΔC_{f} 表示粗糙度补贴系数。C_{f} 和 ΔC_{f} 参见第 4 章公式 (4.3.2) 和表 4.3；剩余阻力系数目前还没有准确的计算公式，只能进行估算，可以选用杨盐生[12]根据蓝波–奥芬凯勒图谱进行研究得到的方法进行估算。

2) 线性水动力导数

无因次线性水动力导数包括 $\widehat{Y}_{\mathrm{v}}^{*}$、$\widehat{Y}_{\mathrm{r}}^{*}$、$\widehat{N}_{\mathrm{v}}^{*}$、$\widehat{N}_{\mathrm{r}}^{*}$ 四项，可根据陈海龙[8]所提供的计算公式进行计算：

$$\widehat{Y}_{\mathrm{v}}^{*} = -\left(\frac{\pi}{2}\lambda + 1.4\frac{B}{L}C_{\mathrm{b}}\right)(1 + 0.67\tau')$$

$$\widehat{Y}_{\mathrm{r}}^{*} = \frac{\pi}{4}\lambda(1 + 0.8\tau')$$

$$\widehat{N}_{\mathrm{v}}^* = -\lambda\left(1 - 0.27\frac{\tau'}{l_{\mathrm{v}}}\right) \qquad (5.2.9)$$

$$\widehat{N}_{\mathrm{r}}^* = -\lambda\left(0.54 - \lambda\right)\left(1 + 0.3\tau'\right)$$

式中，τ' 为无量纲吃水差；λ 为船体浸水部分的展弦比。

$$\tau' = \frac{d_{\mathrm{A}} - d_{\mathrm{F}}}{d_0}$$

$$\lambda = \frac{2d_0}{L} \qquad (5.2.10)$$

$$l_{\mathrm{v}} = \frac{\lambda}{\frac{\pi}{2}\lambda + 1.4C_{\mathrm{b}}\frac{B}{L}}$$

3) 非线性水动力导数

三个自由度中均包括非线性水动力导数，其中纵向上的导数可以根据长谷川[13]和松本[14]等通过对试验数据进行分析得到的公式计算：

$$\widehat{X}_{\mathrm{vr}}^* = (C_{\mathrm{m}} - 1)m_y$$

$$\widehat{X}_{\mathrm{vv}}^* = 0.4\frac{B}{L} - 0.006\frac{L}{d_0} \qquad (5.2.11)$$

$$\widehat{X}_{\mathrm{rr}}^* = 0.0003\frac{L}{d_0}$$

其中，$C_{\mathrm{m}} = 1.75C_{\mathrm{b}} - 0.525$。

其余两个方向上的非线性水动力导数可以通过周昭明[7]回归分析后得到的公式计算：

$$\begin{aligned}
\widehat{Y}_{\mathrm{vv}}^* &= -0.048265 + 6.293\left(1 - C_{\mathrm{b}}\right)\frac{d_0}{B} \\
\widehat{Y}_{\mathrm{rr}}^* &= 0.0045 - 0.445\left(1 - C_{\mathrm{b}}\right)\frac{d_0}{B} \\
\widehat{Y}_{\mathrm{vr}}^* &= 0.3791 - 1.28\left(1 - C_{\mathrm{b}}\right)\frac{d_0}{B} \\
\widehat{N}_{\mathrm{rr}}^* &= 0.0805 + 8.6092\left(C_{\mathrm{b}}\frac{B}{L}\right)^2 - 36.9816\left(C_{\mathrm{b}}\frac{B}{L}\right)^3 \\
\widehat{N}_{\mathrm{vvr}}^* &= -6.0856 + 137.4735\left(C_{\mathrm{b}}\frac{B}{L}\right)^2 - 1029.514\left(C_{\mathrm{b}}\frac{B}{L}\right)^2 + 2480.6082\left(C_{\mathrm{b}}\frac{B}{L}\right)^3 \\
\widehat{N}_{\mathrm{vrr}}^* &= 0.0635 - 0.04414\left(C_{\mathrm{b}}\frac{d_0}{B}\right)
\end{aligned} \qquad (5.2.12)$$

5.2.3 螺旋桨和舵的力和力矩

在早期的破冰船设计和海冰的规范当中，能克服海冰阻力且保证船舶前进的静推进力 T_{net} 估算公式[15]为

$$T_{\mathrm{net}} = T_{\mathrm{B}}\left(1 - \frac{1}{3}\frac{u}{V_{\mathrm{ow}}} - \frac{2}{3}\left(\frac{u}{V_{\mathrm{ow}}}\right)^2\right) \qquad (5.2.13)$$

其中，T_B 为系柱拉力，在计算中一般取值为主机功率的 1.5%；V_{ow} 为船舶的敞水速度。

根据计算得到的推力，可对破冰船的螺旋桨和舵的力和力矩进行计算：

$$\widehat{X}_p + \widehat{X}_R = T_{net} - \frac{1}{2}C_D\rho_W V_f^2 A_r$$
$$\widehat{Y}_p + \widehat{Y}_R = \frac{1}{2}C_L\rho_W V_f^2 A_r \quad (5.2.14)$$
$$\widehat{N}_p + \widehat{N}_R = \frac{1}{2}C_L\rho_W V_f^2 A_r \cdot X_r$$

式中，C_D 为舵的拖曳力系数；C_L 为舵的升力系数。C_D 和 C_L 可以通过风洞试验得到，其计算公式为

$$C_L = 2\pi \cdot \frac{\Lambda(\Lambda + 0.7)}{(\Lambda + 1.7)^2} \cdot \sin\delta_r + C_Q \sin\delta_r \cdot |\sin\delta_r| \cdot \cos\delta_r \quad (5.2.15)$$

$$C_D = \frac{C_L^2}{\pi \cdot \Lambda} + C_Q \cdot |\sin\delta_r|^3 + 2.5 \cdot \frac{0.075}{(\lg Re_r - 2)^2} \quad (5.2.16)$$

式中，Λ 为舵的展弦比，计算式为

$$\Lambda = \frac{b_r^2}{A_r} \quad (5.2.17)$$

其中，b_r 为舵宽；A_r 为舵面积；δ_r 为舵角；C_Q 为阻力系数；Re_r 为舵的雷诺数；V_f 为来流速度；X_r 为舵位置，也就是舵力的作用中心到船舶重心的距离，在计算时尾舵取负，首舵取正。

5.2.4 冰力和冰力矩

本节将介绍一种基于经验公式的冰力和冰力矩计算方法。在冰阻力的经验公式计算方法当中应用较多的是 Lindqvist 经验公式，故冰力的估算可以直接采用第 3 章的 Lindqvist 公式 (3.2.2)。

本节将重点介绍冰力矩的计算方法。Lau 等[16] 建立了船舶回转运动的数学模型，得到了回转过程中冰力矩的计算公式。模型中将冰力矩分为破碎力矩、浸没力矩和清冰力矩三个部分。

$$\widehat{N}_I = \widehat{N}_b + \widehat{N}_s + \widehat{N}_c \quad (5.2.18)$$

其中，$\widehat{N}_b$ 表示破碎力矩；$\widehat{N}_s$ 表示浸没力矩；$\widehat{N}_c$ 表示清冰力矩。

5.2.4.1 破碎力矩

该力矩主要是船舶挤压海冰至其发生破坏的过程中产生的。基于半无限弹性基础梁理论，在其末端施加一集中垂向力，则可以得到单位长度上的最大垂向载荷 P_{vm}

$$P_{vm} = 0.68\sigma_f \left(\frac{\rho_W g h_I^5}{E}\right)^{\frac{1}{4}} \quad (5.2.19)$$

则船舶与海冰接触端挠度 y_m 可以通过以下公式计算：

$$y_m = \frac{2P_{vm}}{l_c \rho_W g} \quad (5.2.20)$$

其中，σ_f 为海冰的弯曲强度；E 为海冰杨氏模量；l_c 为海冰的特征长度，其表达式如下：

$$l_\text{c} = \left[\frac{Eh_\text{I}^3}{12(1-\nu^2)\rho_\text{w}g}\right]^{\frac{1}{4}} \tag{5.2.21}$$

其中，ν 为海冰泊松比。

Lau[16] 的研究成果表明，此过程中海冰的平均破坏长度 l_a 约为海冰特征长度 l_c 的 1/5，由此可以得到此过程中单位长度上的平均载荷 P_va，并将冰力–位移曲线理想化，如图 5.1 所示。

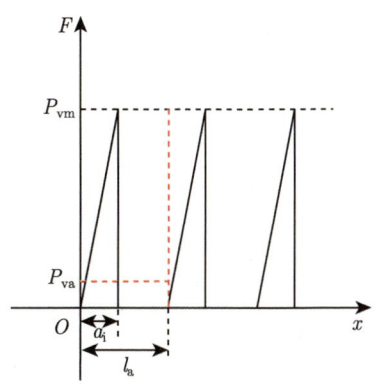

图 5.1 船舶前进过程中理想化载荷–位移曲线 [16]

根据做功等效，由冰力–位移曲线理想化可得

$$P_\text{va}l_\text{a} = P_\text{vm}\frac{a_\text{i}}{2} \tag{5.2.22}$$

将船舶与海冰的几何关系表示为图 5.2 所示，带有栅格线的部分表示海冰的位置，φ 为船舶艉柱倾角，a_i 为海冰失效前在船舶前进方向上的最大位移，则有

$$a_\text{i} = \frac{y_\text{m}}{\tan\varphi} \tag{5.2.23}$$

可以得到

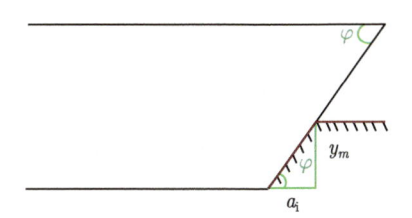

$$P_\text{va} = P_\text{vm}\frac{a_\text{i}}{2l_\text{a}} = P_\text{vm}\frac{a_\text{i}}{2\times 0.2\times l_\text{c}} = 5.7\frac{\sigma_f^2 h_\text{I}}{E\tan\varphi} \tag{5.2.24}$$

图 5.2 前进方向上船舶与海冰的几何关系

由于倾角有所不同，故在进行载荷计算时，需将船首和船侧分开。

图 5.3 为船首和船侧的受力情况，有

$$F_{h1} = F_{v1} \tan \beta \tag{5.2.25}$$

$$F_{h3} = F_{v3} \tan \eta \tag{5.2.26}$$

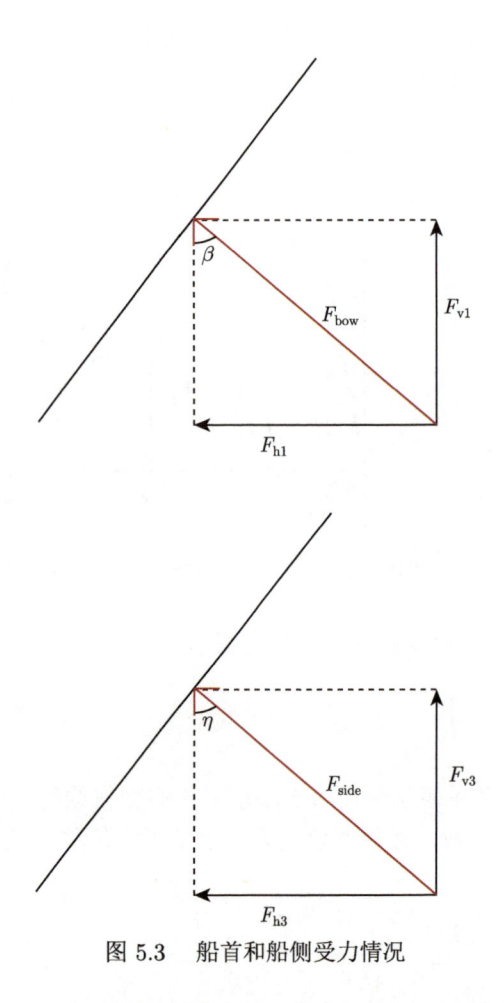

图 5.3　船首和船侧受力情况

在船舶的回转过程中，船首两侧的海冰长度不同，其具体几何尺寸如图 5.4 所示。外侧航道海冰作用长度为 $l_1 - l_2$，内侧航道海冰作用长度为 $l_2 - l_3$。船侧的受力模式与船首部相同，海冰作用长度为 $l_3 - l_4$，显然只有水平方向受力才会在船舶的回转过程中产生力矩。

通过上述关系即可求得

$$\begin{aligned} F_{h1} &= P_{va}(l_1 - l_2) \tan \beta \\ F_{h2} &= P_{va}(l_2 - l_3) \tan \beta \\ F_{h3} &= P_{va}(l_3 - l_4) \tan \eta \end{aligned} \tag{5.2.27}$$

其中，F_{h1} 为外侧航道海冰水平作用力；F_{h2} 为内侧航道海冰水平作用力；β 为艏部船体表面的法线方向与铅垂线的夹角；η 为船侧表面法线方向与铅垂线的夹角。

由受力分析可得，破碎力矩为

$$\widehat{N}_b = (-F_{h1} + F_{h2}) \cdot l_5 + F_{h3} \cdot l_6 \tag{5.2.28}$$

其中 l_5 为艏部航道海冰水平作用力到船舶质心的距离；l_6 为船侧航道海冰水平作用力到船舶质心的距离。

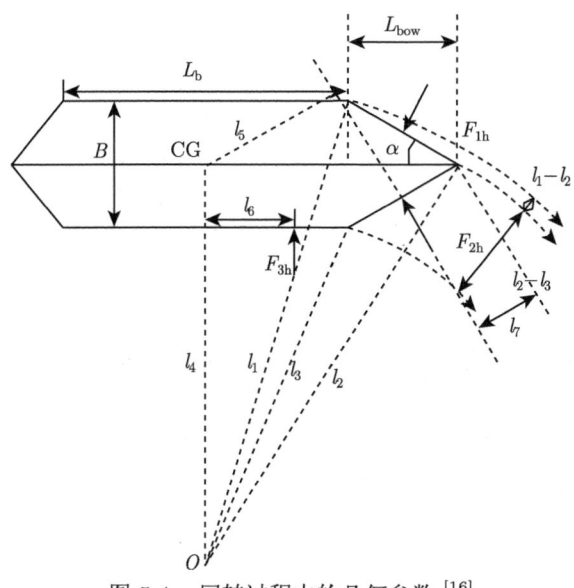

图 5.4　回转过程中的几何参数[16]

5.2.4.2　浸没力矩

该力矩是由于海冰破碎后，其密度小于海水密度，受到海水的浮力，因此对船体产生"托举力"，密度差引起海冰对船体竖直向上的力 F_v，则有

$$F_v = (\rho_W - \rho_I) g h_I S_{bow} \tag{5.2.29}$$

其中，S_{bow} 为船首部水平投影面积，即艏部甲板面积与水线处 (与海冰接触处) 甲板面积之差，如图 5.5 所示。

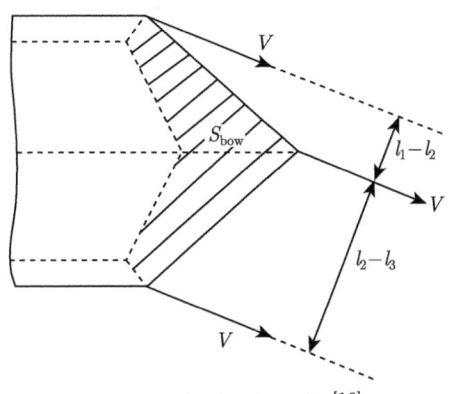

图 5.5　船首几何参数[16]

艏部垂向力与水平力的几何关系如图 5.3 所示，则有

$$F_{\text{h}} = F_{\text{v}} \cdot \tan\beta \tag{5.2.30}$$

假设转弯过程中航道内的海冰均匀分布，由图 5.4 可知，内侧航道海冰比例为 $(l_2 - l_3)/(l_1 - l_3)$；同理，外侧航道海冰比例为 $(l_1 - l_2)/(l_1 - l_3)$，则有

$$\begin{aligned} F_{\text{h\_1}} &= \frac{l_1 - l_2}{l_1 - l_3}\left(\rho_{\text{W}} - \rho_{\text{I}}\right)gh_{\text{I}}S_{\text{bow}}\tan\beta \\ F_{\text{h\_2}} &= \frac{l_2 - l_3}{l_1 - l_3}\left(\rho_{\text{W}} - \rho_{\text{I}}\right)gh_{\text{I}}S_{\text{bow}}\tan\beta \end{aligned} \tag{5.2.31}$$

其中，$F_{\text{h\_1}}$ 为外侧航道艏部浮力的水平作用力；$F_{\text{h\_2}}$ 为内侧航道艏部浮力的水平作用力，因此，

$$\widehat{N}_{\text{s}} = (-F_{\text{h\_1}} + F_{\text{h\_2}}) \cdot l_5 \tag{5.2.32}$$

5.2.4.3 清冰力矩

通过试验结果的数学拟合得到清冰力矩的计算公式

$$\widehat{N}_{\text{c}} = G_{\text{c}}\rho_{\text{I}}h_{\text{I}}L^3\varepsilon\sqrt{gh_{\text{i}}} \tag{5.2.33}$$

式中，G_{c} 为试验测得的经验参数；ε 为船舶回转过程中的艏摇率，表达式为

$$\varepsilon = \frac{V}{R_{\text{g}}} \tag{5.2.34}$$

式中，R_{g} 为回转半径。

根据以上理论，可以得到船舶回转过程中的冰阻力和冰力矩。需要注意的是，冰阻力的计算公式并未考虑回转情况。为了方便计算，认为某一时刻的冰阻力是由切向和法向上的两个分量合成的，因此可以将冰阻力按照速度对应的角度关系投影到两个方向上得到 X_{I} 和 Y_{I}。

此外，在海冰破碎后，破碎的小块浮冰会由于船体的作用翻转，并对船体产生额外的附加质量[17]：

$$m_{\text{ice}} = \pi\rho_{\text{W}}W_{\text{i}}\frac{D_{\text{i}}^2}{8} \tag{5.2.35}$$

式中，W_{i} 为破碎冰块的宽度；D_{i} 为破碎冰块的深度，计算公式如下所示：

$$\begin{aligned} D_{\text{i}} &= 0.2l_{\text{c}} \\ W_{\text{i}} &= D_{\text{i}}\sqrt{\frac{10}{h_{\text{I}}}} \end{aligned} \tag{5.2.36}$$

计算得到冰阻力和冰力矩之后，将其添加进操纵性方程中，得到船舶在冰水混合域内的三自由度运动方程：

$$\begin{aligned} (m + m_{\text{ice}} + m_x)\dot{u} - (m + m_{\text{ice}} + m_y)vr &= \widehat{X}_{\text{HL}} + \widehat{X}_{\text{P}} + \widehat{X}_{\text{R}} + \widehat{X}_{\text{I}} \\ (m + m_{\text{ice}} + m_y)\dot{v} + (m + m_{\text{ice}} + m_x)ur &= \widehat{Y}_{\text{HL}} + \widehat{Y}_{\text{P}} + \widehat{Y}_{\text{R}} + \widehat{Y}_{\text{I}} \\ (I_{zz} + J_{zz})\dot{r} &= \widehat{N}_{\text{HL}} + \widehat{N}_{\text{P}} + \widehat{N}_{\text{R}} + \widehat{N}_{\text{I}} \end{aligned} \tag{5.2.37}$$

5.3 试验预报方法

船舶操纵性试验通常分为模型试验和实船试验两大类,其中模型试验又分为自航模型试验和约束模型试验。自航模型试验是指船本身有螺旋桨、舵以及相应的动力系统和控制系统,可以模仿实船在水池中的自由航行。通过试验可以直接测得各种运动参数,能够较为直观地比较分析船舶的操纵性能[18]。该试验的缺点是由于试验场地有限,模型尺寸需要满足一定的要求[1]。约束模型试验是指运用外力使船按照规定路线运动,船舶运动的经验公式可以由测得的模型受力和力矩等数据求得。平面运动机构试验 (PMM) 是绝大部分研究者选用的约束模型试验,该试验是求得操纵运动水动力导数精确可靠的方法,但其缺点是试验费用昂贵且周期较长。

对于极地船舶而言,操纵性试验主要有回转试验、破离航道试验和星型操纵试验等,这些试验可用船模或者实船进行相关操作,分别对应模型试验和实船试验。ITTC 在 2021 年修订了 *Manoeuvring Tests in Ice*[19] (ITTC7.5-02-04-02.3),该试验规程中就回转、破离航道和星型操纵等试验进行了介绍,但未详细说明船冰碰撞之前的航速、距离等技术细节。接下来将对这三种试验进行简要介绍。

5.3.1 回转试验

回转试验是为了确定船舶在冰区航行时进行回转操作所需的最小半径。由于室内冰水池操作空间的限制,目前世界上仅有芬兰、加拿大和韩国的方形冰水池可以完成船模在冰中的全回转试验[20],如图 5.6 所示。对于长条形冰水池通常只跑出四分之一的回转轨迹即可测量得到回转直径,这种方法需要进行多次试验以减小误差。此外,ITTC 在冰区操纵性试验的推荐规程中指出,当回转角度大于 135° 时,回转直径的估计误差相对较小。

图 5.6 芬兰 Aalto 冰水池开展的全回转试验场景[20]

船舶回转试验示意图如图 5.7 所示,回转试验的试验流程如下。

(1) 试验准备阶段:选择合适的冰区试验区域,确保试验的安全性和有效性,并检查船舶和试验设备是否符合试验要求。

(2) 船舶直航阶段:船舶以设定速度直航 (满功率或 75% 功率的速度),当船舶进入冰层至少一倍船长时 (稳定后),准备转弯。

(3) 船舶回转阶段:通过操纵舵 (满舵或 40° 左右舵角) 或者推进器 (指定的偏航速率) 控制船舶开始进行回转 (至少左、右各一次),并每隔一定时间间隔记录船舶的各项参数,如艏向、横倾角、航速等,当船舶回转达到预设的最大可能回转角度后 (实船一般为整圆,模船一般为 90° 或 180°),停止船舶的运动。

(4) 数据采集与评估：对船舶回转轨迹进行相应的测量计算，回转的战术直径根据船舶重心的路径确定，检查回转角度是否满足试验要求，回转直径是否在预估的可接受范围之内。

(5) 试验结束阶段：完成试验数据的采集与评估，结束试验，对试验结果进行总结，形成试验报告。

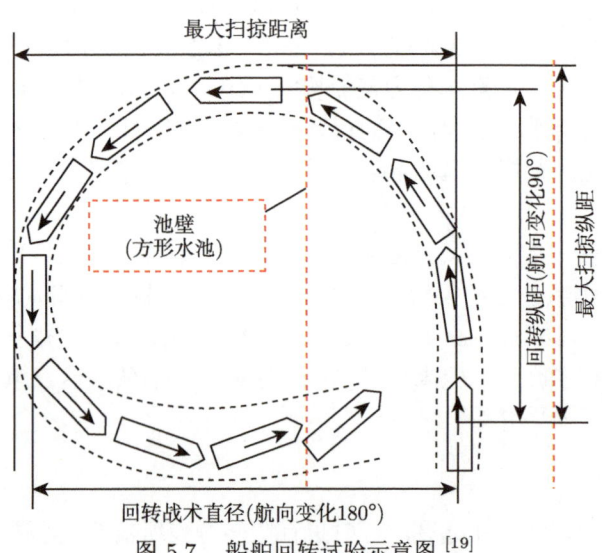

图 5.7　船舶回转试验示意图 [19]

加拿大海洋技术研究所[21] (IOT) 于 2003 年进行了平面运动机构模型试验 (图 5.8)。该试验采用 CD-EG/AD/S 模型冰，所用船模为缩尺比 1:21.8 的 "Terry Fox" 号，由大振幅 PMM 牵引船模的重心，完成了 0° 漂角直航阻力试验以及在 40mm 厚层冰中的定常回转半径纯艏摇操纵试验。

图 5.8　平面运动机构模型试验 [21]

日本海上技术安全研究所[22] (NMRI) 于 2005 年在冰水池中进行了自航下的回转运动模型试验 (图 5.9)。所用模型冰为丙二醇晶体结构；船模长 4.688m，宽 0.875m，装有两个吊舱推进器，冰载荷可以直接由压力传感系统测试得到。试验结果表明：在回转运动时，绝大部分冰力作用在船尾肩部，且船舶的横倾回转圈外侧的受力大于内侧受力；但是当船首破冰航道的宽度大于一定数值时，船舶的运动和受力将会不同。

第 5 章　极地船舶的操纵特性

图 5.9　回转运动模型试验[22]

Menon 等[23,24]分析并总结了在南极洲麦克默多海峡"北极星"号破冰船的回转试验，该试验采用多种航速、舵角、冰厚、轴推力以及回转方向，测得了回转半径。USCGC"希利"号回转试验采用不同的航速、冰厚，完成了 2 组整回转圈和 8 组半回转圈试验[25]。赫尔辛基工业大学船舶实验室进行了瑞典多功能破冰船 AHTS/IB Tor Viking II 的实船冰区试验[26]。Tor Viking II 在平整冰、碎冰通道以及冰脊区域中进行了多组试验，在冰厚为 28cm 的平整冰中的回转半径为 270m，在冰厚为 60cm 的层冰中的回转半径为 520m，同时观测到了明显的船尾肩部破冰情况。这些试验都为极地船舶的操纵性的预报和评估提供了有效的数据支撑。

5.3.2　破离航道试验

破离航道试验是为了测量船舶在冰中改变航道的能力。在大多数情况下，船舶在冰区航行时会沿着破冰船或其他船只开辟的航道前进，当船舶需要转向时，就必须破坏航道两侧的平整冰层，从而驶离航道[20]，如图 5.10 所示。为模拟船舶在航道中不同的航行状态，ITTC 在冰区操纵性试验的推荐规程中指出，船舶在破离航道试验中的初始状态可以从静止开始，或者以特定的速度航行；舵角可以在初始状态下设置好，也可以在航行中打舵[19]。此外，航道冰条件也会对试验结果产生明显影响，包括航道宽度、航道边缘形状以及航道内浮冰形态等。由于航道的宽度有限，船舶转向破冰的加速距离很短，若船首结构不利于破冰，则会出现被一侧航道弹回的现象，这种现象的出现会对船舶的稳性和运动状态产生很大影响，不利于后续破冰的进行，故首次碰撞对破离航道十分重要。

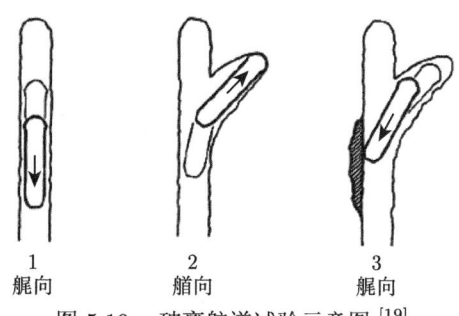

1　艉向　　2　艏向　　3　艉向

图 5.10　破离航道试验示意图[19]

破离航道试验的试验流程如下。

(1) 试验准备阶段：确定冰区试验通道的宽度，并检查船舶和试验设备是否符合试验要求。

(2) 船舶直航阶段：船舶从静止或具有某一初速度开始加速，达到指定速度或指定主机功率后，准备执行破离航道的试验运动。

(3) 破离航道阶段：控制舵或推进器使得船舶改变航向，船舶前肩或后肩从航道边缘开始破冰，反复执行上述操作进行破冰，直到船舶达到指定的偏航角度或能够完全离开航道，停止船舶的运动。

(4) 试验结束阶段：记录航道的拓宽次数、船舶总行程、破离时的转向角和破离航道所用总时间等指标，评估船舶的破离能力，并形成试验报告。

黄焱等[27]在冰水池内展开了某极地油船的破离航道试验，如图 5.11 所示，通过航道拓宽次数、总行程和破离时转向角等指标，对不同冰厚与航道宽度下的破离能力进行了量化评估。

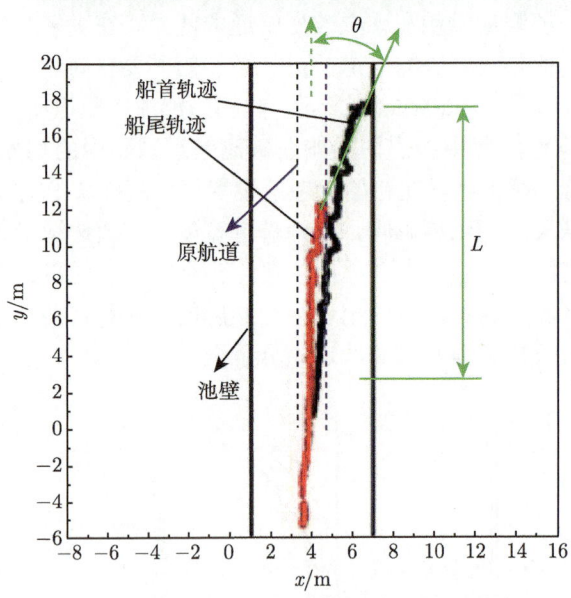

图 5.11 破离航道试验场景与轨迹记录[27]

5.3.3 星型操纵试验

星型操纵试验是为了测量船舶机动所需要的空间和时间。当船舶需要在航道的有限空间内完成 180° 转向时，通常采用星型转向操作，即船长通过反复的"正车–倒车"操作完成狭窄空间内的转向活动，如图 5.12 所示。破离航道可以视作星型转向操纵的第一步。目前，针对星型转向场景，可供参考的试验研究工作较为匮乏，国外已开展的研究主要包括现场操作经验的总结[28]以及初步的理论解析[29]。

星型试验通过多次破离航道操作，使得船舶完成 180° 的转向，故其试验流程与破离航道试验类似，但测试指标上更加关注转向所用的面积和时间。

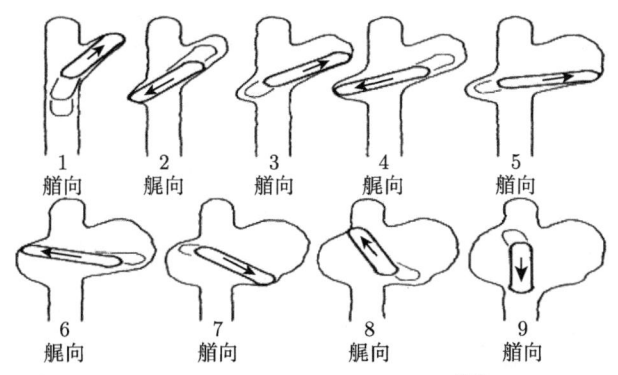

图 5.12 星型操纵试验示意图[19]

5.4 数值预报方法

本节以 5.2 节介绍的多自由度操作运动模型为基础，采用扩展多面体离散元方法，对船舶冰区航行运动过程和操作性能进行数值模拟。

5.4.1 船舶敞水操纵性验证

以"雪龙"号破冰船在 35° 舵角下的敞水回转试航工况为例，验证操纵航行模拟结果的可靠性。已知该工况下的实船试航稳定回转航速为 5.08m/s，回转直径为 488m。船舶主尺度及主要计算参数见表 5.1。

表 5.1 船舶主尺度及主要计算参数

参数	表示符号	单位	数值
船长	L	m	167
船宽	B	m	22.6
吃水高度	T_M	m	7.2
水线长	L_{WL}	m	147.7
海水密度	ρ_W	kg/m^3	1020
螺旋桨直径	D	m	5.8
螺距	P_p	m	7
螺旋桨转速	n_s	r/min	110
舵角	δ	(°)	35
初始航速	V_s	m/s	8

船舶在恒定推力作用下先直航，后右舵 35° 回转航行，由此得到的航速与回转轨迹如图 5.13 所示。通过对相关数据进行处理可以得到：稳定时的回转航速为 5.3m/s，回转直径为 501m。将数值模拟得到的结果与实船试航结果进行对比，得到回转航速与回转半径结果误差分别为 4.3% 和 2.6%。

(a) 操纵航速时程　　　　　　　　　　(b) 操纵航行轨迹

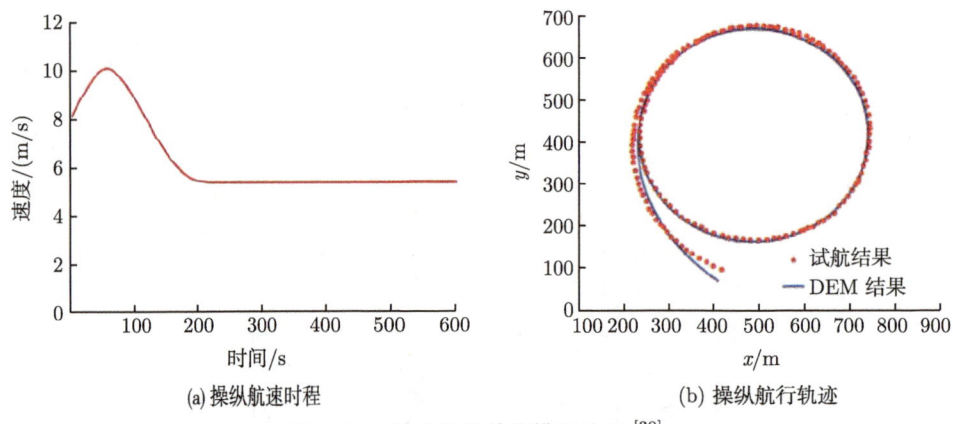

图 5.13　敞水操纵数值模拟结果 [30]

5.4.2　船舶冰区操纵性数值模拟

在对上述数值模型完成验证后,进行船舶冰区操作性数值模拟,相关参数如表 5.2 所示。

表 5.2　船舶冰区航行数值模拟主要计算参数

参数	表示符号	单位	数值
螺旋桨直径	D	MW	5.8
螺旋桨转速	n_s	r/min	110
螺距	P_p	m	8.6
初始航速	V_s	m/s	6.2
海冰杨氏模量	E	GPa	0.1
海冰厚度	h_I	m	0.3、0.4、0.45、0.5、0.6
舵角	δ	(°)	35
拉伸强度	σ_n	—	0.5
摩擦系数	μ	—	0.1

图 5.14 为数值模拟过程中不同方向的破冰模拟结果图像,可以看到,船尾与船肩部位均发生了明显的破冰现象,船尾开阔航道两侧遍布剥落碎冰。

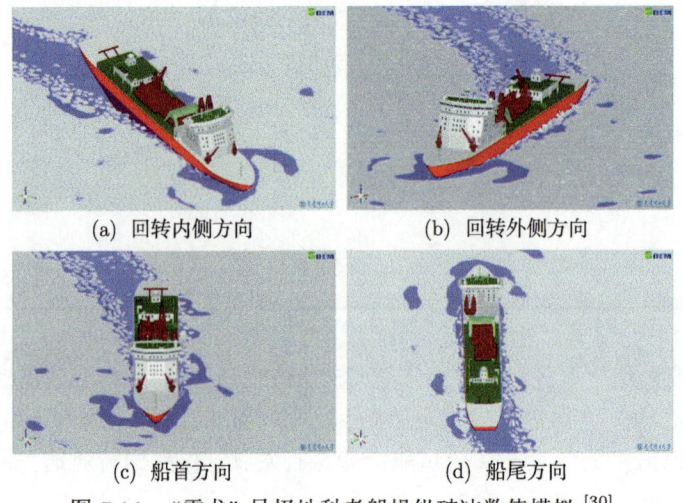

(a) 回转内侧方向　　　　　　　　　　(b) 回转外侧方向

(c) 船首方向　　　　　　　　　　(d) 船尾方向

图 5.14　"雪龙"号极地科考船操纵破冰数值模拟 [30]

冰厚为 0.3m 时，操纵回转破冰过程中船体线载荷分布情况如图 5.15 所示，可以看出，此时海冰主要作用位置不再是直航连续破冰状态下的船首和船肩部位，而是回转圆外侧船舷及艉肩。艉肩承载了回转圆外侧的海冰作用，且由于船尾较大垂直角度的影响，海冰将难以发生同艏肩部位作用下的弯曲破坏，进而冰力大幅增加。

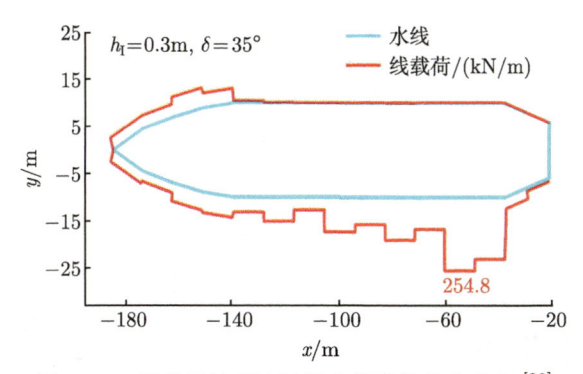

图 5.15 操纵回转破冰过程中船体线载荷分布 [30]

5.4.3　极地冰区船舶操纵性影响因素分析

由图 5.16 可以发现，薄冰条件下船体操纵响应明显，伴随冰厚增加，船体回转响应逐渐降低，破冰载荷增加，此时船舵操纵破冰力 (力矩) 难以满足破冰载荷，船体将难以实现快速操纵破冰航行。由此可见，冰厚的增大将严重制约破冰船回转性能。在冰厚较大时，极地船舶的回转破冰能力将显著降低。

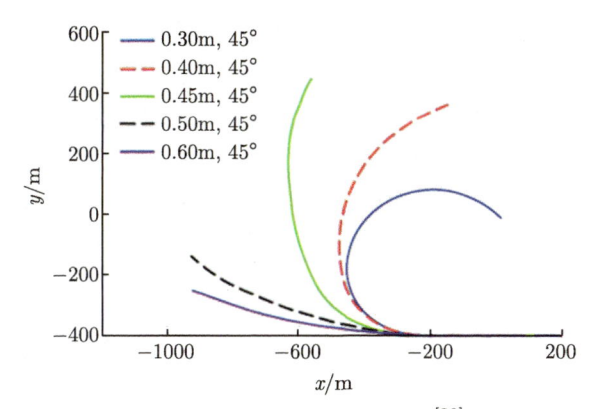

图 5.16 操纵回转破冰轨迹 [30]

图 5.17 给出了冰厚与舵角影响下的操纵回转破冰轨迹结果。冰厚为 0.3m，舵角分别为 $\delta = 35°$、40°、45° 时，其回转半径分别为 382m、297m 和 283m。可见冰区船舶操纵半径随操纵舵角的增加而减小。通过观察 0.45m 较厚冰区不同舵角下的破冰轨迹结果可以看出，船体在承载较大冰载荷作用时，大舵角将显著提升极地船舶冰区操纵性能，实现快速回转破冰。图 5.18 给出了不同工况下的操纵回转半径统计结果，发现冰厚对操纵回转半径影响较舵角显著，且冰厚越大，舵角对船体操纵性能的影响越显著。

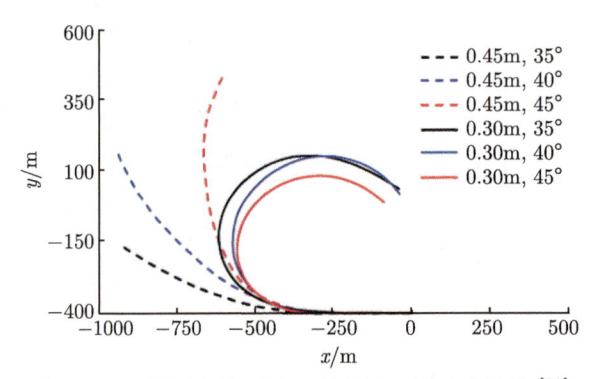

图 5.17 不同冰厚与舵角下的操纵回转破冰轨迹[30]

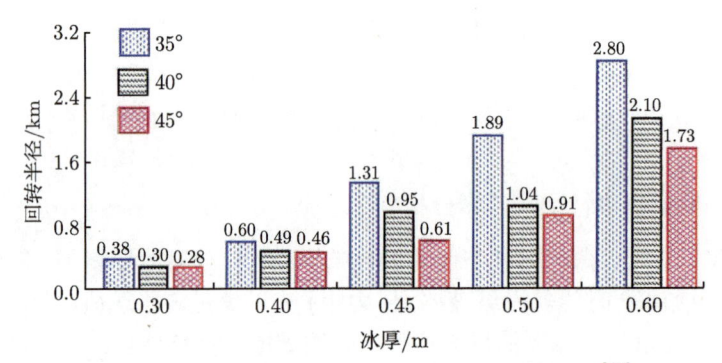

图 5.18 不同舵角及冰厚下冰区操纵的回转半径[30]

破冰船在不同冰厚及舵角下的回转航速如图 5.19 所示,可以发现,回转航速随冰厚的增加呈现先增大后减小的趋势,且均随舵角的增加而降低,并且航速在 0.3m 薄冰与 0.6m 厚冰下较为接近,这是因为薄冰条件下操纵力矩极易满足破冰力矩,船体操纵性能较好。此外,操纵回转半径与船长的比值是衡量船舶操纵性能的标准之一。R/L_{WL} 值越低,回转性能越好。不同冰厚和舵角下的 R/L_{WL} 值如图 5.20 所示,可以看出其操纵性能随冰厚的增加而降低,随舵角的增大而增强,且在较厚冰况下,舵角对其操纵性能影响更为显著。

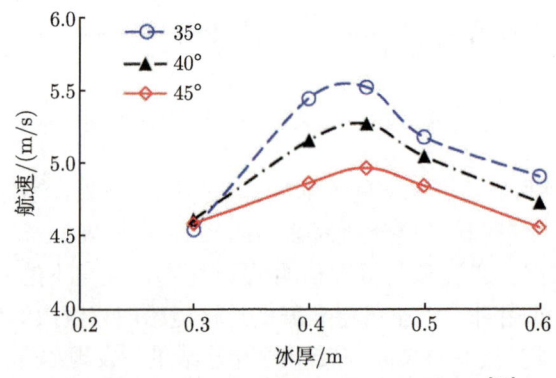

图 5.19 不同冰厚和舵角下操纵回转航速[30]

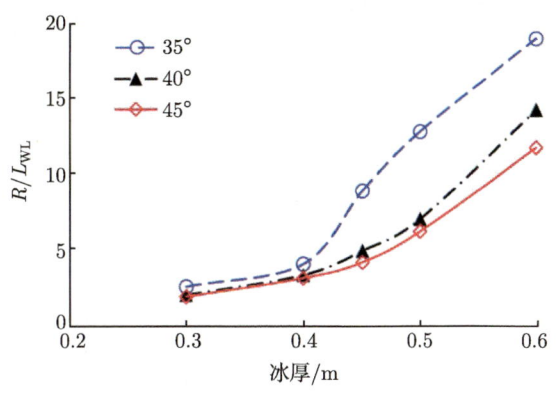

图 5.20　不同冰厚和舵角下的 R/L_{WL} 值 [30]

5.5　小　　结

本章从经验公式、试验和数值三个方面详细阐述了极地船舶的操纵特性。经验公式预报方法以冰区三自由度操纵运动方程为基础，而后对公式中相关参数的估算方法进行了详细阐述；试验预报方法分为模型试验与实船试验，而模型试验又分为自航模型试验和约束模型试验，实船试验又分为回转试验、破离航道试验与星型操纵试验，可以通过以上试验来对船舶进行相关操纵性预报；数值模拟方法仍以冰区操纵运动方程为基础，系统分析了影响极地冰区船舶操纵的相关因素。通过本章学习，对冰区船舶操纵将会有较为系统的认识，为后续内容的学习打下基础。

参 考 文 献

[1] 周利, 丁仕风. 极地船舶冰阻力预报方法及其应用 [M]. 新加坡: 双语出版社. 2020.
[2] 李志鹏. 冰区船舶回转运动计算方法及数值模拟研究 [D]. 哈尔滨: 哈尔滨工程大学, 2019.
[3] 范尚雍. 船舶操纵性 [M]. 北京: 国防工业出版社, 1988.
[4] Clarke D, Gedling P, Hine G. The application of maneuvering criteria in hull design using linear theory[J]. The Naval Architect, 1983, 125: 45-68.
[5] 元良誠三. 船體運動に對する附加質量おょひ附加慣性モーメンついてーの 1. 前後動に對する附加質量 [C]. 日本造船協会論文集, 第 105 號. 1959.
[6] 元良誠三. 船體運動に對する附加質量おょひ附加慣性モーメンついてーの 2, 前後動に對する附加質量 [C]. 日本造船協会論文集, 第 106 號, 1960.
[7] 周昭明, 盛子寅, 冯悟时. 多用途货船的操纵性预报计算 [J]. 船舶工程, 1983, (6): 21-29, 36, 4.
[8] 井上正佑, 平野雅祥, 平川雄二, 等. 吃水船體の操縱微系数について [J]. 西部造船會回報, 第 57 號, 1969: 13-19.
[9] 陈海龙. 冰区航行的船舶运动数学模型 [D]. 大连: 大连海事大学, 2014.
[10] 曾祥华, 王介文. 减量法求船舶湿面积 [J]. 船海工程, 1997, (3): 19-23.
[11] 盛振邦, 刘应中. 船舶原理 [M]. 上海: 上海交通大学出版社, 2004.
[12] 杨盐生. 船舶阻力系数和推力系数计算的数据库方法 [J]. 大连海事大学学报, 1995, (4): 14-17.
[13] Hasegawa K. On a performance criterion of autopilot navigation [J]. 関西造船協会杂志, 第 178 號, 1980.
[14] 松本宪洋, 末光启二. 操縱運動の数学モデルにおける船體, 推進器, 舵の幹渉効果 [J]. 関西造船協会杂志, 第 190 號, 1983.

[15] 王祥, 胡冰, 刘璐, 等. 冰区航行船舶冰阻力及六自由度运动响应的离散元分析 [J]. 工程力学, 2023, 40(4): 243-256.

[16] Lau M. Preliminary modeling of ship manoeuvring in ice using a PMM[R]. Canada: Institute for Ocean Technology, 2004.

[17] 陈海龙. 冰区航行的船舶运动数学模型 [D]. 大连: 海事大学, 2014.

[18] 秦尧, 李勇跃, 梁艳楠, 等. 极地船舶操纵性预报研究 [J]. 船舶设计通讯, 2017, (1): 20-26.

[19] ITTC Committee. Maneuverability model tests in ice [C]. 21th ITTC Proceedings v.1, Madrid, Spain, 1996.

[20] 黄焱, 孙剑桥, 田育丰. 极地船舶冰区航行性能的试验预报技术发展现状 [J]. 船舶, 2023, 34(1): 87-97.

[21] Lau M. Preliminary modelling of ship manoeuvring in ice using a PMM [R]. Technical Report, 2006.

[22] Izumiyama K, Wako D, Shimada H, et al. Ice load measurement on a model ship hull [C]. Proceedings of the 16th International Conference on Port and Ocean Engineering under Arctic Conditions (POAC'02) Potsdam, USA, 2005, (2): 635-646.

[23] Menon B, Edgecombe M, Tue-Feek, et al. Maneuvering tests in ice aboard USCGC Polar Star in Antarctica 1985 [R]. Arctic Canada Limited, 1986: FR1723C-2.

[24] Menon B, Glen I F, Steel M, et al. Investigation of ship maneuverability in ice-phase [R]. Transport Canada, 1991.

[25] Sodhi D S, Griggs D B, Tucker W B. Ice performance tests of USCGC HEALY [C]. Proceedings of the 18th International Conference on Port and Ocean Engineering under Arctic Conditions, 2001.

[26] Riska K, Leiviskä T, Nyman T, et al. Ice performance of the Swedish multi-purpose icebreaker Tor Viking II [C]. Proceedings of 16th International Conference on Port and Ocean Engineering under Arctic Conditions (POAC), Ottawa, Canada, 2001.

[27] 黄焱, 孙剑桥, 田育丰. CPP 推进极地航行油船冰水池模型试验 [R]. 天津: 天津大学冰力学与冰工程实验室, 2018.

[28] Tue-fee K K, Keinonen A J. Full-scale maneuvering tests in level ice of Canmar Kigoriak and Robert Lemeur [J]. Marine Technology, 1986, 23: 131-138.

[29] Sazonov K E. Turning in ice by the captain's manoeuvre [C]. Proceedings of the 15th International Conference on Port and Ocean Engineering under Arctic Conditions (POAC'99). Espoo, Finland, 1999.

[30] 刘昕, 于海龙. 极地船舶冰区操纵性能的六自由度离散元分析 [J]. 计算力学学报, 2022, 39(3): 357-364.

第 6 章 极地船舶的结冰稳性

6.1 概　　述

极地地区低温多冰、气候恶劣，在极地复杂环境下，进行科学考察和极地保障等任务的船舶会面临结冰问题 (图 6.1)。大量积冰的存在会降低船舶及海洋平台稳性[1]，严重时造成倾覆事故[2]，还会造成船首绞盘、阀门、通信天线等甲板设备冻结而出现故障，耽误正常航行或作业，会威胁甲板人员的作业安全，据统计[3]，在挪威水域作业的船员受伤事故中有 22% 是因为滑倒或坠落，结冰问题将直接阻碍对极地的合理开发与利用。

为应对极地寒冷气候导致的船舶稳性降低、管路冻结、设备失效及船员执行力下降等风险，国际海事组织 (IMO) 于 2017 年 1 月 1 日实施了《国际极地水域船舶操作规则》[4]，中国船级社 (CCS) 也相继发布了《船舶冰区加强和船舶防寒的规范要求》《极地船舶指南》[5]。其中，《极地船舶指南》指出在可能发生结冰区域航行的船舶应考虑结构及设备表面积冰问题，需要在完整稳性计算时考虑结冰余量。因此，本章分别介绍极地船舶结冰机理、船舶结冰稳性预报方法等，为极地船舶航行及作业安全提供参考。

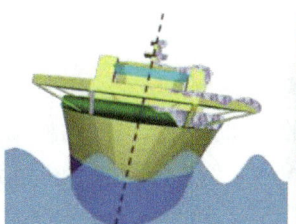

(a) 冻结绞盘、起重机等　　(b) 降低船舶稳性　　(c) 天线、GPS、雷达等设备结冰

图 6.1　结冰危害

6.2　结冰原因及危害

6.2.1　结冰发生区域

6.2.1.1　低温环境

北极地区冬季时间长，温度在 −43~−26℃，平均气温为 −34℃；海气交换强烈、湿度很大，大部分时间相对湿度都在 95% 以上，表现为多雾、浓雾，这种极端气候下形成的覆冰给极地海洋船舶带来了极大影响[5]。

如第 2 章所述，在低气温区域或低气温季节操作的极地船舶应考虑暴露结构、设备和系统表面遭受的环境温度，并采取适当的保护措施或操作控制的防寒措施，以确保船舶及设备具备在极地服务温度 (PST) 环境下的操作能力。极地服务温度应取船舶预定操作区域的最低日均低温 (LMDLT) 以下 10℃。结构、设备和管路的加热布置以及液舱防冻保护和舱室加热系统等应考虑船舶/海洋船舶操作的预期最低环境温度 (MAT)，如果缺乏预期最低温度数据，则预期的最低环境温度取极地服务温度以下至少 10℃。

6.2.1.2 结冰区域

极地海洋船舶在可能发生结冰现象的区域或时间内运行时应当考虑露天结构和设备表面的结冰，进而消除结冰对船舶稳性和船舶上设备和系统的影响。在以下各区域运行的海洋船舶应考虑结冰问题。

(1) 西经 28° 及冰岛西海岸之间的北纬 65°30′ 以北的区域，冰岛北海岸的北面区域；北纬 66° 西经 15° 至北纬 73°30′ 东经 15° 连线以北区域；东经 15° 及东经 35° 之间的北纬 73°30′ 以北区域。

(2) 结冰季节的白令海区域。

(3) 南纬 60° 以南地区。

极地海洋船舶的结冰现象主要发生在 0°C 及以下气温、降水天气或海水飞溅等条件下，其结冰程度与气温、风速和水温有关。

6.2.2 极地船舶结冰分类

海洋船舶结冰原因主要有气象及海浪飞沫积冰，前者为次要原因，后者为主要原因。

6.2.2.1 大气结冰

气象条件主要包括雪、冻雨、雾霜冰雹等，大气中的过冷液滴遇到装备后在结构表面形成大量覆冰，如在缆绳、救生设备、通风口等形成的覆冰[2]。

当温度小于等于 0°C 时，冻雨会造成船舶表面明显结冰。结冰的量不会对船舶安全直接造成危害，但是可能会对船舶工作人员的安全产生影响。冻雨一般发生在冬季且持续期不会太长。

当温度小于等于 0°C 时，冻雾也会造成结冰。冻雾形成的积冰量通常不大，但是如果冻雾持续期较长，可能会造成积冰的增加。船舶纵向结构比水平结构更容易由冻雾形成积冰。

下雪会造成船舶水平结构处积冰，例如甲板。当船舶纵向较为潮湿时，也容易产生积雪的附着[6]。

6.2.2.2 海浪飞沫积冰

海浪冲击船舶造成飞沫，由于较低的海水温度和空气温度，飞沫附着船体之后热量迅速散失，形成积冰 (图 6.2)。海浪飞沫积冰形成的条件是：气温低于 −2°C；风速大于 16 节；表面海水温度 −1.8~6.0°C，如果海水温度低于 −1.8°C，由于海水开始结冰，飞沫不容易形成，如果温度高于 6°C，已经附着于船体的飞沫不能在下次飞沫到来之前结冰，不容易形成积冰。

(a) 上层建筑结冰　　(b) 海浪飞溅

图 6.2　海浪飞沫结冰示意图

6.2.3 船舶结冰危害

极地船舶在低温环境下操作时可能会遇到以下现象及危害。

6.2.3.1 结冰会对船舶主体有影响

甲板和货物设备的冷表面的湿气凝结和冰冻，以及船舶上层建筑上的飞溅海水和雨水在暴露表面冻结，会降低船舶稳性。结冰不仅会对其浮性及稳性造成较大影响，还可能会增大船舶的受风面积，增加风倾覆力矩，严重时可能会导致船舶倾覆。

6.2.3.2 结冰会对极地工作区域的设备造成危害

结冰可能会冻结绞盘、起重机、阀门，覆盖窗户，堵住通风口等。低温会影响船舶结构材料特性，增加脆性和热膨胀，降低许用应力和结构可靠性，从而使设备使用时损坏；通风口的隔窗大多采用网状和格状设计，极易被覆冰和积雪封堵，将给人员健康、机械运转带来问题；覆冰将导致阀门无法工作、作业效率低下；积冰可能会对船舶的甲板设备操作造成影响，例如有可能导致救生艇/救生阀不能够正常释放，绞车、阀门等设备不能操作。舱室的透气帽也有可能被积冰覆盖，从而影响舱室的正常操作。

6.2.3.3 结冰会对船舶运行安全性有影响

带有盐分的海水有可能覆盖在天线、GPS、雷达等设备上结冰，影响这些设备的正常工作；如果积冰覆盖了驾驶室的窗户，则会影响到操作人员的视线；晶状覆冰还会降低摩擦系数，威胁直升机在船舶或海洋船舶上的起降；船舶露天甲板通道内的积冰会造成船员行走困难，上层建筑如果有脱落则会直接威胁到船员的人身安全；覆冰可降低海洋船舶的自救能力，如覆盖灭火装置、冻结灭火水枪阀门、堵塞烟气传感器，这些都对船舶航行安全造成了很大的影响。

6.3 结冰机理及积冰预报方法

有研究表明在所有低温海域，80%～90%以上的结构物结冰是由海水飞沫造成的[7]，因此本节将主要关注船舶上层建筑海水飞沫结冰这一工程问题。

6.3.1 海水飞沫结冰物理过程

海浪飞沫结冰主要有以下过程 (以船首飞沫为例，如图 6.3 所示)：

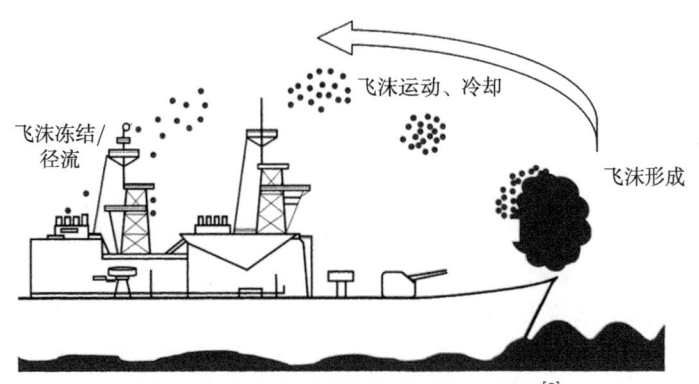

图 6.3 海水飞沫结冰物理过程示意图[8]

(1) 海浪产生、运动，与船舶撞击。

(2) 撞击会在船首形成向上的薄水层。

(3) 水层高速运动，从而发生破碎，形成不同尺寸、速度的水滴。

(4) 高速运动小水滴在惯性力、重力和表面张力的平衡下发生破碎，形成飞沫团。

(5) 飞沫团在自身重力、阻力和附加质量力作用下运动、冷却，下落在上层建筑上完成结冰。

6.3.2 结冰研究进展及难点

关于结冰现象的最早研究可追溯到 20 世纪 50 年代，在寒冷海域，结冰导致许多渔船损坏，早期的结冰研究主要依赖于对实际结冰现象的观察、数据整理，体现为图形、表格、曲线等形式 (讨论风速、空气及海水温度等影响)；20 世纪 70 年代开始，大量研究者通过理论分析建立公式研究结冰率及结冰量 (包含海水飞溅量及热量损失等)，为了验证理论结果，人们开始在低温室或风洞开展试验研究；20 世纪 80 年代中叶，出现了一些数值模拟模型。

为准确预测低温环境结构上海水飞沫结冰分布，学者们开发了多个理论模型，包括 Ashcroft[9]、Romagnoli[9]、Overland[10]、RIGICE[11]、ICEMOD[12] 等，后两个模型添加了更多结冰细节，被相继改进为 RIGICE04[13]、ICEMOD2[14]，二者均为理论模型，仍需更多实地结冰数据来验证；Dehghani-Sanij 等 [8,15] 建立了船舶上层建筑结构垂直及水平表面结冰理论模型，考虑了碰撞过程中的风致及浪致飞沫，模型可预测冻结分数、温度分布、冰层厚度及液膜厚度，经数值及试验结果验证，较以往方法，该模型预测精度有所提高；Dehghani-Sanij 等 [16,17] 又在上述一维模型基础上进行改进，完成了飞沫团中水滴运动的三维轨迹分析和盐水滴的冻结模拟。

上述各模型多为理论模型，依托于经验公式且缺少实例验证，随着计算机技术发展，数值手段优势逐渐凸显，计算流体力学 (CFD) 和数值传热学 (numerical heat transfer，NHT) 快速发展。Kulyakhtin 和 Tsarau[18] 开发了基于 CFD 求解器的三维时历 MARICE 模型，该模型可分析结构周围的气流及温度分布，并实现对飞沫团流动的追踪，可计算结构表面冰厚度的空间分布，并给出了挪威近海地区的 West Hercules 钻井平台结冰预测结果 (图 6.4)。

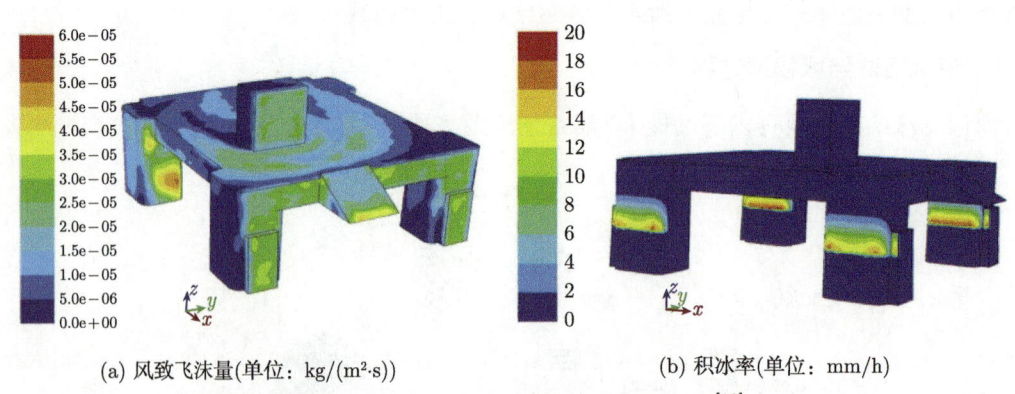

(a) 风致飞沫量(单位：kg/(m²·s))　　(b) 积冰率(单位：mm/h)

图 6.4　West Hercules 钻井平台结冰预测 [18]

国内方面船舶结冰研究起步较晚，但也有相关有益探索。刘永禄和董韦敬[19] 采用结冰表面热平衡理论，建立了结冰预报图谱，获取高纬度航行船舶所在海区的空气、水温、风速、浪高及海水盐度等信息后，即可根据图谱预报结冰强度及危险等级；汪仕靖[20] 在已有国外积冰模型基础上，引入飞沫通量计算公式计算结冰系数，建立了极地船舶结冰预报模型，船型可进行参数化输入，因此不局限于某一特定船型；沈杰和白旭[21]结合 ANSYS Fluent 和 FENSAP-ICE 软件模拟了过冷雾、雨条件下甲板结构结冰过程，并讨论了结构高度和尺寸因素影响；沈杰和白旭[22]进一步讨论了风速对船舶杆件结冰厚度及结冰量的影响，结果表明，结冰量与风速呈线性正相关，相关结论可为极地海洋平台防冰设计提供参考。

未来仍需在搜集实地结冰数据、理解结冰物理过程、使用更真实方法和条件数值模拟等方面继续努力。具体如下。

6.3.2.1 实际结冰数据缺乏

过去几十年，许多研究者对不同海域的不同类型船舶进行了实地观测和数据记录，但船舶结冰的第一信息来源通常是渔民或探险家，此类数据基本是粗略的，且不能用于模型比较。使用低温室或者风洞是获取试验结果的很好途径，但创造出和海洋低温条件相似的环境存在很大困难，所以未来迫切需要更准确，细节更多的实际结冰数据，例如环境因素、海洋条件及不同结构物的结冰厚度。

6.3.2.2 结冰物理过程尚待理解

为了创造更加真实的结冰模型，就必然需要对结冰的物理过程有更加深刻的理解，过去人们对结冰过程的研究通常基于多种假设 (如认为水滴速度等于风速、水滴尺寸和速度固定)，但实际结冰过程是复杂多变的，对其物理过程的理解主要集中于以下几个方面。

1) 多变的天气及海洋条件

诸如空气温度、风速、相对湿度、海水表面温度和盐度等参数在海洋飞溅结冰过程中均可能发生变化。

2) 海水飞溅飞沫形成过程控制参数

尽管在 6.3.1 节中简要描述了海水飞溅飞沫的形成过程，但是具体控制参数尚不明了，不同尺寸的水滴如图 6.5 所示。一方面与撞击速度相关，不同海域的波浪撞击速度不同，由此产生了两个速度：最小有效速度 (产生水层的最小速度) 和最大供给速度 (波浪与船之间可能发生的最大撞击速度)，速度的差异使得飞溅飞沫模拟更加复杂。而且低速撞击可能无法产生水层，或者产生水层低速运动，不会破裂，而高速运动的水层才会因无法保持平衡而破裂，形成不同速度、不同尺寸的水滴。

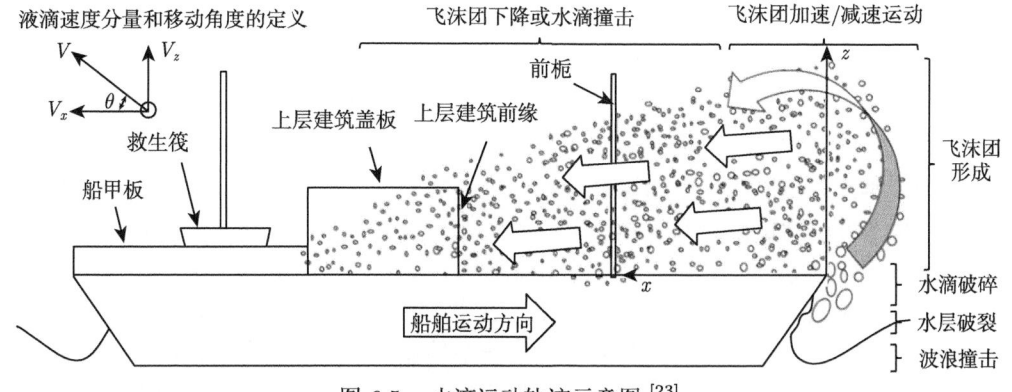

图 6.5 水滴运动轨迹示意图[23]

另一方面是海水飞沫总通量，而计算海水飞沫总通量的重要参数是液态水含量 (LWC)，即每单位干空气的飞沫团中水的质量。LWC 与许多因素 (风浪的高度、周期及传播方向，撞击特征) 呈函数关系，过去人们建立了许多求解 LWC 的经验公式，但这些公式仅适用于某些特殊的船舶或结构物，而且不同公式所需的参数不同，有的只与风速有关，有的则涉及风速、高度、有义波高、浪高等，公式之间难以比较优劣。

3) 盐水滴运动轨迹预报及冷却过程分析

目标表面结冰的计算和预测主要取决于表面的水滴撞击率，而水滴撞击率与从船首上边缘入射的水滴运动轨迹有关 (图 6.6)。

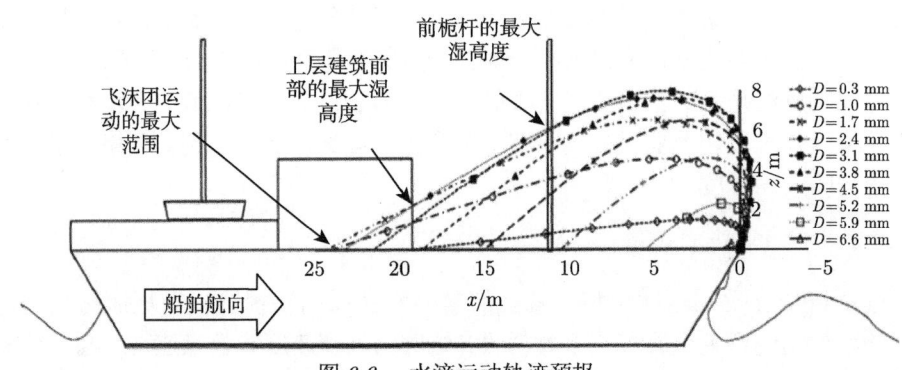

图 6.6　水滴运动轨迹预报

(1) 水滴运动轨迹。

诸如水滴初始速度和尺寸、重力、风速等其他因素都会影响水滴运动轨迹和目标表面水滴撞击率；水滴尺寸对水滴运动速度、运动轨迹和水滴收集率均有影响，较大的水滴由于重力作用会掉离飞沫团，但重力和风力的平衡作用会让大水滴在较高风速中保持高度，Ryerson[24]称水滴直径范围在 14~7700μm，平均中等尺寸为 1094μm (空气结冰领域研究水滴尺寸多为 mm 级)；水滴在运动过程中主要受到重力、空气阻力和浮力等。由此，水滴轨迹分析的关键是水滴尺寸及速度分布、LWC 的确定 (过往理论中几乎没有考虑这些基本信息)。确定准确的上述信息后，再结合气象信息和船舶或海洋结构物的几何形状，就可以获得水滴撞击表面的准确预报。

(2) 目标表面水滴收集效率。

水滴收集效率直接影响表面积冰量。风速、水滴尺寸、船舶或海洋平台上物体的大小都会影响水滴收集效率。计算存在难点：一方面水滴尺寸各种各样，另一方面很难计算水滴的轨迹方程和撞击位置。

(3) 水滴表面撞击结冰。

过去人们对结冰的研究主要集中于甲板上的现象，目前已经有许多关于积冰的研究报道，但关于盐水滴撞击船舶现象的研究却很少。实际上，积冰预报的准确性和质量很大程度上取决于目标表面获得的水滴数 (水滴撞击率及结冰率)。

4) 飞溅水滴的盐度和积冰对结冰过程的影响

盐度对于水滴过冷、结冰表面热力学、冰的性质均有影响，具体包括导热系数、密度、比热容、强度、基底附着力及冻结温度等，液滴中的盐度取决于空气中液滴的大小和飞行时间。而且海水结冰多形成海绵状冰 (冰层内含有纯冰、卤水袋、气泡)，对海绵冰和排盐现象的建模分析具有挑战性。

5) 结冰表面的热量传递

如图 6.7 所示,海水飞沫结冰过程中,结构附着积冰层、盐水膜、空气之间存在复杂的热交换,对结冰表面热传递进行研究,首先要计算不同海洋结构物表面的热传导系数。热传导系数影响对流和蒸发热通量的确定,研究人员建立了许多公式来计算热传导系数,但只能得到近似值。

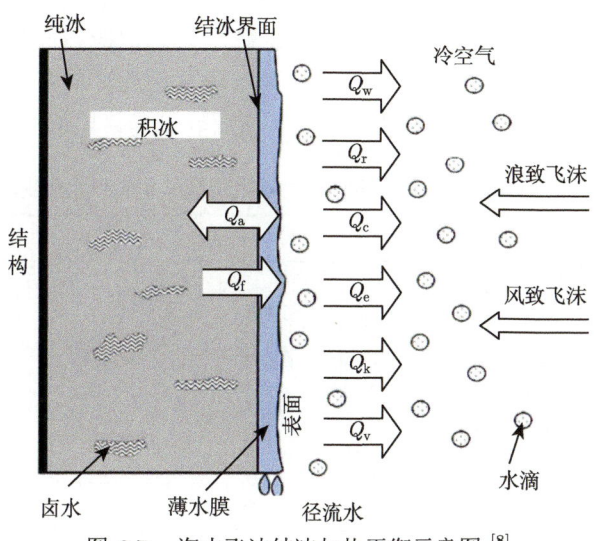

图 6.7 海水飞沫结冰与热平衡示意图 [8]

6) 径流和溢流过程的热力学及流体力学研究

部分小水滴在重力、风力、附加质量力等作用下会直接逃离上层建筑,或者在撞击表面后不冻结而逃离,形成所谓的径流或溢流。这些过程受重力、水膜与风场间相互作用以及结冰表面形状的影响。

7) 典型海洋结构物的复杂几何形状对物理过程的影响研究

大型复杂结构带来的难题是:海水飞溅到达的飞沫量和结构表面热传递量很难确定。

6.3.2.3 模拟方法不够准确、真实

几乎所有的海水结冰预测分析模型都是基于不同假设,使得模拟结果与真实结冰有一定差距,为了提高海水结冰模拟的准确性,仍需在以下几个方面多加探索。

(1) 必须考虑时变依赖性,有些重要参数随时间变化,不能视为常值。

(2) 考虑冰层中的传导传热,现有的结冰模型 (ICEMOD (挪威),RIGICE (加拿大),MARICE (挪威),MINCOG(挪威) 等) 都忽略了冰层中的热传导,而热传导取决于冰盐度的分布。

(3) 对积冰性质和海绵状冰进行更准确的研究。

(4) 关于海浪飞溅结冰,过去多以海洋平台上的圆柱形构件 (也有少数平面构件) 为研究对象,未来仍需对不同类型海洋结构物 (如大尺寸结构、复杂几何形状、静止或运动的结构) 进行模拟和分析。

6.3.3 船舶积冰计算方法

对船舶积冰量的准确预报是深入理解积冰危害的关键，也能为极地航行船舶采取有效防除冰手段提供科学指导。近年来，各国际组织制定了一些极地船舶结冰程度相关规范或准则。

6.3.3.1 国际海事组织积冰计算方法

国际海事组织 (IMO) 一直致力于极地航行安全法规的制定，且极地船舶的稳性也一直是研究的重点。《2008 年国际完整稳性规则》(2008 IS CODE)[25] 中明确提出在装载工况分析中应考虑结冰的情况。规范指出对于木材甲板货运输船，应按照吸水或积冰导致重量增加以及消耗品的变化来确定或检查在最不利的营运条件下船舶的稳性，并给出了排水量在 100~500t 的渔船在不同天气下的积冰质量密度预测 (表 6.1)。

表 6.1 IMO《2008 年国际完整稳性规则》渔船积冰预测表 [25]

积冰速度	较慢	较快	最快
积冰条件	① 环境温度在 −3~−1°C，任何风力 ② 环境温度在 −4°C 及以上，风力在 0~9m/s； ③ 在环境温度急剧下降后的降雨、雾或者海雾条件下	环境温度在 −8~−4°C，风力在 10~15m/s	① 环境温度在 −4°C 及以下，风力在 16m/s 及以上； ② 环境温度在 −9°C 及以下，风力在 10~15m/s
积冰密度	一般不超过 1.5t/h	一般在 1.5~4t/h 的范围内	密度可超过 4t/h

但《2008 年国际完整稳性规则》中关于积冰密度的预测仅考虑了天气和海况条件，并未包含船舶航行速度及航向角因素，只是推荐性的规范，并没有强制要求。2009 年 IMO 批准立项制定强制性的极地水域航行规则，讨论包括稳性计算在内的极地船舶的强制规范。至此，就全面展开了极地规则的制定工作。随后经过多年的讨论，在 DE57 次会议上提出了对完整稳性和破舱稳性非常细化的目标。与此同时，在 SLF55 次会议上，国际船级社协会 (IACS) 代表团给出了简要的计算木材甲板区域积冰重量 M 的方法，并在 SDC2 次会议上做了简化，最终的计算方法如下公式所示：

$$M = 30 \cdot \frac{2.3(15.2L_{\mathrm{pp}} - 351.8)}{L_{\mathrm{FB}}} \cdot f_{\mathrm{tl}} \cdot \frac{l_{\mathrm{bow}}}{0.16L_{\mathrm{pp}}} (\mathrm{kg/m^2}) \tag{6.3.1}$$

其中，L_{pp} 为船舶垂线间长 (m)；L_{FB} 为干舷高度 (mm)，目前参考劳氏船级社提供的公式计算；f_{tl} 为木材和绑扎设备因子 ($f_{\mathrm{tl}} = 1.2$)；l_{bow} 为船首外飘区域长度。

如图 6.8 所示，对于载荷的分布，根据航区冰级的不同可分为三种情况：均匀分布在船舶甲板和舷侧 (案例 1)；集中分布在船舶一侧 (案例 2)；积冰大量分布在船首 1/3 处 (案例 3)。

6.3.3.2 其他组织积冰计算方法

20 世纪 30 年代，芬兰和瑞典海事局 (FMA&SMA) 最早在《芬兰-瑞典冰级规则》(FSICR) 中对船舶的冰区航行进行了规范。IACS 组织包括 CCS 在内的 10 个主要船级社编写的《极地船级要求》于 2006 年正式颁布，2010 年对船体结构进行了修改。

第 6 章 极地船舶的结冰稳性

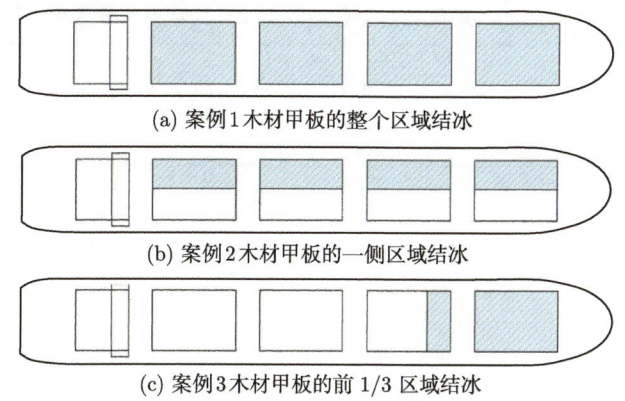

(a) 案例 1 木材甲板的整个区域结冰

(b) 案例 2 木材甲板的一侧区域结冰

(c) 案例 3 木材甲板的前 1/3 区域结冰

图 6.8 木材甲板货运输船的积冰载荷分布

部分船级社,例如挪威船级社 (DNV) 和美国船级社 (ABS),除了采用与《芬兰–瑞典冰级规则》和《极地船级要求》一致的冰区加强要求之外,还独立发展了自己的冰区规范体系。

其中 DNV 还增加了 WINTERIZATION 的入级符号,其主要考虑在极冷环境中短期工作的船舶/平台做出的设计要求,不考虑水面结冰的情况。目的是保证在设计温度范围内,系统、设备能够正常工作,并且降低寒冷环境对操作人员安全的威胁[26]。DNV 对于入级 Winterization Basic 的海洋工程项目要求有以下几个方面。

(1) Winterization Basic 船级符号的船舶或海洋工程项目,空间加热的热平衡计算必须假设空间的环境温度为 −30℃。

(2) Winterization Basic 用于防冻和除冰的加热电力能力要求为:露天甲板、直升机甲板、通道、楼梯不小于 $300W/m^2$;上层建筑不小于 $200W/m^2$;扶手内部不小于 $50W/m^2$。

DNV-GL 的规则中规定计算渔船稳性时,需要考虑该渔船在最恶劣的营运条件下甲板和上层建筑的积冰量对稳性的影响。在规则 (DNV-GL, 201b) 第 6 部分第 6 章规则第 3 节 "冷气候–冬季运行" 中,要求:对于甲板、梯、驾驶室顶部和其他水平面的结冰质量和分布应按照表 6.2 的数值进行计算。

表 6.2 DNV-GL 对于船舶及海洋积冰预测表[27]

	甲板、舷梯、驾驶室顶部和其他水平面的结冰重量分布计算/(kg/m^2)		
	船首到距船首 50m	距船首 50~100m	距船首大于 100m
水线面 18m 以上	30	30	30
水线面以上 12~18m	40	30	30
水线面以上 6~12m	80	40	30
水线面以上 0~6m	120	60	30

英国劳氏船级社 (LR) 根据冬季寒冷程度不同,对船舶水平甲板和垂直侧面的积冰量有三种规定 (表 6.3),在稳定性计算中应考虑结冰的影响,并应符合经修订的 IMO 完整稳定性规则 MSC.267(85) 的第 6 章 "结冰考虑"。

在挪威石油工业技术法规 (NORSOK N-003,2007) 6.4.2 节中,对船及海洋结构物的积冰预测做出了规定,如表 6.4 所示。在规定中,将由海浪产生的积冰和由雨雪产生的积冰分开计算,并根据结构的高度以及地理位置进行了细致分类。

表 6.3 劳氏船级社对于船舶及海洋结构物积冰预测表[28]

冬季寒冷程度	水平甲板积冰/(kg/m²)	垂直侧面积冰/(kg/m²)
C 级	30	7.5
B 级	60	15
A 级	100	25

表 6.4 挪威石油工业技术法规对于船舶及海洋结构物积冰预测表[29]

海平面以上高度/m	由海浪喷雾产生的积冰			由雨/雪产生的积冰	
	56°N~68°N 积冰厚度/mm	68°N 以北积冰厚度/mm	积冰密度/(kg/m³)	积冰厚度/mm	积冰密度/(kg/m³)
5~10	80	150	850	10	900
10~25	80~0 线性递减	150~0 线性递减	850~500 线性递减	10	900
25 以上	0	0	0	10	900

6.3.3.3 学术界常用积冰计算方法

海浪飞沫的垂直质量分布 M 为

$$M = \omega_d \cdot U_r \cdot P_s \cdot N_m [(\text{kg/m}^2) \cdot \min] \tag{6.3.2}$$

式中，U_r 为船舶相对风速 (m/s)；P_s 为上浪持续时间 (s)；N_m 为每分钟上浪次数；ω_d 为海浪飞沫质量的密度 (kg/m³)，可根据下式计算：

$$\omega_d = 6.1457 \times 10^{-5} H_s V_{sw}^2 \exp(-0.55 z_d) \tag{6.3.3}$$

式中，H_s 为有义波高 (m)；z_d 为飞沫距离船舶甲板水平面的高度 (m)；V_{sw} 为波浪与船舶的相对速度 (m/s)。

接着通过下式计算飞沫的运动轨迹：

$$\frac{dV_d}{dt} = -\frac{3C_d \rho_a}{4 d \rho_d} |V_d - U| (V_d - U) \tag{6.3.4}$$

式中，V_d 为飞沫的速度 (m/s)；C_d 为无因次的系数；d 为飞沫的直径 (m)；ρ_a 为空气密度 (kg/m³)；ρ_d 为飞沫密度 (kg/m³)；U 为风速 (m/s)。

结合上式可得到积冰落在甲板上的位置，然后通过积冰质量以及在船体上的分布，计算积冰对船舶浮性、稳性的影响。

6.4 计及结冰因素的船舶稳性

积冰完全可能导致排水量较小的渔船发生大角度横倾，甚至发生倾覆，因此，极地船舶积冰稳性的研究不能仅限于积冰后船舶小倾角变化的研究，需要综合考虑积冰后船舶的浮态、静稳性力臂的变化。

6.4.1 船舶结冰稳性研究进展

近年来，国内外学者开展了积冰对船舶稳性的影响研究，为极地船舶安全航行提供了有益参考。卜淑霞等[1]分析了较为可行的积冰计算方法以及 IMO 衡准中给出的计算方法，考虑到集装箱船在海运业的重要地位，选取一艘集装箱为研究对象，计算了在顶浪状态和不同风速条件下，积冰船舶静水中的静稳性力臂曲线变化情况。通过分析静稳性力臂曲线，认为积冰后的船舶的最大复原力臂、稳性消失角，以及初稳性高 GM 都在减小，从而证明了积冰对于船舶静稳性有较大的影响，分析了不同工况下积冰对船舶稳性的影响。最后通过与 IMO 准规范中给定的积冰计算结果进行对比，证明了积冰对船舶稳性的危害性，并进行了初步的稳性衡准评估。汪仕靖[20] 基于 MATLAB 软件开发了极地航区船舶积冰预报程序，讨论了船舶船甲板及上层建筑积冰对船舶初稳性的影响。胡高源[30] 计算了两条渔船在不同环境条件下甲板的积冰情况，并且对积冰船舶进行了二代稳性中参数横摇和纯稳性丧失薄弱性衡准校核，分析了船舶积冰对二代稳性中参数横摇和纯稳性丧失失效模式的影响。Johansen 等[31] 模拟了船舶积冰的热力学过程，并以一艘渔船为例，研究了积冰后船舶重心高度、横稳心半径以及初稳性高的变化情况。王志宇[32] 以渔船作为计算样船 (渔船基本信息见表 6.5, 排水量在 IMO《2008 年国际完整稳性规则》中渔船排水量范围之内)，研究了积冰对船舶瘫船稳性一二层衡准结果的影响，并提出了关于保障极地船舶稳性安全的合理建议。

6.4.2 积冰对船舶稳性的影响

根据倾斜角度大小，可将船舶稳性分为初稳性和大倾角稳性。初稳性是指倾斜角度小于 $10°\sim15°$ 或上甲板边缘开始入水前 (取其小者) 的稳性。大倾角稳性是指倾角大于 $10°\sim15°$ 或上甲板边缘开始入水后的稳性。本节援引汪仕靖[20] 介绍的方法，讨论积冰对上述两种稳性的影响。

6.4.2.1 积冰对船舶浮态和初稳性的影响

积冰相当于在船舶上增加重物，会引起吃水位置和船舶重心的变化，分布不均时会使船舶产生一定的横倾角 ϕ。因此研究积冰对船舶稳性的影响，首先要确定增加载荷的重量和重心的位置[20]。将船舶表面划分网格，通过计算得到每个网格上的重量 M，则总积冰质量，即载荷重量 M 可按下式求得：

$$M = M_1 + M_2 + M_3 + \cdots + M_n = \sum_{i=1}^{n} M_i \tag{6.4.1}$$

式中，n 为船舶表面网格总数，若已知每个网格的积冰重心 (x_i, y_i, z_i)，则等效载荷重心位置 (x_g, y_g, z_g) 可按下式求得：

$$x_g = \frac{\sum_{i=1}^{n} M_i x_i}{\sum_{i=1}^{n} M_i}, \quad y_g = \frac{\sum_{i=1}^{n} M_i y_i}{\sum_{i=1}^{n} M_i}, \quad z_g = \frac{\sum_{i=1}^{n} M_i z_i}{\sum_{i=1}^{n} M_i} \tag{6.4.2}$$

而每个网格上的积冰重心位置 (x_i, y_i, z_i) 可以由每个网格型心位置 (x_w, y_w, z_w) 来推导，由于不同区域网格积冰生长方向不同，公式分三种情况。

(1) 垂向生长积冰的网格 (如甲板上的网格)，其积冰重心位置为

$$x_i = x_w, \quad y_i = y_w, \quad z_i = z_w + b_i \tag{6.4.3}$$

(2) 纵向生长积冰的网格 (如驾驶台前部网格)，其积冰重心位置为

$$x_i = x_w + b_i, \quad y_i = y_w, \quad z_i = z_w \tag{6.4.4}$$

(3) 横向生长积冰的网格 (如驾驶台左右两侧网格)，其积冰重心位置为

$$x_i = x_w, \quad y_i = y_w + b_i, \quad z_i = z_w \tag{6.4.5}$$

其中，b_i 为网格积冰厚度，其取值为

$$b_i = \frac{M_i}{\rho_i s_i} \tag{6.4.6}$$

式中，ρ_i 是积冰密度，kg/m^3；s_i 是网格面积，m^2。

当积冰量超过排水量的 10% 时，采用如图 6.9 所示方法计算积冰产生的横倾角 ϕ 和纵倾角 θ。假定积冰等效载荷位于初始水线面漂心 F 的垂直线上 $A_1(x_F, 0, z_g)$ 位置，x_F 为漂心 F 距离船舶中横剖面的距离，x_g 为积冰等效载荷距离船舶中横剖面的距离 (船中前为正)，y_g 为积冰等效载荷距离船舶中纵剖面的距离，z_g 为积冰等效载荷重心高度，则新的初稳性高 GM'：

$$GM' = GM + \frac{M\left(d + \frac{\delta d}{2} - z_g - GM\right)}{\Delta + M} \tag{6.4.7}$$

新的纵稳性高 GM'_L：

$$GM'_L = GM_L + \frac{M\left(d + \frac{\delta d}{2} - z_g - GM_L\right)}{\Delta + M} \approx \frac{\Delta}{\Delta + M} GM_L \tag{6.4.8}$$

式中，GM 为积冰前的船舶初稳性高；GM_L 为积冰前的船舶纵稳性高；d 为积冰前的吃水；δd 为吃水变化值，$\delta d = M/(100\mathrm{TPC}^{①})$；$\Delta$ 为船舶排水量。

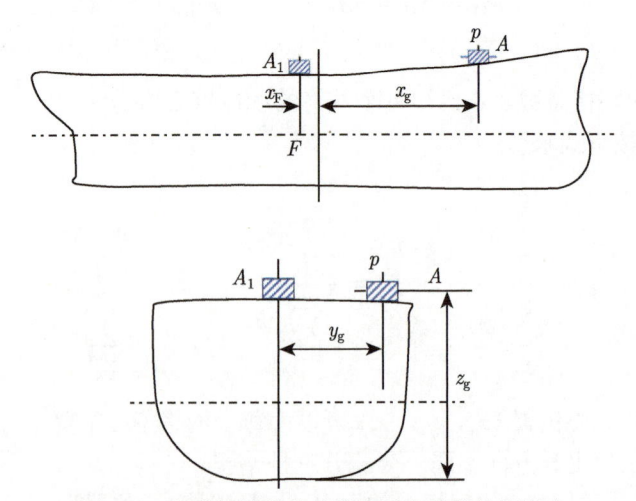

图 6.9　积冰等效载荷对船舶浮态及稳性的影响

---

① TPC 表示每厘米吃水吨数量。

将积冰等效载荷由 $A_1(x_F, 0, z_g)$ 移动至 $A(x_g, y_g, z_g)$ 时，积冰使船舶产生的横倾角 ϕ 为

$$\tan\phi = \frac{M \cdot y_g}{(\Delta + M)GM'} \tag{6.4.9}$$

纵倾角 θ 为

$$\tan\theta = \frac{M(x_g - x_F)}{(\Delta + M)GM'_L} \tag{6.4.10}$$

首尾吃水的变化为

$$\delta d_F = \left[\frac{L}{2} - x_F\right] \frac{M(x_g - x_F)}{(\Delta + M)GM'_L} \tag{6.4.11}$$

$$\delta d_A = -\left[\frac{L}{2} + x_F\right] \frac{M(x_g - x_F)}{(\Delta + M)GM'_L} \tag{6.4.12}$$

式中，L 为船长，考虑积冰后的船舶最终首尾吃水分别为

$$d'_F = d_F + \delta d + \delta d_F \tag{6.4.13}$$

$$d'_A = d_A + \delta d + \delta d_A \tag{6.4.14}$$

式中，d_F 和 d_A 分别为积冰之前的船舶首尾吃水。

6.4.2.2 积冰对大倾角稳性的影响

积冰对初稳性的影响结论只适用于小倾角情况 (横倾角小于 $10°\sim15°$)。但船舶在海上航行时，由于风浪的作用，其横倾角往往超过上述范围，此时便不能用初稳性来判断船舶是否具有足够的稳性。因此，还需要研究积冰对船舶大倾角稳性的影响。积冰可以改变船舶浮态参数。其中，不对称分布的积冰产生的固定横倾角 ϕ_0 对大倾角稳性的影响最大，其值由公式 (6.4.9) 计算而得。

如图 6.10 所示，衡量大倾角稳性的基本标志是静稳性力臂 GZ。考虑积冰重量后，船舶初始状态正浮时的静稳性力臂 GZ 为

$$GZ = KN - KG\sin\phi_0 \tag{6.4.15}$$

式中，KN 为形状稳性力臂，其为龙骨基线中点到倾斜后浮力作用线垂距，m；KG 为船舶重心高度，m。

当船舶重心发生移动时，船舶初始状态会有一固定横倾角 ϕ_0，由图 6.10 所示，静稳性力臂 G_1Z_1 与初始状态为正浮时的静稳性力臂 GZ 之间的关系为

$$G_1Z_1 = GZ - GG_1\cos\phi_0 \tag{6.4.16}$$

式中，GG_1 为在横倾力矩作用下船舶重心移动的距离，根据重心移动原理，其值为

$$GG_1 = GM'\tan\phi_0 \tag{6.4.17}$$

式中，GM' 为考虑积冰时的初稳性高，m，可由公式 (6.4.7) 计算而得。

根据公式 (6.4.16)，可以得到如图 6.11 所示的固定横倾角下的静稳性力臂曲线图，由图可见，在固定横倾角影响下，静稳性曲线范围和最大静稳性力臂值变小，静稳性曲线下降。

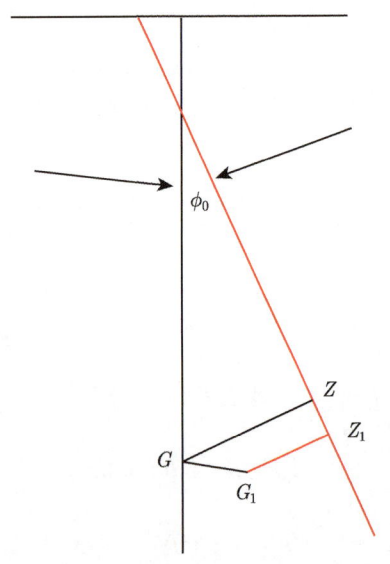

图 6.10　固定横倾角下的静稳性力臂示意图

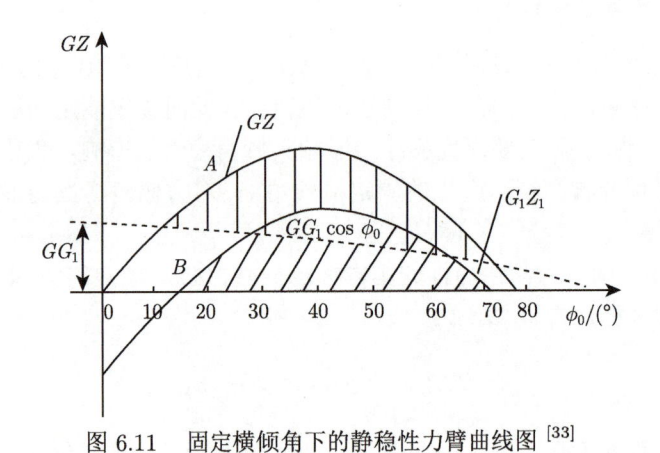

图 6.11　固定横倾角下的静稳性力臂曲线图[33]

6.5　小　　结

本章针对极地航行船舶结冰问题，分析了结冰产生的原因及危害，船舶结冰主要由风或波浪撞击形成的飞沫冻结引起，对船舶稳性、甲板设备运行及人员操作安全均有较大影响。阐述了海水飞沫结冰的物理过程，并进一步梳理了当前国内外结冰预报方法研究进展，现有预报方法多采用经验公式或图谱预测特定海域的特定船舶 (如渔船) 的宏观积冰量，近年来也有学者探索采用 CFD 方法模拟结冰过程，以期获取更准确的结果。本章还重点介绍了考虑积冰后的船舶稳性计算方法，可为极地航行船舶设计与研发提供参考。

参 考 文 献

[1] 卜淑霞, 储纪龙, 鲁江, 等. 积冰对船舶稳性的影响 [C]. 第二十七届全国水动力学研讨会, 中国江苏南京, F, 2015.
[2] 谢强, 陈海龙, 章继峰. 极地航行船舶及海洋平台防冰和除冰技术研究进展 [J]. 中国舰船研究, 2017, 12(1): 45-53.
[3] Brown R D, Roebber P. The ice accretion problem in Canadian waters related to offshore energy and transportation [R]. Canada: Atmospheric Environment Service, Climatological Services Division, 1985.
[4] 国际海事组织 (IMO). 极地水域操作船舶国际规则 [S]. 2017.
[5] 中国船级社. 极地船舶指南 [S]. 2016.
[6] 杨艳. 北海半潜式钻井平台防冻除冰技术研究 [D]. 哈尔滨: 哈尔滨工程大学.
[7] Ryerson Charles C. Ice protection of offshore platforms [J]. Cold Regions Science and Technology, 2011, 65(1): 97-110.
[8] Dehghani-Sanij A, Muzychka Y S, Naterer G F. Analysis of Ice Accretion on Vertical Surfaces of Marine Vessels and Structures in Arctic Conditions [C]. Proceedings of the ASME 2015 34th International Conference on Ocean, Offshore and Arctic Engineering, St. John's, Newfoundland, Canada, 2015.
[9] Deshpande S, Sæterdal A, Sundsbø P A. Sea spray icing: the physical process and review of prediction models and winterization techniques [J]. Journal of Offshore Mechanics and Arctic Engineering, 2021, 143(6): 061601.
[10] Overland J E. Prediction of vessel icing for near-freezing sea temperatures [J]. Weather and Forecasting, 1990, 5(1): 62-77.
[11] Roebber P, Mitten P. Modelling and measurement of icing in Canadian waters [R]. Atmospheric Environment Service, 1987.
[12] Horjen I, Vefsnmo S. Numerical sea spray icing model including the effect of a moving water film [R]. Environment Canada, Atmospheric Environment Service, 1985.
[13] Forest T W, Lozowski E P, Gagnon R. Estimating marine icing on offshore structures using RIG-ICE04 [C]. Proceedings of the 11th International Workshop on Atmospheric Icing of Structures, Montreal, Quebec, Canada, 2005.
[14] Horjen I. Numerical modeling of two-dimensional sea spray icing on vessel-mounted cylinders [J]. Cold Regions Science and Technology, 2013, 93(1): 20-35.
[15] Dehghani-Sanij A, Muzychka Y, Naterer G. Predicted ice accretion on horizontal surfaces of marine vessels and offshore structures in Arctic regions [C]. Proceedings of the ASME 2016 35th International Conference on Ocean, Offshore and Arctic Engineering Busan, South Korea, F, 2016.
[16] Dehghani S R, Naterer G F, Muzychka Y S. 3-D trajectory analysis of wave-impact sea spray over a marine vessel [J]. Cold Regions Science and Technology, 2018, 146: 72-80.
[17] Dehghani-Sanij A R, Maclachlan S, Naterer G F, et al. Multistage cooling and freezing of a saline spherical water droplet [J]. International Journal of Thermal Sciences, 2020, 147: 106095.
[18] Kulyakhtin A, Tsarau A. A time-dependent model of marine icing with application of computational fluid dynamics [J]. Cold Regions Science and Technology, 2014, 104-105: 33-44.
[19] 刘永禄, 董韦敬. 舰船结冰预报方法研究 [J]. 装备环境工程, 2016, 13(3): 140-146.
[20] 汪仕靖. 极地航区船舶积冰预报模型研究 [D]. 大连: 大连理工大学, 2018.
[21] 沈杰, 白旭. 基于 Fluent 和 FENSAP-ICE 的极区海洋平台甲板结构结冰数值模拟 [J]. 极地研究, 2020, 32(2): 177-183.
[22] 沈杰, 白旭. 风速对寒区船舶杆件结构霜冰结冰的影响分析 [J]. 舰船科学技术, 2020, 42(9): 61-65.

[23] Dehghani S R, Naterer G F, Muzychka Y S. Droplet size and velocity distributions of wave-impact sea spray over a marine vessel [J]. Cold Regions Science and Technology, 2016, 132: 60-67.

[24] Ryerson C C. Superstructure spray and ice accretion on a large US Coast Guard cutter [J]. Atmospheric Research, 1995, 36(3-4): 321-337.

[25] International Maritime Organization (IMO). Adoption of the International Code on Intact Stability (2008 IS CODE) [S]. 2008.

[26] Mintu S, Molyneux D. Ice accretion for ships and offshore structures. Part 1 - State of the art review [J]. Ocean Engineering, 2022, 258: 111501.

[27] DNV-GL. Rules for Classification: Ships, Part 6 Additional Class Notations (Chapter 6) Cold Climate [S]. DNV-GL, 2015.

[28] Regist Lloyds. Provisional Rules for Winterisation of Ships [S]. Makkonen: Lloyds Regist, 2015.

[29] Mintu S, Molyneux D, Oldford D. State-of-the-art review of research on ice accretion measurements and modelling [C]. Proceedings of the Arctic Technology Conference, F, 2016.

[30] 胡高源. 极地船舶波浪稳性安全研究 [D]. 大连: 大连理工大学, 2020.

[31] Johansen K. Stability of vessels in an ice-free arctic [J]. TransNav the International Journal on Marine Navigation and Safety of Sea Transportation, 2020, 14: 663-671.

[32] 王志宇. 极地船舶积冰计算及瘫船稳性研究 [D]. 大连: 大连理工大学, 2021.

[33] 邹忠胜. 船舶积冰及冰区锚泊的安全分析 [D]. 大连: 大连海事大学, 2010.

第 7 章 极地船舶的风险评估

7.1 概述

极地环境极其复杂,船舶航行时可能会存在各类事故风险,对其安全带来挑战,也对国家资源和人员安全构成威胁。为此,开展极地环境下船舶航行风险评估方法研究可为冰区条件下船舶的安全航行提供保障,这是关系到极地冰区装备安全性的共性基础问题。本章在开展冰区船舶阻力计算及性能分析理论研究基础上,针对极地船舶冰困事故场景,考虑到风险因素识别以及风险分析过程中面临的不确定性和相关性问题,采用风险评估和不确定性建模方法,开展极地船舶冰困风险因素识别和极地船舶冰困概率与后果建模研究,阐明船舶北极东北航道航行中环境、人、船等因素与船舶冰困风险间的耦合关系,实现北极东北航道船舶冰困风险演化态势研究。

7.2 风险评估原理

7.2.1 风险的定义

所谓风险,是指在一定时间范围内,由系统行为的不确定性(主要是指发生意料之外的事故)所带来的经济损失、人员伤亡以及环境破坏等方面危害的可能性[1]。目前对风险的定义存在多种解读,IMO 发布的《FSA 应用正式指南》中将风险定义为事件发生概率与后果严重性的组合,故本章采用该定义对北极水域船舶冰困风险进行分析,用数学算式可表示为[1]

$$R = f(P, C) \tag{7.2.1}$$

式中,R 为事件的风险;P 为事件发生概率;C 为事件产生后果。

7.2.2 风险评估内容及流程

风险无处不在,即使是非常确定的事情,也可能存在意外。风险评估就是通过对风险事件进行识别、评估,从而做出全面综合的分析。根据风险的定义,风险评估主要解决以下 4 个问题[1]:

(1) 会发生什么意外事件?
(2) 发生意外事件的可能性或概率有多大?
(3) 意外事件的发生会导致什么后果?
(4) 意外事件的风险是否可以接受?

针对不同的系统以及风险评估过程中可获得的数据信息,到目前为止发展了多种评估方法,大致可分为定性风险评估、半定量风险评估以及定量风险评估等三类方法。定性的风险评估方法通常采用专家意见来确定风险发生的可能性以及后果,例如风险矩阵、FMEA 等方法。定量的风险评估方法主要通过统计方法和现有数据库对风险进行量化管理,常用方法有故障树分析、事件树分析、贝叶斯网络等方法。定量风险评估一般包括 3 个阶段,即危险事件识别、概率后果分析及风险量化,具体流程如图 7.1 所示。

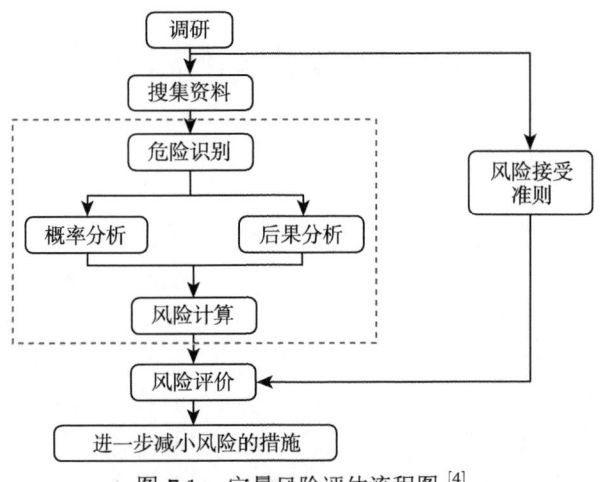

图 7.1 定量风险评估流程图 [4]

一般而言,定性风险评估使用起来较为简便,所需数据量少,但多依赖于人为主观判断结果。定量风险评估则基于一定数据的统计信息,对危险事件发生概率以及事故后果进行计算,对问题分析更加全面。半定量风险评估方法介于定性和定量风险评估方法之间。

7.2.3 风险接受准则

风险评估的根本目的是降低危险事件的风险,但是考虑到降低风险需要投入的资金、人力以及技术支撑,风险并不是越小越合理,我们需要将风险控制在一个合理、可接受的范围内。因此,在风险评估前需要预先确定一个风险接受准则,用来表示事件的总体风险等级,为风险分析及风险降低措施的制定提供参考[4]。目前风险接受准则主要采用 ALARP (as low as reasonably practicable) 原则和风险矩阵。

7.2.3.1 ALARP 原则

ALARP 原则又称为最低合理可行原则[4]。在实际中,我们无法做到完全消除风险,当风险越小,则进一步降低风险的成本和困难度也越大,故可以将 ALARP 原则理解为满足使风险水平"尽可能低"这样一个要求。该原则通过两条风险分界线将风险划分为风险可接受区、ALARP 区以及风险不可接受区,如图 7.2 所示。

若风险评估结果超过所允许风险标准的上限值,即落入风险不可接受区域,则必须采取相关措施降低风险;若评估结果在风险可接受区,说明其风险水平是完全可以接受的,不需要采取任何预防措施;若风险评估结果在可接受水平和不可接受水平之间,即风险落在 ALARP 区,则需要衡量降低风险所需投入与风险降低效果之间的关系,视具体情况采取恰当的措施来降低风险[5]。

7.2.3.2 风险矩阵

风险矩阵是一种综合考虑风险事件发生可能性与后果严重性的方法,该矩阵的行列分别代表事故概率与后果,并将风险值定义为概率与后果的乘积[1]。图 7.3 为一个典型的风险矩阵,通过该矩阵可以直观地看到风险是否在可接受范围内,增加评估结果可视性。

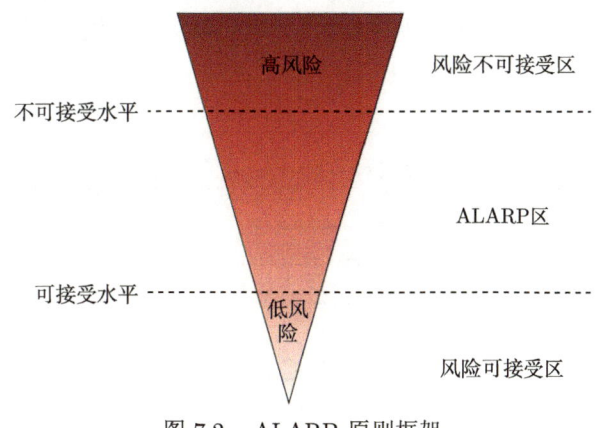

图 7.2　ALARP 原则框架

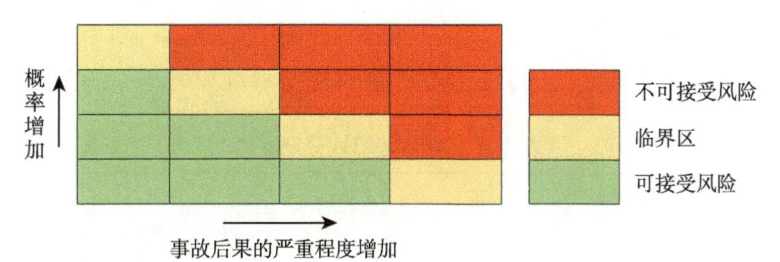

图 7.3　风险矩阵

本章借鉴 IMO《综合安全评估指南》中的相关定义，结合极地船舶事故相关研究[6,8]对极地船舶发生事故的概率与后果进行等级划分，如表 7.1 和表 7.2 所示。

表 7.1　事故可能性划分[7,8]

发生可能性	说明	发生频率/(次/年)
不太可能 (unlikely)	在考虑事件周期范围内几乎未发生过 (9 年)	0.01
较小可能 (remote)	在考虑事件周期范围内发生一次 (9 年)	0.11
偶然 (occasional)	在考虑事件周期范围内每 3 年发生一次 (9 年)	0.33
可能 (probable)	在考虑事件周期范围内每年发生一次 (9 年)	1
很有可能 (frequent)	在考虑事件周期范围内每个月发生一次 (9 年)	12

表 7.2　事故后果严重性划分[6]

后果严重性	说明	严重程度
可忽略 (negligible)	受困船舶从冰困事件中安全脱离，可以继续航行和进行相关任务，船舶未受损伤	10^0
轻微 (minor)	船舶受困后船体遭受轻微损伤，但是船上专业人员有能力进行修补，不影响船舶后续航行	10^1
显著 (major)	船舶受困后结构、动力等遭受损坏，船上专业人员无法对损坏进行维修，影响船舶后续航行	10^2
严重 (critical)	船舶受困后在极端冰流等作用下，漂流至浅水区或搁浅在冰况恶劣的冰盖区域，船舶无法继续航行	10^3
灾难性 (catastrophic)	受困船舶与附近船舶或冰山相撞，导致船舶结构严重受损，无法继续航行	10^4

为直观地体现风险等级,运用风险矩阵表示风险概率、后果以及两者综合影响的风险等级,如图 7.4 所示。

严重性	可能性				
	不太可能	较小可能	偶然	可能	很有可能
可忽略	N	N	N	N	L
轻微	N	N	N	L	L
显著	N	L	L	L	M
严重	L	L	L	M	H
灾难性	L	M	M	H	H

图 7.4 极地船舶风险矩阵 [4]

该矩阵将极地船舶风险划分为 4 个等级,并采用不同颜色来代表不同的风险等级。其中,绿色代表可忽略风险 (negligible risk),黄色代表低风险 (low risk),橙色代表中等风险 (medium risk),红色代表高风险 (high risk),具体划分标准和风险等级描述如表 7.3 所示。

表 7.3 风险等级划分及评价

风险等级	风险值划分	评价
可忽略风险	$R < 0.1$	事故场景对人员伤害或财产损失影响不严重,风险可接受。无需采取任何其他措施降低风险
低风险	$0.1 \leqslant R < 10$	事故场景对人员伤害或财产损失造成一定影响,风险可接受。需要采取一些其他措施来降低风险
中等风险	$10 \leqslant R < 100$	事故场景会对人员或财产造成损失,在没有办法降低风险或经济性不允许的情况下,该风险可接受。降低风险需满足成本低于损失
高风险	$R \geqslant 100$	事故场景会造成严重的人员伤亡或财产损失,该风险不可被接受。必须采取相关措施降低风险

7.2.4 风险评估中的不确定性

对复杂系统进行风险评估时不可避免地会涉及许多不确定性,不确定性主要来源于事物本身的随机性、事物的模糊性以及知识的不完备性[9]。在工程风险评估中,一般将不确定性分为两类[10,11]:第一类是随机不确定性 (aleatory uncertainty),由自然过程中固有的随机性所产生的,这种不确定性无法通过知识的增长而降低;第二类是认知不确定性 (epistemic uncertainty),又被称为主观不确定性,由主要信息数据的缺少以及对所分析的系统没有足够的认识所产生的,这种不确定性可以通过知识的增长和完善而得到有效降低。

对随机不确定性和认知不确定性的处理一直是目前学者讨论的重点。目前研究中的不确定性建模方法主要包括贝叶斯网络、模糊集理论、蒙特卡罗 (Monte Carlo,MC) 方法等,这些方法从不同的角度来处理不确定性。

7.2.4.1 贝叶斯网络 [12]

贝叶斯网络是一种解决不确定性问题的强大建模方法,与其他方法相比,贝叶斯网络具有理论性强、计算复杂度低等优点。当历史数据不足以支持其他统计方法时,贝叶斯网络能够结合专家经验数据明确表示变量间的因果关系,并且能够进行正向或逆向推理。该方法主要通过定义变量在某种状态下的概率分布来处理随机不确定性,但不包括认知不确定性。该方法目前已广泛应用于海上事故风险建模应用中。

7.2.4.2 模糊集理论[13]

在专家判断过程中,由于一些现象太过复杂或定义太过模糊,对这些现象进行近似定义表征时使用语言术语 (例如 "可能性不大","可能性较高" 等) 要比使用准确的概率数值更加方便、灵活。因此,通常引入模糊集理论进行处理,通过语言变量和隶属度函数解决有限信息下认知不确定性表达的局限性。模糊集理论是处理不确定性信息,尤其是语言信息的有力工具,常与层次分析法、故障树分析、事件树分析以及贝叶斯网络等其他定量风险评估方法结合使用。具体理论基础见 7.3.1.1 节。

7.2.4.3 蒙特卡罗方法[10]

蒙特卡罗是一种利用 "随机数" 进行统计模拟的方法,该方法通过生成一系列符合一定概率分布的 "随机数",运用统计分析方法获得待求问题的高精度近似解。蒙特卡罗方法是研究随机不确定性问题的主要方法,利用概率分布来描述风险模型中的随机不确定性,可与事件树分析、层次分析法等结合使用,目前广泛应用于复杂系统的风险建模研究中。

由于缺乏足够的数据支撑,专家意见一直是建模参数和数据获取的重要来源,尤其是在极地水域海上事故风险评估中,为解决专家参与带来的认知不确定性,模糊集理论常与其他不确定性建模方法结合使用。

7.3 不确定性条件下极地船舶冰困风险评估

在全球气候变暖的背景下,海冰大量融化,北极东北航道船舶的商业化、常态化运行将成为现实。但是,北极水域恶劣的自然环境和复杂的通航条件给船舶极地航行安全带来了严重威胁。冰困作为船舶极地航行面临的主要事故场景之一,近年来受到了越来越多学者的关注。

本节针对船舶冰困事故场景,考虑到风险因素识别以及风险分析过程中面临的不确定性和相关性问题,采用风险评估和不确定性建模方法,开展北极冰区船舶冰困风险因素识别和北极东北航道船舶冰困概率与后果建模研究,阐明船舶北极东北航道航行中环境、人、船等因素与船舶冰困风险间的耦合关系,实现北极东北航道船舶冰困风险演化态势研究。

7.3.1 极地船舶冰困风险因素识别

风险因素识别是建立事故风险评估模型的基础,也是开展风险评估首要解决的问题。一个典型的冰困事故是多个因素相互作用的结果。相比于其他开敞水域,北极水域航行船舶数量较少,对该水域事故风险因素进行分析时会面临数据缺乏、专家认识不足、数据测量偏差等不确定性问题。

鉴于此,本节基于环境–人–船三方面因素建立了北极冰区船舶冰困风险因素的层次结构模型,针对北极冰区船舶冰困风险因素识别中面临的相关性和不确定性问题,提出了一种结合模糊集合、层次分析方法 (analytic hierarchy process,AHP)、决策试验与实验评估法 (decision making trial and evaluation laboratory,DEMATEL) 的模糊 AHP-DEMATEL 方法来量化各因素权重,从而确定了影响北极冰区船舶冰困的关键风险因素。

7.3.1.1 模糊 AHP-DEMATEL 方法

1) 模糊集理论

模糊集合最早是由 Zadeh[15] 提出的,该方法在处理事物的不确定性方面具有很大优势。其基本思想是将传统的绝对隶属度模糊化。从特征函数来看,即某元素 x 对某集合 A 的隶属度并不仅仅是 0 或 1,而是可以取 0~1 的任意数值。

设给定一个论域 X,论域 X 到区间 [0,1] 的任一映射为 $\mu_{\tilde{A}}: X \to [0,1]$,$\tilde{A}$ 为 U 上的一个模糊集合,$\mu_{\tilde{A}}$ 叫做模糊集 $\tilde{A}$ 的隶属度函数,满足:

$$0 \leqslant \mu_{\tilde{A}}(x) \leqslant 1 \tag{7.3.1}$$

$\mu_{\tilde{A}}(x)$ 为元素 x 对于模糊集合 $\tilde{A}$ 的隶属度。$\mu_{\tilde{A}}(x)$ 越大,表明 x 属于模糊集合 $\tilde{A}$ 的程度越大;而当 $\mu_{\tilde{A}}(x)$ 越接近于 0.5 时,元素 x 属于模糊集合 $\tilde{A}$ 的程度越模糊。本节主要采用三角模糊数来表示定性概念。

假设 $\tilde{A}$ 为 $X \subseteq \mathbf{R}$ 上的一个三角模糊数,记为 $\tilde{A} = (l, m, u)$,隶属度 $\mu_{\tilde{A}}(x)$ 可以表示为

$$\mu_{\tilde{A}}(x) = \begin{cases} 0, & x < l \\ (x-l)/(m-l), & l \leqslant x < m \\ (u-x)/(u-m), & m \leqslant x \leqslant u \\ 0, & x > u \end{cases} \tag{7.3.2}$$

式中,l、m、u 分别为三角模糊数 $\tilde{A}$ 的下限值、最可能值以及上限值。

2) 层次分析法

层次分析法是 Saaty[16] 于 1980 年提出的一种处理复杂决策问题的有效工具,本节针对 AHP 使用中由于专家主观判断以及语言模糊性带来的不确定性,采用三角模糊数进行处理。结合 Saaty[16] 提出的九级标度法和 Chang[17] 提出的模糊三角函数标度法,建立专家判断术语与三角模糊数之间的转换关系,如表 7.4 所示。

表 7.4 专家判断术语与三角模糊数之间的转换关系

标度	含义	三角模糊集合	倒数
1	两个元素之间同等重要	(1, 1, 1)	(1, 1, 1)
2	同等重要与稍微重要之间	(1, 2, 3)	(1/3, 1/2, 1)
3	前者比后者稍微重要	(2, 3, 4)	(1/4, 1/3, 1/2)
4	稍微重要与较强重要之间	(3, 4, 5)	(1/5, 1/4, 1/3)
5	前者比后者较强重要	(4, 5, 6)	(1/6, 1/5, 1/4)
6	较强重要与强烈重要之间	(5, 6, 7)	(1/7, 1/6, 1/5)
7	前者比后者强烈重要	(6, 7, 8)	(1/8, 1/7, 1/6)
8	强烈重要与极端重要之间	(7, 8, 9)	(1/9, 1/8, 1/7)
9	前者比后者极端重要	(8, 9, 9)	(1/9, 1/9, 1/8)

利用表 7.4 中的判断语言搜集专家对各因素间两两重要性的判定意见,假设某层级指标共有 n 个元素,则该层级指标的模糊判断矩阵 $\tilde{A}^{(k)}$ 可表示为

$$\tilde{A}^{(k)} = (\tilde{a}_{ij}^{(k)}) = \begin{bmatrix} (1,1,1) & (l_{12}^{(k)}, m_{12}^{(k)}, u_{12}^{(k)}) & \cdots & (l_{1n}^{(k)}, m_{1n}^{(k)}, u_{1n}^{(k)}) \\ (1/u_{12}^{(k)}, 1/m_{12}^{(k)}, 1/l_{12}^{(k)}) & (1,1,1) & \cdots & (l_{2n}^{(k)}, m_{2n}^{(k)}, u_{2n}^{(k)}) \\ \vdots & \vdots & & \vdots \\ (1/u_{1n}^{(k)}, 1/m_{1n}^{(k)}, 1/l_{1n}^{(k)}) & (1/u_{2n}^{(k)}, 1/m_{2n}^{(k)}, 1/l_{2n}^{(k)}) & \cdots & (1,1,1) \end{bmatrix}$$
$$k=1,2,\cdots,K; \quad i,j=1,2,\cdots,n$$
(7.3.3)

式中，$\tilde{a}_{ij}^{(k)}$ 为第 k 个专家判定的第 i 个元素对第 j 个元素的相对重要性。

3) 模糊 DEMATEL 法

DEMATEL 法最早是由日内瓦巴特尔纪念协会的 Gabus 和 Fontela[18] 提出的一种运用图论和矩阵工具的系统分析方法，该方法可以用来确定复杂系统中各因素之间的因果关系以及相互影响程度。传统 DEMATEL 法没有对语言变量的模糊性进行考虑。为解决这一问题，对评价语言进行模糊化处理，建立语言变量与模糊数之间的映射关系，如表 7.5 所示。

表 7.5 因素间相互影响程度判断术语与模糊数的转换关系

评估标度	含义	三角模糊数
No	没有影响 (no influence)	(0, 0.1, 0.3)
VL	影响很小 (very low influence)	(0.1, 0.3, 0.5)
L	影响不大 (low influence)	(0.3, 0.5, 0.7)
H	影响较大 (high influence)	(0.5, 0.7, 0.9)
VH	影响很大 (very high influence)	(0.7, 0.9, 1.0)

模糊 AHP 方法使用的前提是各风险因素独立，该方法无法处理相关性的问题，而 DEMATEL 法恰好研究的是各因素之间的相互影响程度，故引入 DEMATEL 法可以很好地弥补模糊 AHP 的不足。

7.3.1.2 北极水域船舶冰困风险层次模型构建

本节根据科学性、针对性、系统性、实用性、可操作性以及定量与定性相结合的风险指标选取原则[19]，通过船舶冰困事故分析[20-25]，相关文献资料查询[26-30] 以及专家调研的方式从"环境—人—船"三方面展开研究，构建北极冰区船舶冰困风险因素的层次模型，如图 7.5 所示。

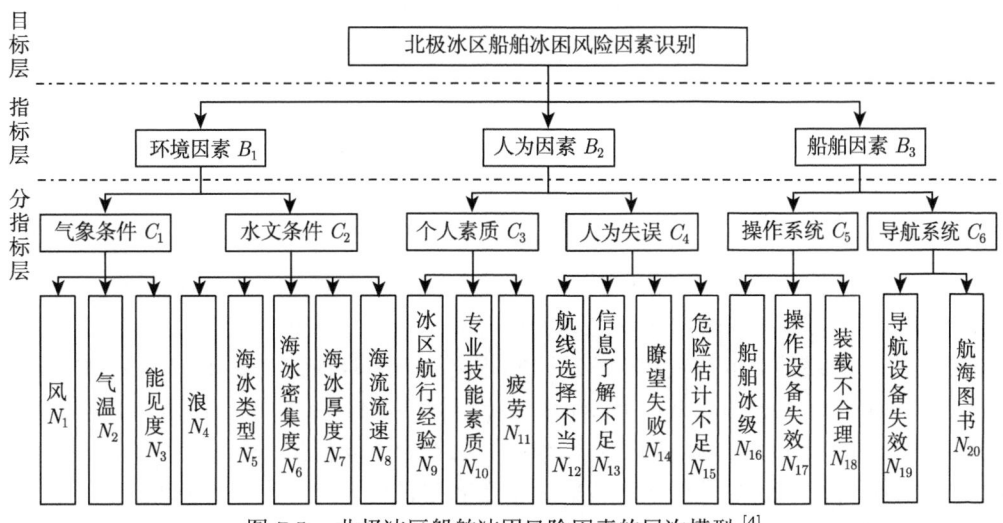

图 7.5 北极冰区船舶冰困风险因素的层次模型[4]

该层次模型以北极冰区船舶冰困风险因素识别为目标,指标层划分为环境因素、人为因素、船舶因素三个指标,分指标层共确定了 20 个主要风险指标 $N_i(i=1,2,\cdots,20)$。

7.3.1.3 船舶冰困风险因素的权重计算

基于所构建的北极冰区船舶冰困风险因素的层次模型,根据表 7.4 的评价标准,邀请了来自相关院校和企业从事极地航行船舶相关研究工作的专家,对各风险因素的相对重要性进行判断。利用 7.3.1.1 节提出的模糊 AHP-DEMATEL 方法计算各风险因素的综合权重,识别出影响北极冰区船舶冰困的重要影响因素,结果如表 7.6 所示。

表 7.6 各风险因素的综合权重

风险指标	综合权重	排序	风险指标	综合权重	排序
风 N_1	0.0131	19	疲劳 N_{11}	0.0583	6
气温 N_2	0.0175	17	航线选择不当 N_{12}	0.0537	8
能见度 N_3	0.0173	18	信息了解不足 N_{13}	0.0556	7
浪 N_4	0.0092	20	瞭望失败 N_{14}	0.0839	4
海冰类型 N_5	0.0283	15	危险估计不足 N_{15}	0.0855	2
海冰密集度 N_6	0.0346	14	船舶冰级 N_{16}	0.0397	11
海冰厚度 N_7	0.0472	9	操作设备失效 N_{17}	0.0608	5
海流流速 N_8	0.0251	16	装载不合理 N_{18}	0.0357	13
冰区航行经验 N_9	0.0377	12	导航设备失效 N_{19}	0.1668	1
专业技能素质 N_{10}	0.0440	10	航海图书 N_{20}	0.0853	3

从表中可以看到,导航设备失效权重为 0.1668,所占权重最大,其次为危险估计不足,占 0.0855,航海图书和瞭望失败也具有较大影响,权重均在 0.08 以上。环境因素中海冰厚度、海冰密集度以及海冰类型等冰况条件对船舶冰困具有很大影响,浪、风等因素相对而言影响较小,但也不容忽视。

以上研究结果表明船舶极地航行时要注意做到:① 确保导航设备在高纬度地区的正常使用,时刻注意船位变化;② 船长等需要具备一定的冰区航行经验,能够对冰情严重性以及船舶状态做出预判;③ 保证航海图书资料的可信度 (包括资料的齐全性、更新度、准确性以及海图比例的合适度等),对航线上冰情和气象资料需要及时接收和分析;④ 保证正规的瞭望,及早发现冰情;⑤ 确保操作设备的正常使用,在冰况严重水域也需要保持低速航行而不能停滞。

7.3.2 极地船舶冰困概率与后果建模研究

冰困事故的概率预测和后果估计是开展北极冰区船舶冰困风险评估需要解决的第二个关键问题。船舶冰困会受到天气条件、船舶状况、人员因素等多方面因素的影响,在冰困风险建模过程中不仅需要分析风险因素之间的耦合关系,还需要考虑这些风险因素与冰困概率和冰困后果之间的联系。本节在北极冰区船舶冰困风险因素识别的基础上,结合解释结构模型 (interpretive structural model, ISM) 和贝叶斯网络 (Bayesian network, BN),构建考虑各因素相关性的北极东北航道船舶冰困风险因素的耦合关联模型,基于卫星遥感数据和专家经验知识,揭示环境–人–船等因素与船舶冰困之间的量化关系,分析北极东北航道船舶冰困发生概率与后果严重性。

7.3.2.1 基于 ISM 的贝叶斯网络结构建立

解释结构模型是一种用于分析复杂系统结构的工具[31]。它能够通过定性分析来量化各要素间的关系，从而得到层次分明的结构模型，可以很好地解决数据缺少、关系模糊的问题，适用于北极水域船舶事故致因建模。根据各因素所在的层级以及因素间的相关性，建立北极冰区船舶冰困的解释结构模型，如图 7.6 所示。

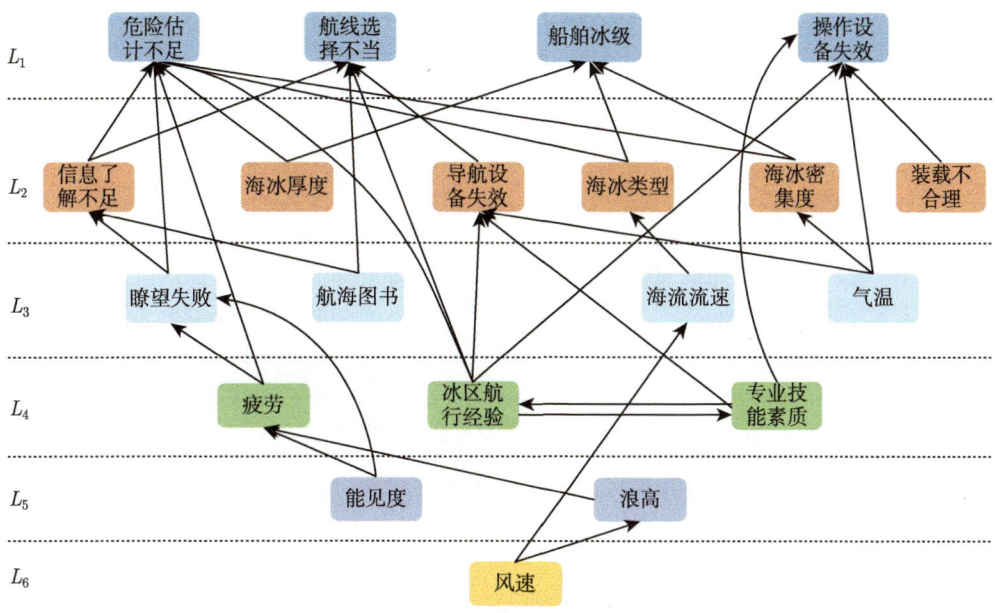

图 7.6 北极冰区船舶冰困风险因素的解释结构模型[4]

贝叶斯网络，又称为信度网络或因果概率网络，是一种结合概率论和图论进行不确定性知识表达和概率推理的有效工具。由于海上交通风险评估大多涉及数据缺失或认知不足等不确定性，贝叶斯网络作为一种强大的不确定性建模方法，在海上交通事故建模中得到了广泛的应用。

贝叶斯网络模型一般由网络拓扑结构 (包括网络节点和有向边) 以及对应的条件概表 (conditional probability table, CPT) 组成，是一个有向无环图。图 7.7 为一个典型的贝叶斯网络模型，节点代表了随机变量，可分为目标节点 (见图 7.7 中节点 C)、证据节点或根节点 (见图 7.7 中节点 A) 以及中间节点 (见图 7.7 中节点 B)，这些节点是确保网络结构完整性的必要条件，在贝叶斯网络分析中需要根据实际情况对这些节点进行离散化处理。有向边代表了变量之间的因果关系或相关性，若两节点存在因果关系 (或非条件独立)，则用有向边进行连接，有向边的箭头由父节点指向子节点；反之，若两节点间无任何有向边进行连接则表示变量条件独立。

由一条有向边连接的两节点间的连接强度用条件概率表示，表明了变量之间的影响程度。如图 7.7 中，节点 A 对节点 B 具有直接影响，则两者之间的连接强度可以用条件概率 $P(B|A)$ 表示。在实际应用过程中，条件概率一般可以基于统计数据或者专家经验知识获取。

对于给定的贝叶斯网络结构，当节点获得新的证据时，可以进行概率推断，这种推理过程也被称为概率传播或信念更新。其联合概率分布和条件概率分布满足以下关系式[28]：

$$P(X_1, X_2, \cdots, X_n) = \prod_{i=1}^{n} P(X_i | \text{parents}(X_i)) \tag{7.3.4}$$

$$P(X_i = x_i | X_j = x_j) = \frac{P(X_i = x_i)P(X_j = x_j | X_i = x_i)}{P(X_j = x_j)} \tag{7.3.5}$$

$$P(X_i = x_i, X_j = x_j) = P(X_i = x_i)P(X_j = x_j | X_i = x_i) \tag{7.3.6}$$

式中，$\{X_1, X_2, \cdots, X_n\}$ 为一组随机变量；$\mathrm{parents}(X_i)$ 为变量 X_i 的父节点集合。

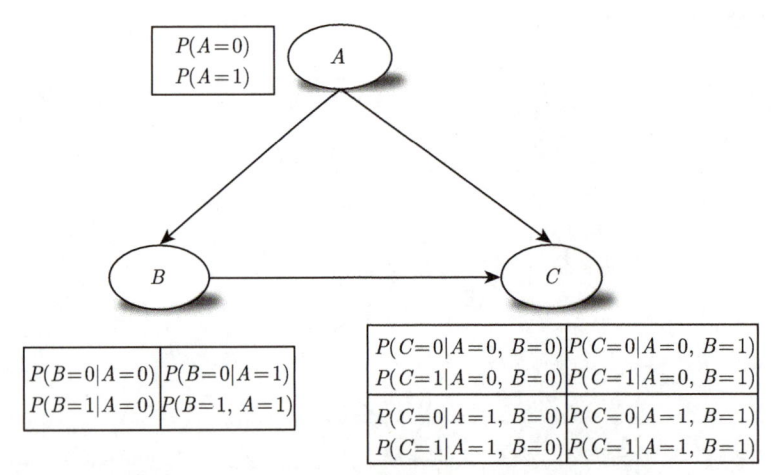

图 7.7 典型的贝叶斯网络模型

解释结构模型的有向图和贝叶斯网络的拓扑结构图类似，并且都由有向边来表示因素间的相关性，在建立原理上具有共性[32]。因此，可以将解释结构模型映射到贝叶斯网络模型中，从而在数据缺少和信息不完备的条件下建立可以清晰反映风险因素和船舶冰困之间耦合关系的贝叶斯网络模型，将基于 ISM 的初始层次结构模型进行优化调整进而转化为北极冰区船舶冰困风险因素的贝叶斯网络结构，如图 7.8 所示。

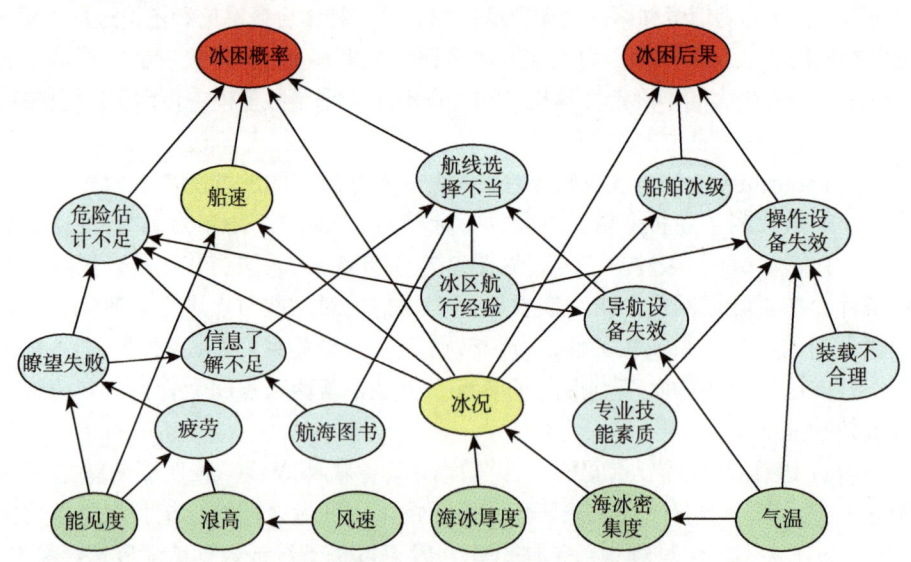

图 7.8 北极冰区船舶冰困风险因素的贝叶斯网络结构[4]

7.3.2.2 极地船舶冰困的贝叶斯网络分析

本节基于中国远洋海运集团有限公司 2018 年 "天佑" 轮北极东北航道航行线路[33]，结合海冰、风、浪、气温、能见度等通航环境的日变化卫星遥感监测数据和专家经验知识，采用模糊贝叶斯网络(fuzzy Bayesian network, FBN)开展船舶冰困动态风险评估研究。

2018年7月18日,"天佑"轮从中国大丰港出发,于29日进入楚科奇海,途经德朗海峡进入东西伯利亚海峡,然后走新西伯利亚群岛北侧航线进入拉普捷夫海,穿过维利基茨基海峡到达喀拉海,随后沿巴伦支海一直向西行驶,最后于8月13日从挪威海北角出东北航道。"天佑"轮在整个航行中主要遭遇两场严重冰情,分别在东西伯利亚海和维利基茨基海峡,提取该航线上共16个站点,分别记为0~15。

其中,0号和1号站点位于楚科奇海;2号~4号站点位于东西伯利亚海,"天佑"轮两次冰困事件均发生在该海域,分别位于3号站点和4号站点;5号和6号站点位于新西伯利亚群岛北侧;7号和8号站点位于拉普捷夫海;9号和10号站点位于维利基茨基海峡;11和12号站点位于喀拉海;13号至15号站点位于巴伦支海。各关键站点的具体经纬度如表7.7所示。

表 7.7 各关键站点经纬度值

站点	1	2	3	4	5	6	7
经度	170.74°W	179.94°E	172.32°E	159.63°E	155.72°E	150.72°E	140.87°E	127.05°E
纬度	66.9°N	69.37°N	70.19°N	71.75°N	73.91°N	75.77°N	76.67°N	76.33°N
站点	8	9	10	11	12	13	14	15
经度	115.07°E	107.63°E	99.60°E	78.87°E	74.65°E	59.68°E	41.43°E	25.55°E
纬度	76.50°N	77.67°N	77.50°N	77.50°N	77.54°N	76.03°N	74.63°N	72.30°N

在计算节点条件概率之前,还需要对所确定的网络节点进行离散化处理,确定每个节点变量的存在状态,通常按照实际情况划分为若干个能取得的值域。节点的离散化决定了贝叶斯网络模型的预测能力,对状态节点进行划分,具体如表7.8和表7.9所示。

表 7.8 环境因素变量和响应变量节点及其离散状态划分

序号	变量名称	状态1	状态2	状态3	状态4	状态5	参考文献
1	风速/(m/s)	<5.5	5.5~7.9	>7.9	—	—	[8], [29]
2	气温/℃	<0	≥0	—	—	—	[29]
3	能见度/m	低 (<500)	高 (≥500)	—	—	—	[29]
4	浪高/m	<0.5	0.5~1.25	>1.25	—	—	[8]
5	海冰密集度/%	<50	50~70	>70	—	—	[8]
6	海冰厚度/m	<0.5	≥0.5	—	—	—	[29]
7	冰困概率	不太可能	较小可能	偶然	可能	很有可能	[7]
8	冰困后果	可忽略	轻微	显著	严重	灾难性	[34]

表 7.9 人为因素变量和船舶因素变量节点及其离散状态划分

序号	变量名称	状态1	状态2	序号	变量名称	状态1	状态2
1	冰区航行经验	缺乏	丰富	8	船舶冰级	低	高
2	专业技能素质	较低	较高	9	操作设备失效	是	否
3	疲劳	是	否	10	装载不合理	是	否
4	航线错误	是	否	11	导航设备失效	是	否
5	信息了解不充分	是	否	12	航海图书	不精确	精确
6	瞭望失败	是	否	13	船速	低	高
7	危险估计不足	是	否	14	冰况	恶劣	良好

结合卫星遥感数据和专家经验知识,得到贝叶斯网络节点的先验概率分布以及条件概率

分布表，采用公式 (7.3.4)~(7.3.6) 推理得到北极东北航道船舶冰困贝叶斯网络模型中输入变量的后验概率值以及两个响应变量"冰困概率"和"冰困后果"各个状态的概率分布情况，以专家 C(具有极地水域船舶航行安全研究 15 年以上工作经验) 的判断结果为例进行计算说明，结果如图 7.9 所示。

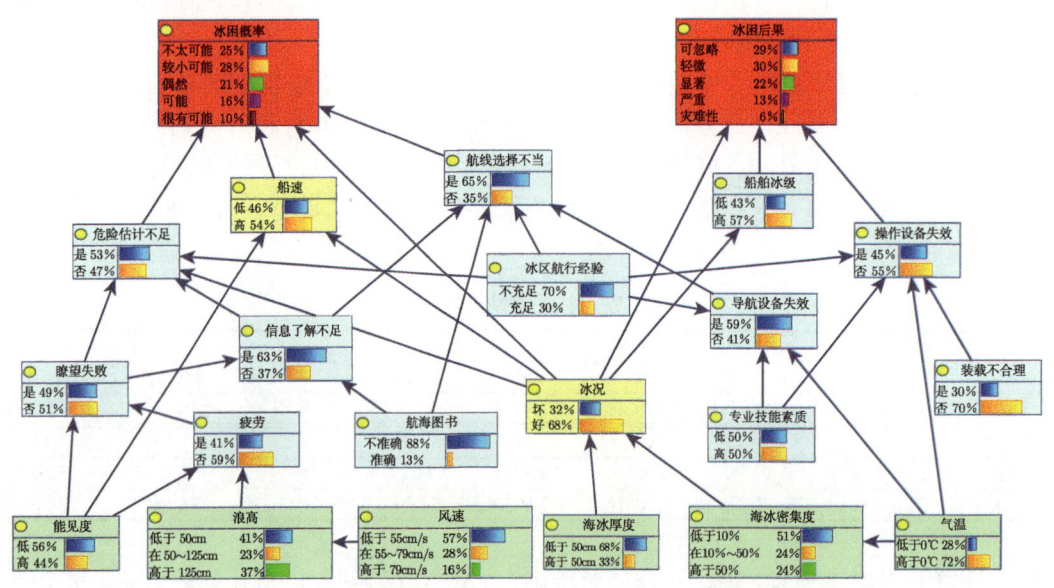

图 7.9　所研究航线上站点 3 处船舶冰困的贝叶斯网络模型[4]

由图 7.9 可以看到夏季通航期站点 3 处船舶发生冰困为"不太可能 (unlikely)"的概率为 25%，"较小可能 (remote)"的概率为 28%，"偶然 (occasional)"的概率为 21%，"可能 (probable)"的概率为 16%，"很有可能 (frequent)"的概率为 10%，船舶发生冰困的概率倾向于低可能性。根据贝叶斯网络模型计算的"冰困概率"这一响应变量各状态发生的概率以及各状态代表的发生频率 (见表 7.1)，可以得到 3 号站点处船舶每年发生冰困事故次数约为

$$0.25 \times 0.01 + 0.28 \times 0.11 + 0.21 \times 0.33 + 0.16 \times 1 + 0.10 \times 12 = 1.4626$$

根据俄罗斯北方海航道管理局统计，每年平均约有 40 航次穿越北极东北航道，故可以计算得到该站点处船舶冰困等效概率约为

$$1.4626/40 = 0.0366$$

针对事故后果，由图 7.9 可以看到该处船舶冰困后果严重性主要为"轻微 (minor)"，即船舶受困后船体可能发生轻微损伤，但不影响后续的航行活动，概率为 30%；其次为"可忽略 (negligible)"，即船舶受困后能够安全脱离危险，船舶未受损伤，概率为 29%；后果严重性为"显著 (major)"的概率为 22%；而"严重 (critical)"或"灾难性 (catastrophic)"后果发生可能性较小，概率分别为 13% 和 6%。根据贝叶斯网络模型计算的"冰困后果"这一响应变量各状态发生的概率以及各状态所代表的严重程度值 (见表 2.4)，可以计算得到 3 号站点处船舶冰困的等效后果为

$$0.29 \times 10^0 + 0.30 \times 10^1 + 0.22 \times 10^2 + 0.13 \times 10^3 + 0.06 \times 10^4 = 755.29$$

第 7 章　极地船舶的风险评估

计算得到的等效后果为 755.29，对应的后果严重性位于 "显著" 和 "严重" 之间，船舶受困后结构、设备等可能会遭受损坏，船舶无法继续正常航行。将 10 位专家的主观意见分别作为输入数据输入到贝叶斯网络模型中，采用公式 (7.3.4)~(7.3.6) 计算得到站点 3 处不同专家意见下船舶冰困概率与后果值，如图 7.10、图 7.11 所示。其中，柱状图表示各专家意见下 "冰困概率" 与 "冰困后果" 这两个响应变量各状态发生的概率分布情况，带数据标记的折线图代表基于贝叶斯网络推理结果结合表 7.1 和表 7.2 定义计算得到的船舶冰困等效概率和等效后果值。

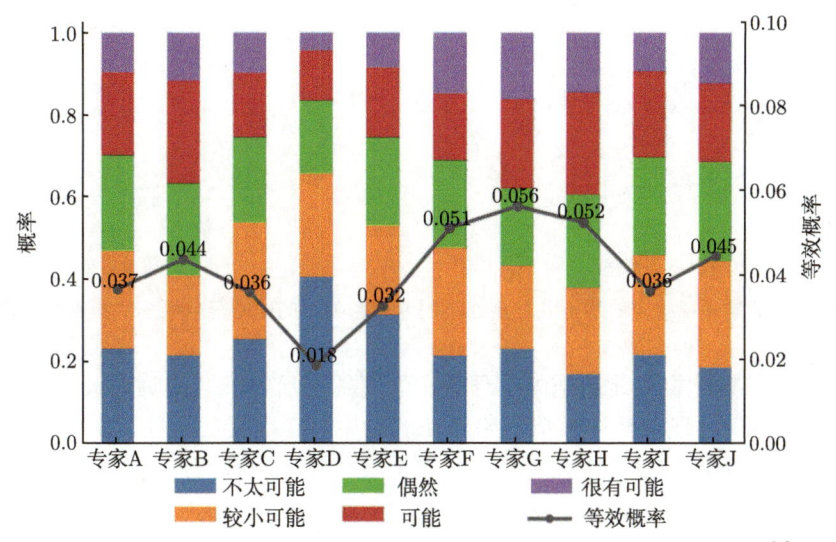

图 7.10　所研究航线上站点 3 处各专家意见下的冰困可能性分布情况 [4]

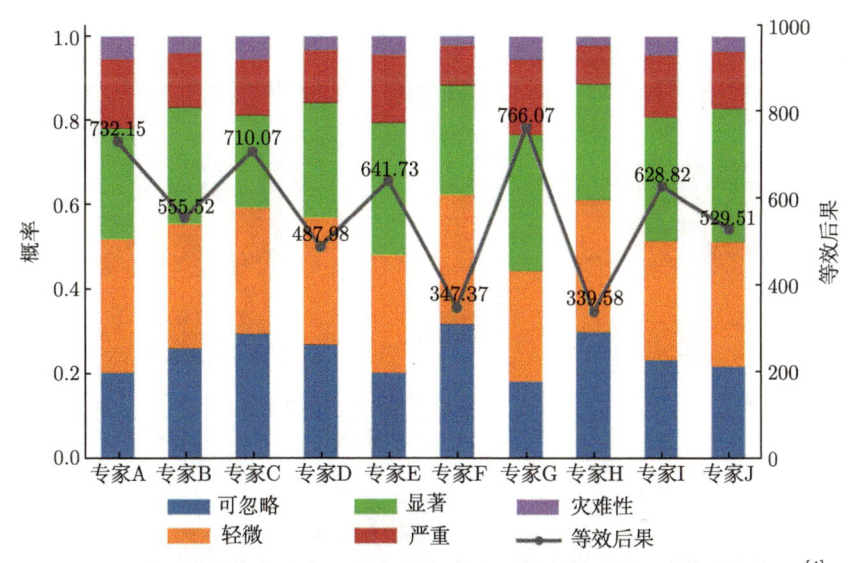

图 7.11　所研究航线上站点 3 处各专家意见下的冰困后果严重性分布情况 [4]

由图 7.10 和图 7.11 可以看出基于不同专家判断得出的结果虽有偏差但大体处于同水平状态，站点 3 处，船舶冰困等效概率值基本处于 10^{-2} 水平，船舶冰困等效后果值基本处于 10^2 水平。总体而言，计算结果符合北极冰区船舶事故低概率高后果的特点。

按照上述步骤将不同站点处的海冰密集度、海冰厚度、气温、浪高、风速、能见度等环境数据输入到贝叶斯网络模型中，计算得到北极东北航道不同站点处不同专家意见下的船舶冰困等效概率值和等效后果值，如图 7.12 所示。

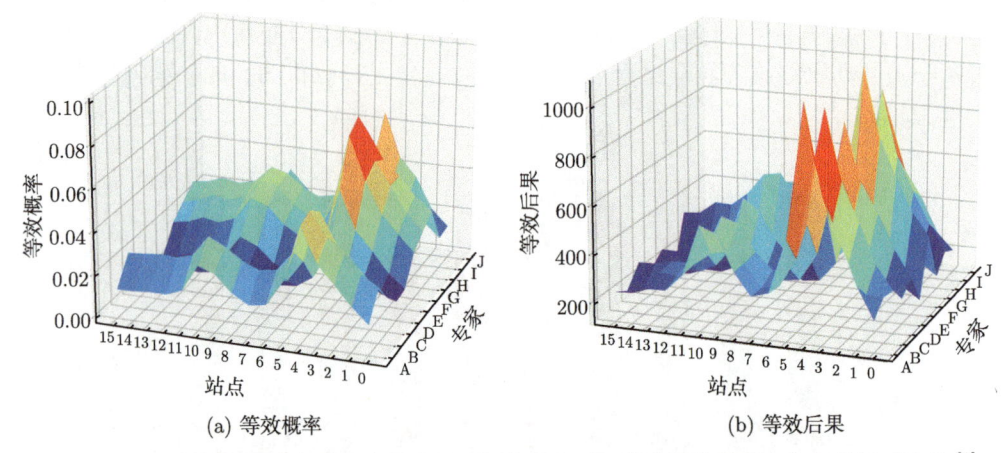

(a) 等效概率

(b) 等效后果

图 7.12 东北航道所研究航线上各站点处不同专家意见下的冰困等效概率值和等效后果值[4]

虽然夏季通航期北极东北航道外部环境因素对船舶航行安全影响是最小的，但 2018 年 7~10 月部分海域仍出现较严重冰情，船舶在航行中存在冰困的可能。由图 7.12 可以看出，所研究航线上船舶冰困等效概率和等效后果曲面图出现两处高峰区，站点 3、4 所在的东西伯利亚海发生冰困的可能性最高，船舶受困后也更容易产生严重后果；同时，站点 9、10 所处的维利基茨基海峡也是事故易发区。

7.3.2.3 模型验证与分析

通过对贝叶斯网络模型进行敏感性分析可以评估在给定一组证据的情况下各风险因素变量对目标变量的影响，如图 7.13 所示，以目标节点"冰困概率"为例，对模型中每个与之

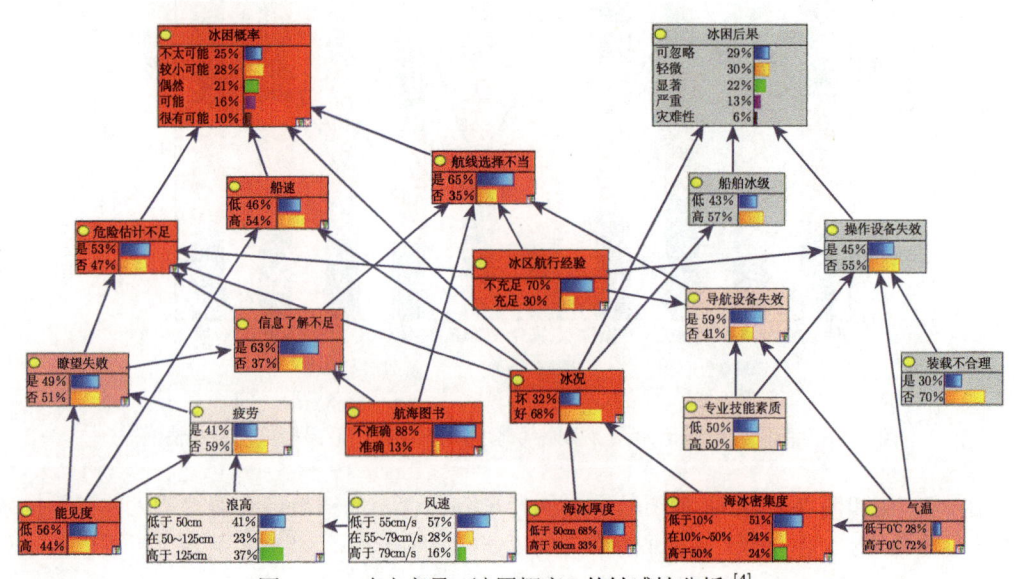

图 7.13 响应变量"冰困概率"的敏感性分析[4]

相关联变量的状态概率值按照一定比例进行调节，观察节点"冰困概率"各状态的概率变化情况。可以看出"冰区航行经验"、"航海图书"、"冰况"以及"海冰密集度"等节点具有较深的颜色，图中节点所代表的矩形颜色越深，说明敏感性值越大，表明这些因素对节点"冰困概率"更为敏感。

分别将目标节点设定为"冰困概率"和"冰困后果"，分析环境因素、人为因素以及船舶因素等对这两个响应变量的敏感性，结果如表 7.10、表 7.11 所示。由表 7.10 可见，"冰况"、"冰区航行经验"、"航海图书"、"海冰密集度"以及"危险估计不足"等对"冰困概率"的影响比较大，而"浪高"以及"风速"等变量对其的影响较小。从表 7.11 可以看出，"船舶冰级"、"冰况"以及"专业技能素质"对"冰困后果"具有较大影响。从上述分析可以看出船舶冰困发生的可能性与后果严重性分别受不同因素不同程度的影响，但两者对冰况条件均有较大的敏感性，基于重要风险影响因素针对事前、事中及事后不同过程采取相应风险降低措施，对事故风险防控决策具有重要意义。

表 7.10 节点"冰困概率"相关联变量敏感性指数最大绝对值排序

变量	冰况	冰区航行经验	航海图书	海冰密集度	危险估计不足	海冰厚度	能见度	船速	航线选择不当
敏感性值	0.132	0.127	0.108	0.094	0.087	0.072	0.069	0.068	0.066
排序	1	2	3	4	5	6	7	8	9
变量	信息了解不足	气温	瞭望失败	导航设备失效	专业技能素质	疲劳	浪高	风速	——
敏感性值	0.052	0.038	0.035	0.012	0.01	0.007	0.005	0.002	——
排序	10	11	12	13	14	15	16	17	——

表 7.11 节点"冰困后果"相关联变量敏感性指数最大绝对值排序

变量	船舶冰级	冰况	专业技能素质	气温	冰区航行经验	海冰密集度	操作设备失效	海冰厚度	装载不合理
敏感性值	0.189	0.137	0.109	0.108	0.106	0.102	0.095	0.085	0.071
排序	1	2	3	4	5	6	7	8	9

从模型计算结果来看，对图 7.12(a) 数据取平均可得到北极东北航道船舶冰困的平均概率约为 2.52%。Fu 等[29]和 Zhang 等[8]基于贝叶斯网络计算得出北极水域航行船舶发生冰困事故的可能性分别为 2%和 3%，本章计算得到的冰困概率结果与北极水域航行船舶冰困相关研究结果具有良好的一致性。此外，通过图 7.12 可以看出，船舶在东北航道不同海域发生冰困的可能性与后果严重性存在差异，东西伯利亚海域航行船舶更容易发生冰困且事故后果可能更加严重，这与 2018 年 "天佑" 轮实际航行情况基本符合。

7.4 小　　结

本章以极地船舶的风险评估为主题，介绍了风险评估的原理，针对北极东北航道船舶冰困这一典型事故场景，考虑到风险因素识别以及风险评估过程中面临的不确定性和相关性问题，采用不确定性建模方法，结合主客观数据，开展极地船舶冰困风险因素识别和极地船舶冰困概率与后果建模，阐明了船舶航行中环境、人、船等因素与船舶冰困风险间的耦合关系，实现了极地船舶冰困风险演化态势研究，为预防和减少北极冰区船舶冰困事故的发生提供理论支撑，为构建冰区船舶风险管理数据库、冰区船舶航线规划及极地多栖装备自主智能安全航行等研究提供依据。

参 考 文 献

[1] 张圣坤, 白勇, 唐文勇. 船舶与海洋工程风险评估 [M]. 北京: 国防工业出版社, 2003.
[2] 胡甚平. 海上交通系统风险蒙特卡洛仿真 [J]. 上海海事大学学报, 2011, 32(4): 7-11, 16.
[3] 周莹. 不确定性条件下北极东北航道船舶冰困风险评估研究 [D]. 哈尔滨: 哈尔滨工程大学, 2022.
[4] 李典庆, 唐文勇, 张圣坤. 海洋工程风险接受准则研究进展 [J]. 海洋工程, 2003, (2): 96-102.
[5] 陈小波, 吴欣, 董城. 基于 ALARP 的桥梁风险矩阵决策方法研究 [J]. 公路工程, 2014, 39(1): 63-65.
[6] 付姗姗. 面向通航环境的北极水域船舶冰困风险评价研究 [D]. 武汉: 武汉理工大学, 2016.
[7] Afenyo M, Khan F, Veitch B, et al. Arctic shipping accident scenario analysis using Bayesian Network approach[J]. Ocean Engineering, 2017, 133: 224-230.
[8] Zhang C, Zhang D, Zhang M Y, et al. An integrated risk assessment model for safe Arctic navigation[J]. Transportation Research Part A: Policy and Practice, 2020, 142: 101-114.
[9] 刘亮, 张培林. 长江干线水上交通安全预警模型研究 [J]. 船海工程, 2009, 38(5): 170-172.
[10] Liwang H. Survivability of an ocean patrol vessel—Analysis approach and uncertainty treatment[J]. Marine Structures, 2015, 43: 1-21.
[11] Ferson S, Ginzburg L R. Different methods are needed to propagate ignorance and variability[J]. Reliability Engineering & System Safety, 1996, 54(2): 133-144.
[12] Zhang G, Thai V V. Expert elicitation and Bayesian Network modeling for shipping accidents: A literature review[J]. Safety Science, 2016, 87: 53-62.
[13] Liu J, Yang J, Wang J, et al. Review of uncertainty reasoning approaches as guidance for maritime and offshore safety-based assessment[J]. Safety and Reliability, 2003, 23 (1): 63-80.
[14] Liwang H. Survivability of an ocean patrol vessel-Analysis approach and uncertainty treatment[J]. Marine Structures, 2015, 43: 1-21.
[15] Zadeh L. Review of book: a mathematical theory of evidence[J]. The AI Magazine, 1984, 5: 81-83.
[16] Saaty T L. The Analytic Hierarchy Process[M]. New York: McGraw Hill International, 1980.
[17] Chang D Y. Applications of the extent analysis method on fuzzy AHP[J]. European Journal of Operational Research, 1996, 95(3): 649-655.
[18] Gabus A, Fontela E. Perceptions of the World Problematique: Communication Procedure, Communicating with Those Bearing Collective Responsibility[M]. Geneva: Battelle Geneva Research Centre, 1973.
[19] 李振福, 闫力, 徐梦俏, 等. 北极航线通航环境评价 [J]. 计算机工程与应用, 2013, 49(1): 249-253.
[20] 刘萧, 傅恒星. 北极航区:"蜀道" 之险 [J]. 中国船检, 2013, (4): 70-73.
[21] 沈权. 从 "雪龙" 号救援俄罗斯船看极地航行风险及破冰船发展趋势 [J]. 航海, 2014, (2): 14-18.
[22] 叶行专, 倪宝玉. "天佑" 轮 2018 年首航北极冰区体会 [J]. 航海技术, 2019, (5): 4-7.
[23] 马先山. 船舶穿越白令海峡与冰区航行 [J]. 天津航海, 2003, (4): 5-8.
[24] 张炳成, 秦臻. 船舶在冰区航行被困的案例分析 [J]. 航海技术, 2007, (6): 7-9.
[25] 宜虎, 杨福弟. 航行中冰困的应对措施 [J]. 航海技术, 2014, (1): 23-24.
[26] 付姗姗. 不确定性条件下北极东北航道船舶冰困风险评估研究 [D]. 武汉: 武汉理工大学, 2016.
[27] 兰洋. 从中国商船首航北极东北航道谈冰区航行安全 [J]. 天津职业院校联合学报, 2015, 17(3): 80-83.
[28] Montewka J, Goerlandt F, Kujala P, et al. Towards probabilistic models for the prediction of a ship performance in dynamic ice[J]. Cold Regions Science and Technology, 2015, 112: 14-28.
[29] Fu S S, Zhang D, Montewka J, et al. Towards a probabilistic model for predicting ship besetting in ic in Arctic waters[J]. Reliability Engineering & System Safety, 2016, 155: 124-136.
[30] Zhang C, Zhang D, Zhang M Y, et al. An integrated risk assessment model for safe Arctic navigation[J]. Transportation Research Part A: Policy and Practice, 2020, 142: 101-114.
[31] 孙慧, 周颖, 范志清. 基于解释结构模型的公交客流量影响因素分析 [J]. 北京理工大学学报 (社会科学版), 2010, 12(1): 29-32.

[32] 杨逸潼. 基于贝叶斯网络的极区航运风险评估及决策系统研究 [D]. 哈尔滨: 哈尔滨工程大学, 2020.
[33] 叶行专, 倪宝玉. "天佑" 轮 2018 年首航北极冰区体会 [J]. 航海技术, 2019, 239(5): 4-7.
[34] Fu S S, Zhang D, Montewka J, et al. A quantitative approach for risk assessment of a ship stuck in ice in Arctic waters[J]. Safety Science, 2018, (107): 145-154.

第 8 章 气垫破冰船及其破冰原理

8.1 概 述

气垫船是一种基于地面效应原理，依靠大功率垫升风机将高压气流吹入柔性"围裙"内，在船底与支撑面之间产生高压气垫，使船体与支撑面分离进而降低船体阻力的高性能船舶[1,2]，凭借良好的通过性和独特的两栖性，可在浅水滩涂地带、冰雪地、沼泽地自由通行，近年来也开始应用于极地和冰区的科考作业与物资运送。国际船舶网在 2012 年报道，挪威曾租赁了一台英国研制的"Sabvabaa"号气垫船进行北极科学考察，见图 8.1，并到达了挪威的北极科考史上最北端的北极考察点；同时，使用气垫船开展科学考察比破冰船更加经济，据相关统计数据，气垫船的费用只有破冰船日运营成本的 1/10 左右，气垫船 5 个月的油耗只相当于破冰船一天的油耗。

图 8.1 在北极科考的"Sabvabaa"号气垫船[3]

除了经济性，气垫船还具备优越的两栖性能，更能适应极地的复杂冰况和地形条件。北极地区主要的油气资源大部分都位于浅水的大陆架附近[4]，相较于常规的破冰船由于吃水限制很难进入到这些水域，气垫船的运行状态不受水深限制，对北极资源勘探以及开发都有着极大的推动作用。

此外，加拿大最早在 1972 年发现气垫船具有一定的破冰能力，当时破开了 0.76m 厚的冰层[5]，经过多年的发展，21 世纪初，加拿大 Hike Metal 制造公司设计生产的 BHT 系列气垫船，已具备内河破冰功能，破冰厚度可达 0.6m[6]，如图 8.2 所示。目前，美国、加拿大、俄罗斯、芬兰等国已将气垫船应用于实际破冰工程作业中，取得了良好的破冰效果[10-13]。与常规的破冰方式相比，气垫船破冰具有独特的优势。一方面，气垫破冰船不受吃水限制，能在深水以及浅水中破冰，例如图 8.3 为加拿大海岸警卫队现役 CCGS Sipu-Muin 号气垫破冰船，它能在传统破冰船较难开展工作的圣劳伦斯河沿岸被冰雪覆盖的河流和海岸区域高效作业。另一方面，与以往的飞机投弹、炮击、人工爆破等破冰方法对比，气垫破冰船的破冰方式不会对内河河道造成较大的影响，能够最大限度地发挥它在内河的破冰能力。

图 8.2 加拿大 BHT 系列气垫船破冰[6]

图 8.3 加拿大海岸警卫队破冰船 CCGS Sipu-Muin[6]

气垫破冰船通常具有低速破冰和高速破冰两种模式，也称为静态破冰和动态破冰[14]。气垫破冰船低速破冰模式主要是依靠气垫压力将冰层下方的水排开，形成空气腔，使得冰层下表面不再受到水的支撑作用，然后作用在冰层上方的气垫压力可压碎冰层。气垫破冰船高速破冰模式是依靠气垫船在冰盖上高速运动激起冰层发生弹性变形，冰层的弹性变形与流体发生耦合作用产生波动，形成弯曲重力波，也称为水弹性波，通过弯曲重力波的作用使冰层发生破坏。气垫破冰船的破冰效果与破冰模式密切相关[15]，为此，本章将重点介绍气垫破冰船低速破冰以及高速破冰两种模式下的破冰原理，旨在为读者在气垫破冰船冰区航行方面提供更多的参考和启发。

8.2 气垫破冰船低速破冰原理

当气垫破冰船在冰水交界面低速航行时，气垫压力使冰层下方的水面下降，如图 8.4 所示，冰面下方会形成一定范围的气腔，气腔传播范围内的冰板会失去弹性支撑而可以被近似简化为悬臂梁模型。冰层在气垫压力、气腔压力及冰层自重共同作用下发生弯曲，当冰层的应力大于其许用应力时，冰层结构将会被破坏，这种破坏称为低速破冰模式。

气垫破冰船在开敞水域垫升后，船底部喷射的高压气流使得水面产生兴波。由于低速航行下兴波的传播速度大于气垫破冰船航速，所以在气垫破冰船未到达冰层时，兴波会先传播至冰层下方，在该过程中，一部分空气会被裹挟一起潜入冰层下方，进而形成冰下气腔。气垫破冰船低速破冰与冰下气腔传播过程密切相关，在气垫压力的作用下，气腔以一定的速度向前推进，导致气腔上方的冰层处于"悬臂梁状态"，同时气垫破冰船以一定的航速航行，冰层上下表面都会受到载荷作用。研究冰下气腔的产生及传播、冰面载荷分布及冰层动态破坏对揭示气垫破冰船低速破冰机理至关重要。

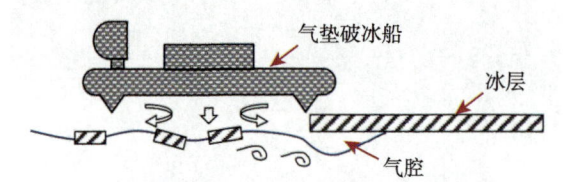

图 8.4 气垫破冰船低速破冰原理示意图 [16]

本节将首先介绍冰下气腔的形成与传播，包括气腔的形成条件以及气腔传播的理论模型；其次介绍关于低速破冰的一些理论公式；最后结合试验以及数值模拟的结果分析气垫破冰船低速破冰能力的影响因素。

8.2.1 冰下气腔的形成与传播

气垫船静止或低速航行时，可假设其下方的气垫压力为均匀分布[17]。此时气垫船下方会排开与气垫船等重量的水，气垫船的总重量可以视为由气垫压力承载。因此，气垫船下方的水面会出现凹陷，凹陷深度 d_h 可由下式计算：

$$d_h = \frac{p}{\rho_W g} \tag{8.2.1}$$

其中，p 为单位面积的气垫压力；ρ_W 为海水的密度；g 为重力加速度。

现假定有冰厚为 h_I，密度为 ρ_I 的冰层漂浮于水面上。假设 $\rho_I = 0.9\rho_W$，则水下浸没的冰层厚度为 $0.9h_I$。因此，凹陷深度与水下的冰层厚度会出现两种情况：当 $d_h > 0.9h_I$ 时，气垫船下方的冰层会形成一个空气腔，形成一个有利于破冰的悬臂梁状态；当 $d_h \leqslant 0.9h_I$ 时，冰层下方的空气腔不会扩散太远且气垫船下方的冰层还会有水的支撑，会严重影响气垫船的破冰能力[17]。为保证气垫船的低速破冰性能，通常需要满足 $d_h > 0.9h_I$。实际上，气垫船在实际工作过程中，水面在高压气体的作用下会产生兴波并向远处扩散，而这也是冰下气腔形成的一个原因。

冰下气腔形成后,在气垫压力的作用下会向前传播,这就属于重力流模型的研究范畴[18]。重力流是一种相当普遍的流动,可以用来描述两种不同密度的流体相遇后的运动情况。研究发现,水深相对于气腔高度较浅时,气腔的传播过程是不稳定的;但在深水和压力恒定时传播过程是稳定的[19],现基于重力流模型对气腔稳定传播速度进行推导。

稳定传播时,气腔前端会产生波浪,如图 8.5 所示,这正是重力流模型下气腔传播的特征,这一特征是基于理想流体模型得到的[20]。现假设气腔前缘点 O 是驻点,即水流速为 0 的点,沿图 8.5 虚线所在的流线应用伯努利方程,则前缘点 O 和上游水平面任意一点 A 的压力关系为

$$\frac{v_0^2}{2g} + \frac{P_0}{\rho_\mathrm{w} g} + z_0 = \frac{v_1^2}{2g} + \frac{P_1}{\rho_\mathrm{w} g} + z_1 \tag{8.2.2}$$

其中,P_0 为驻点 O 处的压力;P_1 为上游水平面任意一点 A 处的压力,气腔自由表面为压力等值面,即 $P_0 = P_1$;v_0 为气腔前缘点 O 处流速,v_1 为 A 点流速,也视作气腔稳定传播速度;z_0 为点 O 距离壁面的高度,如图 8.5 所示,那么 A 点处的 z_1 为 $-h$。将已知条件代入公式 (8.2.2),易得

$$v_1 = \sqrt{2gh} \tag{8.2.3}$$

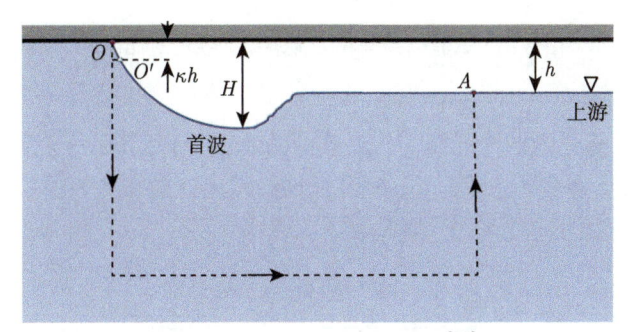

图 8.5 气腔稳定传播模型[18]

在本问题中应用重力流模型时,由公式 (8.2.3) 可知气腔传播速度的无量纲系数为 $\sqrt{2}$。对于该无量纲系数的定义,考虑两种流体密度的影响,Benjamin[18] 基于 Keulegan[21] 提供的有关重力流的一系列试验测量数据,给出了无量纲化系数的公式,

$$v_1^* = \frac{v_1}{\sqrt{\hat{g}h}} = \frac{v_1}{\sqrt{\dfrac{\Delta\rho}{\rho_\mathrm{w}}gh}} \tag{8.2.4}$$

在本问题中,$v_1^* = \sqrt{2}$,$\Delta\rho = \rho_\mathrm{w} - \rho_\mathrm{a}$,$\rho_\mathrm{a}$ 为空气密度,因此 $\dfrac{\Delta\rho}{\rho_\mathrm{w}} \approx 1$;而相关的试验研究[21] 得到的 v_1^* 与理论值 $\sqrt{2}$ 相比总是有一定差距[18],这表明首波前缘点并非驻点,因此假设驻点 O' 位于距离冰层 κh 处,如图 8.5 所示,由上述推导可得

$$v_1^* = \sqrt{2(1-\kappa)} \tag{8.2.5}$$

所以,气腔传播速度可表示为

$$v_1 = \sqrt{2gh(1-\kappa)} \tag{8.2.6}$$

文献 [18] 中的系列试验测量结果最终给出 κ 为一常数,取 0.35。Middletion[22] 的两个系列试验的结果也证实了这一点。文献 [19] 进行了若干组冰下气腔传播的试验来验证气腔

传播速度与上游气腔高度之间的关系，对比结果如图 8.6 所示。可以看到代表若干工况的试验数据点均落在了理论曲线 ($\kappa = 0.35$) 附近，试验结果与理论公式对比较好，进一步证明了利用重力流理论来描述冰下气腔传播的合理性。此外，气腔前端在传播过程中会产生首波凹陷和首波破碎现象，相应的理论推导可参考文献 [19] 的 3.4 节所述，本节不再给出。

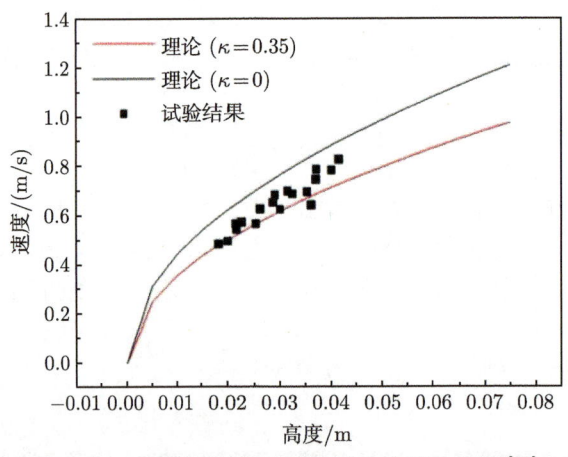

图 8.6 试验结果与重力流理论曲线的对比图 [19]

冰下气腔传播过程分为四个阶段 [16]，分别为水面下降阶段、气腔产生阶段、稳定传播阶段和气腔闭合阶段。下面以文献 [16] 中验证过的结果，如图 8.7 所展示的每一阶段不同时刻下的气腔传播情况为例，对这四个阶段进行分析。

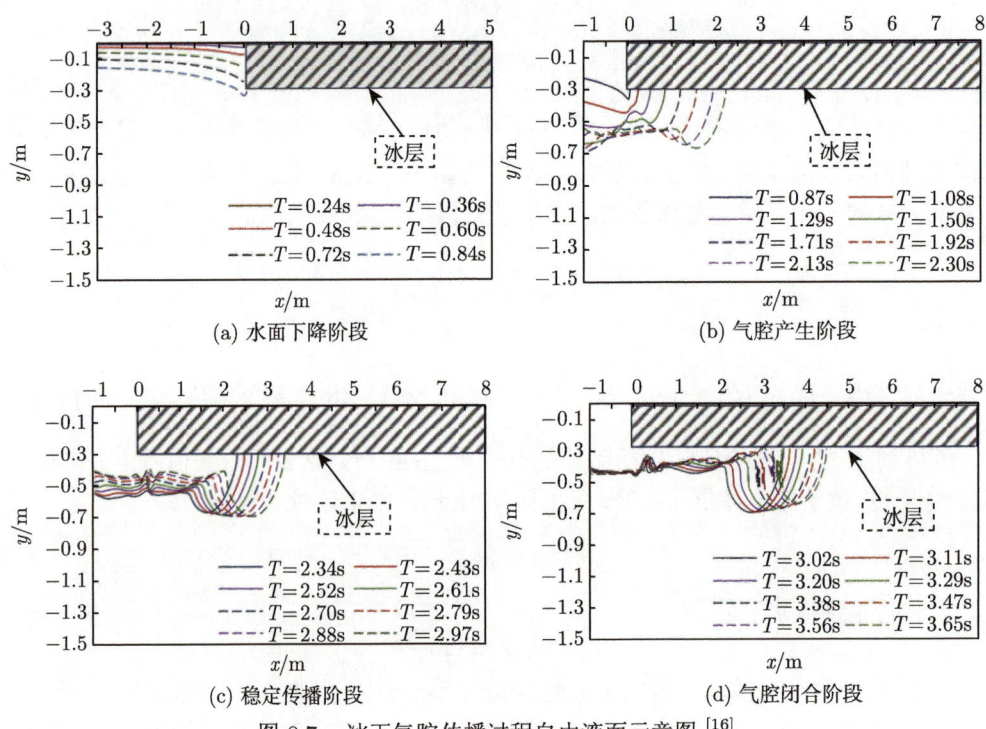

(a) 水面下降阶段

(b) 气腔产生阶段

(c) 稳定传播阶段

(d) 气腔闭合阶段

图 8.7 冰下气腔传播过程自由液面示意图 [16]

8.2.1.1 水面下降阶段

如图 8.7(a) 所示，该阶段水面在气垫压力的作用下发生凹陷，且靠近冰层处水面下降更快。当水面下降至与冰层底部平齐时，冰层下缘将开始压入高压气体，标志着该阶段的结束。显然，此阶段并没有出现气腔。

8.2.1.2 气腔产生阶段

如图 8.7(b) 所示，气腔刚形成时，前端首波高度与上游气腔高度几乎相等，随着气体的逐渐进入，气腔高度逐渐增加，且首波高度增加幅度大于上游高度增加幅度，这是因为首波的压力大于上游压力，首波部分为整个气腔中压力最大的位置，首波处的能量损失保证了气腔持续地向前运动。首波高度增加至最大值，标志着气腔传播进入了稳定传播阶段。

8.2.1.3 稳定传播阶段

如图 8.7(c) 所示，该阶段前端首波高度与上游气腔高度变化很小，几乎不随时间的增加而发生变化。在该阶段中，气腔向前稳定传播会不断消耗多余的能量，在此过程中还会伴随着首波的破碎，因此气腔所具有的能量会逐渐不足以维持最大的首波高度，当首波高度开始减小时，就意味着稳定传播阶段的结束。实际上该阶段的持续时间很短，上述对于气腔传播速度的理论推导也是在该阶段的前提下进行的。

8.2.1.4 气腔闭合阶段

如图 8.7(d) 所示，该阶段气腔出现了剧烈破碎的现象，随着能量的耗散，首波高度不断减小直至逐渐消失，与此同时上游高度也在持续减小，最终气腔完全闭合。

上述利用数值模拟方法得到的气腔传播阶段划分和每一阶段自由液面的示意图可以在文献 [19] 中得到验证。文献 [19] 基于水槽试验观察到了一定流量下的气腔稳定传播形态，并且在试验中同样存在上述气腔传播的四个阶段，如图 8.8 所示；捕捉试验中若干时刻下的气腔自由液面，如图 8.9 所示，不同阶段下的自由液面结果与图 8.7 所示的数值结果比较接近，并且也基本符合上述对于每一阶段的分析，进一步说明了该理论的合理性。

冰下气腔的形成与传播和气垫船低速破冰效果密切相关。当气垫压力越大，航速越接近阻力峰航速时，冰面下形成的气腔面积就越大，悬臂梁效果越明显，破冰能力就越强。此外，当水下兴波进入冰层下方一定距离后会形成反射波，与新形成的兴波耦合产生气腔周期性波动。当波动频率接近冰层固有频率时，还可能会引发冰层共振，产生破坏。

图 8.8　水槽试验中气腔传播形态[19]

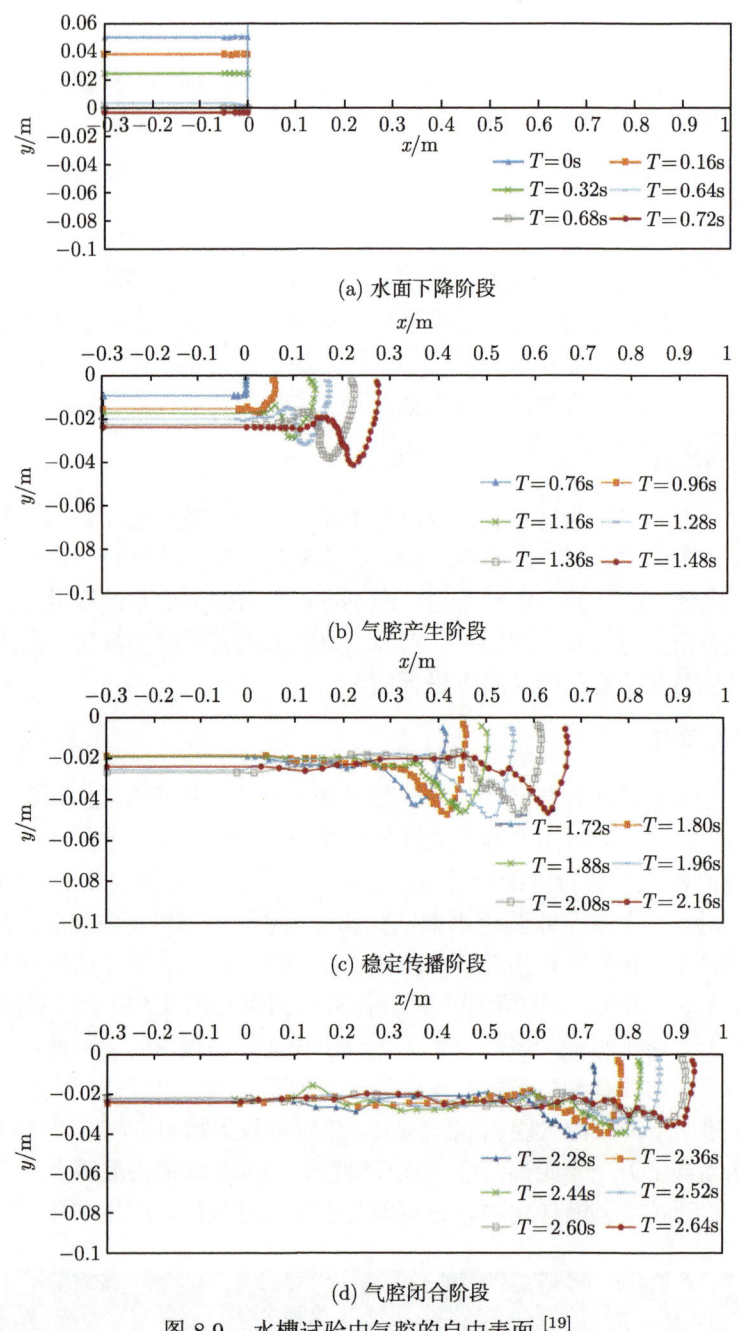

(a) 水面下降阶段

(b) 气腔产生阶段

(c) 稳定传播阶段

(d) 气腔闭合阶段

图 8.9 水槽试验中气腔的自由表面 [19]

8.2.2 气垫破冰船低速破冰能力评估

本节将简要介绍气垫破冰船低速破冰的理论公式，提供 20 世纪 70 年代至今公开发表过的气垫破冰船低速破冰实船试验数据与文献 [16] 中数值计算结果，比对分析三种方法不同气垫压力下不同厚度冰层的破坏结果。

气垫破冰船的气垫压力是影响其破冰能力的重要因素。以一定速度匀速行驶的气垫破冰船破坏厚度为 h_I 的冰层，需要的气垫压力应不小于由下式所确定的值 [23]：

$$P_{\mathrm{h}} = \frac{K_{\mathrm{P}} h_{\mathrm{I}}^2}{l_{\mathrm{c}}^2} \left[1 + \frac{l_{\mathrm{c}}^2}{S_{\mathrm{h}} K_{\mathrm{h}} (L/B)} \right] \tag{8.2.7}$$

其中，P_{h} 为气垫压力，单位为 kPa；$K_{\mathrm{P}} = 1200$，为冰层破坏的比能 [24]，单位为 kPa；h_{I} 为破冰厚度，单位为 m；S_{h} 为气垫破冰船的气垫面积，单位为 m²；K_{h} 为气垫伸长率影响系数，通过牛顿插值法计算 K_{h} 的公式为 [19]

$$K_{\mathrm{h}} = 6.25 \left(\frac{L}{B} \right)^2 - 12.25 \frac{L}{B} + 6.8 \tag{8.2.8}$$

L/B 为气垫破冰船长宽比；l_{c} 为冰层弯曲破坏时的特征长度，是弹性基底参数 α_{e} 的倒数 [25]，具体形式参见第 5 章公式 (5.2.21)。

现从气垫压力和冰厚两个方面来评估气垫破冰船低速破冰能力，选取文献 [16] 的部分数值模拟结果来分析这两种因素的影响。首先是对于气垫压力的分析，控制其他参数不变，只改变气垫压力，图 8.10 展示了两组不同气垫压力下的气腔稳定传播时的自由液面情况，可以看到在同一时刻较大的气垫压力所形成的气腔传播距离更远，首波高度也更大，因此破冰效果更好，这说明气垫压力的增加对于气腔的形成与传播起到了促进作用，气垫压力越大，气垫破冰船的破冰能力越强。

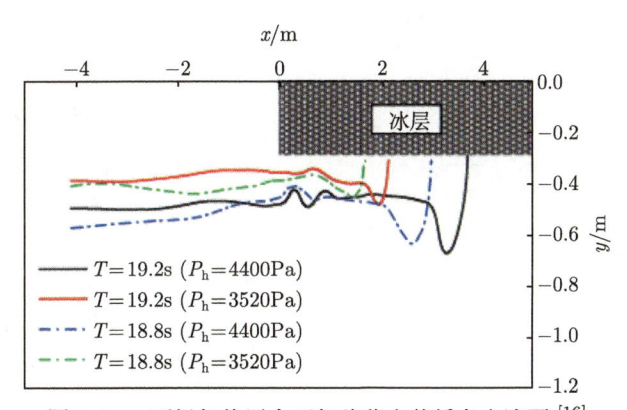

图 8.10 两组气垫压力下气腔稳定传播自由液面 [16]

其次分析冰厚对于气垫破冰船低速破冰能力的影响。仍然保持其他参数不变，选取两组不同的冰厚，同样分析所产生气腔稳定传播时的自由液面情况，不同冰厚条件下的对比如图 8.11 所示。可以看到，在冰厚为 0.3m 时，冰下气腔在 $T = 18.8$s 时就基本达到了稳定传播状态，而当冰厚增加到 0.4m 时，在 $T=19.6$s 时冰下气腔才接近稳定传播状态，这说明较小的冰厚可以使得冰下气腔传播的距离更远；并且，在冰厚为 0.3m 时，稳定传播的气腔首波高度明显大于上游气腔高度，而在冰厚为 0.4m 时，二者基本持平，此外，通过右侧的纵坐标轴可以比较出当冰厚较小时，冰下气腔稳定传播时的首波波高较大，进一步说明了当冰厚较小时，气垫破冰船的低速破冰能力更强。

为进一步分析各参数对于气垫破冰船低速破冰能力的影响，选取若干实船试验结果进行进一步分析，并与上述的理论和数值结果进行对比验证。各国多种型号气垫破冰船低速破冰实船试验结果由文献 [16] 所搜集罗列，如表 8.1 所示。

(a) 冰厚为0.3m 时的自由液面   (b) 冰厚为0.4m 时的自由液面

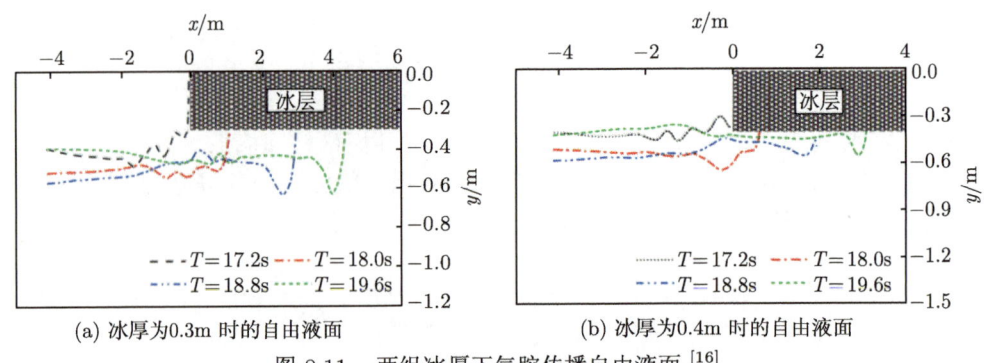

图 8.11 两组冰厚下气腔传播自由液面 [16]

表 8.1 气垫破冰船实船试验结果 [16]

序号	气垫破冰船型号	船长×船宽/(m×m)	自重/t	气垫压力/kPa	冰厚/m	备注
1	Iceator-I	22.9×17.4	306	7.00	0.80	破坏
2	ACIB	17.2×22.6	255	8.30	0.84	破坏
3	H-302	21.0×21.0	472	10.60	1.00	破坏
4	H-533	21.0×21.0	472	10.60	1.00	破坏
5	VIBAC	24.0×18.3	300	7.00	0.80	破坏
6	VIBAC	24.0×18.3	300	7.00	1.00	破坏
7	VP-1	18.5×8.5	72	5.40	0.35	破坏
8	River Gurdian	13.7×16.8	190	9.00	0.51	破坏
9	102LP	13.6×20.0	222	9.00	0.80	破坏
10	105LP	16.6×16.6	164	7.80	0.60	破坏
11	106LP	16.4×14.4	97	5.00	0.40	破坏
12	107LP	16.0×20.0	290	11.00	1.00	破坏
13	113P	17.0×13.5	130	6.90	0.50	破坏
14	LPVP-00702	8.74×8.74	30	3.80	0.30	破坏
15	ACT-100	22.9×17.4	263	6.89	0.69	破坏
16	ACT-100	22.9×17.4	192	4.98	0.51	未破坏
17	ACT-100	22.9×17.4	238	6.22	0.51	破坏
18	H-119	13.4×6.0	17	4.06	0.23	破坏
19	H-119	13.4×6.0	14	2.64	0.23	破坏
20	VOYAGEUR	19.8×10.4	41	2.49	0.23	破坏
21	HJ-15	12.2×5.5	17	2.91	0.25	破坏
22	LY-102	—	320	8.00	0.80	破坏
23	LY-107	—	400	9.00	0.90	破坏
24	LACV-30	23.2×5.5	57	3.45	0.50	破坏
25	WLR-311	—	210	8.96	0.90	破坏
26	ACIB	17.2×22.6	270	10.00	0.91	破坏
27	ACT-100	22.9×17.4	276	7.62	0.68	破坏
28	AP1-88	—	41	3.00	0.30	破坏

将表 8.1 中的试验结果、文献 [16] 的数值模拟结果和由公式 (8.2.7) 计算得出的气垫破冰船气垫压力与冰厚之间的关系曲线统计于图 8.12 所示。

实船试验结果中不同气垫压力下的冰层破坏结果与文献 [16] 的数值模拟结果均分布在理论计算公式附近，整体上，无论是理论公式、实船试验还是数值模拟，气垫破冰船的破冰厚度都随气垫压力的增加而增加。图中仍可发现，相当一部分的破冰结果在理论公式曲线的下方，根据公式 (8.2.7)，在此气垫压力下气垫破冰船无法实现破冰，这是因为实际的海冰杨氏模量在 0.3~10.4GPa，文献 [16] 的数值模拟计算中选取 3.0GPa 作为杨氏模量，与国外实船试验的冰杨氏模量相比较小，图 8.13 显示了不同冰层杨氏模量下的理论公式曲线，可见，随着冰层杨氏模量的增加，破坏某一冰厚的最小气垫压力也随之减小，有利于气垫破冰船进行低速破冰。

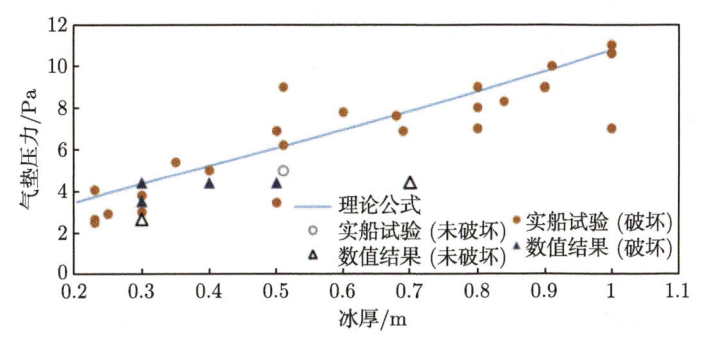

图 8.12　气垫破冰船低速破冰理论值–实船试验结果–数值模拟结果对比图 [16]

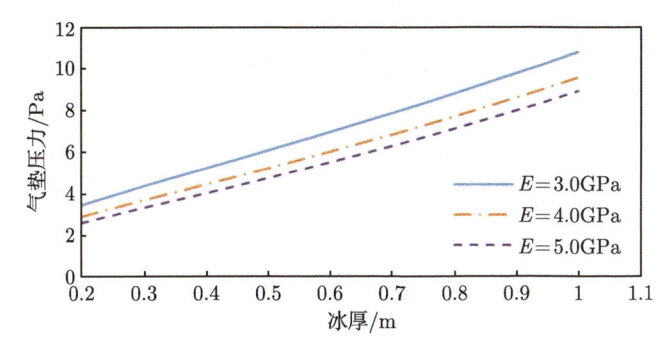

图 8.13　不同冰层杨氏模量下的气垫破冰船低速破冰理论公式曲线 [16]

8.3　气垫破冰船高速破冰原理

当气垫破冰船通过垫升系统在冰水交界面高速航行时，由于能量传播的关系，冰层会发生波动 (图 8.14)，冰层从准静态的变形向波动变形转变，冰层–水层系统会以冰面兴波的形式把气垫破冰船传给冰层–水层系统的能量传播出去。当能量传播的速度与气垫破冰船运动的速度相等时，冰层–水层系统的能量由于不能从气垫破冰船下方辐射出去而不断积累，以致冰层波动变形的振幅不断增大，最终导致冰层内部的拉压应力超过冰层的屈服极限而发生断裂破坏，这种破冰模式称为高速破冰模式。

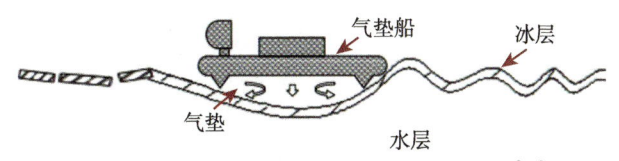

图 8.14　气垫破冰船高速破冰原理示意图 [16]

在高速模式下，气垫破冰船兴波破冰通常能使冰层破裂为较大的冰块，破冰效率高于低速模式。但是，高速破冰模式要求气垫破冰船具有较高航速，而气垫破冰船冰区航行阻力较低，在遇到突发险情时易发生碰撞或侧翻，因此对航道条件及气垫破冰船操纵性能要求较高。

由于冰材料的复杂性，冰层兴波固有频率以及兴波速度目前难以快速获得，因此气垫破冰船在临界速度下破冰作业应用范围较窄。此外高速破冰对于冰面的平整度有一定要求，否则很难达到所需的航速，为此气垫破冰船高速破冰通常用于内河等具有大面积平整冰层的破冰作业中。

气垫破冰船激起的冰面兴波响应是研究气垫破冰船破冰机理的关键，许多学者通过解析方法、数值计算以及模型试验对不同载荷激起的冰面兴波响应及波阻进行过许多研究，本节首先介绍气垫破冰船在冰盖上高速运动的兴波特点及相应的临界速度，再从不同航速和水深的角度分析航速和水深对气垫破冰船高速破冰能力的影响，以期增加读者对气垫破冰船/平台高速破冰模式的认识与了解。

8.3.1 兴波特点及临界速度

气垫破冰船在冰面上的高速滑行是一种典型的移动载荷，气垫破冰船高速动态破冰的机理可认为是移动载荷激励冰层引起的聚能共振增幅效应。本节主要从理论推导的角度介绍气垫船作为冰盖上的移动载荷做匀速运动时的兴波特点及其临界速度。

设 xOy 平面与冰盖下表面重合，z 轴竖直向上，水深为 H，移动载荷在冰盖上以速度 U_0 做匀速直线运动。假设流体无黏且不可压缩，流动无旋，则可以选用势流理论对流体进行求解。流体速度势函数 $\gamma(x,y,z,t)$ 满足的控制方程和线性边界条件为

$$\frac{\partial^2 \gamma}{\partial x^2} + \frac{\partial^2 \gamma}{\partial y^2} + \frac{\partial^2 \gamma}{\partial z^2} = 0 \quad (\text{流场中}) \tag{8.3.1}$$

$$\frac{\partial \gamma}{\partial z} = \frac{\partial \eta_\mathrm{I}}{\partial t}, \quad z=0 \tag{8.3.2}$$

$$p(x,y,0) = -\rho_\mathrm{W} g \eta_\mathrm{I} - \rho_\mathrm{W} \frac{\partial \gamma}{\partial t}, \quad z=0 \tag{8.3.3}$$

$$\frac{\partial \varphi}{\partial z} = 0 \quad (\text{海底面}) \tag{8.3.4}$$

$$\gamma \to 0, \eta_\mathrm{I} \to 0 \quad (|x| \to \infty, |y| \to \infty) \tag{8.3.5}$$

冰盖选择弹性薄板模型，冰盖的运动控制方程为

$$D_\mathrm{f} \nabla^4 \eta_\mathrm{I} + \rho_\mathrm{I} h \frac{\partial^2 \eta_\mathrm{I}}{\partial t^2} = p(x,y,0) - f(x,y,0) \tag{8.3.6}$$

式中，冰面遭受的载荷除了流体力 $p(x,y,0)$ 之外，还有气垫移动载荷 $f(x,y,0)$。

关于问题 (8.3.1)~(8.3.6) 的具体理论求解方法在本节不做详细介绍，具体可以参照文献 [26—28]。冰盖在移动载荷的作用下会兴起弯曲重力波，其色散关系为

$$\omega^2 = \frac{D_\mathrm{f} k^5 + \rho_\mathrm{W} g k}{\rho_\mathrm{I} h k + \rho_\mathrm{W} \coth(kH)} \tag{8.3.7}$$

相速度 c 满足 $c = \omega/k$，有

$$c^2 = \frac{D_\mathrm{f} k^3 + \rho_\mathrm{W} g/k}{\rho_\mathrm{I} h k + \rho_\mathrm{W} \coth(kH)} \tag{8.3.8}$$

群速度 c_g 为

$$c_\mathrm{g} = \frac{\mathrm{d}\omega}{\mathrm{d}k} = c + k\frac{\mathrm{d}c}{\mathrm{d}k} \tag{8.3.9}$$

第 8 章 气垫破冰船及其破冰原理

以文献 [29] 给出的南极洲海冰的实际测量值作为计算参数，可画出相速度和群速度曲线，见图 8.15。根据图 8.15 以及公式 (8.3.9)，可以知道相速度的最小值与群速度相等。相速度的最小值通常被称为临界速度 c_{cri}，在此速度下的冰盖兴波响应中，弹性力和重力对兴波的影响相当，冰盖兴波也表现出混合特性；对于比此波数更大的波，冰盖兴波以较短的弯曲波为主，即弹性力为主导的波，而对于比此波数更小的波，冰盖兴波以较长的重力波为主，即重力为主导的波。当波数 $k \to 0$ 时，相速度与群速度也会相等，其波速等于浅水波的波速 $\sqrt{gH}$，通常称为第二临界速度或浅水临界速度。

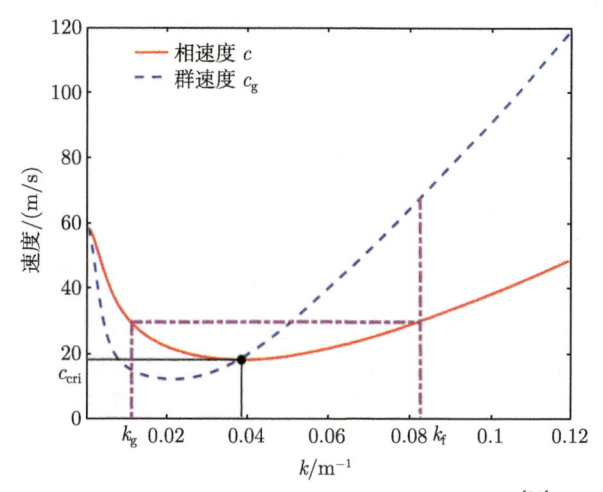

图 8.15 相速度与群速度随波数的变化曲线 [30]

对于在冰盖上运动的气垫载荷，其移动速度等于弯曲重力波的传播速度，即气垫载荷移动速度等于相速度。从图 8.15 给出的速度曲线变化规律，根据临界速度 c_{cri} 的大小将载荷运动速度分为三种情况。

(1) $U_0 < c_{\text{cri}}$，此速度范围通常被称为亚临界速度区域；此时速度的纵坐标与图 8.15 中的相速度曲线没有交点，表明气垫载荷在冰盖上运动不会激起弯曲重力波，冰盖只在载荷附近发生稳定的局部变形，可视作低速破冰区。

(2) $U_0 = c_{\text{cri}}$，此速度被称为临界速度点，即气垫载荷移动速度等于冰盖兴波的临界速度；此时速度的纵坐标与相速度曲线正好有一个交点，在此交点处还满足 $c = c_g$。此时由气垫移动载荷产生的能量向外传播的速度等于载荷的移动速度，若冰盖中不会或少量发生能量耗散，则能量会在气垫载荷下方随着运动时间的延长而不断积累，导致冰盖的变形不断增大，产生聚能共振增幅效应，导致冰层内应力不断增加，当其超过极限应力时，冰层将发生破裂。冰盖在临界速度下最容易破碎。

当气垫船以临界航速航行时，气垫船始终位于船首波峰后方，对原来所兴起的船波起持续的推波作用，不断补充波动的能量。相应地，船首波的峰值位移持续增大；船尾波的谷值位移增大后基本维持不变。冰层上表面波峰处的最大主应力持续增加；冰层底面波谷处最大主应力增加后略有减小，但总体上变化不大。因此，当气垫船以临界航速持续推波达到一定程度时，冰面上兴起峰值较大的船波，当冰层最大主应力达到冰层抗拉强度极限时，冰层出现裂缝并扩展，从而实现气垫船破冰。

(3) $U_0 > c_{\text{cri}}$，此速度范围被称为超临界速度区域；此时速度的纵坐标与相速度曲线开始会有两个交点,分别对应了两个不同波长的波;对于短波 (大波数 k_f),从图 8.15 中我们可以看到此时短波的能量传播速度即群速度大于相速度,这表示弯曲波占主要成分的短波会在载荷前方传播;而对于长波 (小波数 k_g),其能量传播速度即群速度小于相速度,所以重力波占主要成分的长波会在气垫载荷后方传播。

随着载荷移动速度增加到浅水波的波速 $\sqrt{gH}$,此时与相速度曲线也对应两个交点,其中一个交点发生在 $k \to 0$ 时,且 $c = c_g$,这表明气垫载荷附近的长波会发生能量累积现象,但此时能量累积的速度要较临界速度慢,因为此速度下有一部分能量由气垫载荷前方的短波 (主要成分为弯曲波) 传播出去了。

当载荷速度进一步增加至大于 $\sqrt{gH}$ 时,速度的纵坐标与相速度曲线只有一个交点,且发生在波数较大时,也就是说,此时只有波长较短的弯曲波在载荷前方传播,而载荷后方波长较长的重力波被抑制了。此外,在超临界航速下,气垫船逐渐追赶并超越船首的波峰,对之前所兴起的船波起相反的压制作用。气垫船将船首波峰劈分成两半,使原来位于船身附近的船波向两侧分散,气垫船不能持续对所兴起的船波补充能量,难以兴起峰值较大的船波,不利于气垫船破冰。

气垫载荷在冰盖上以临界速度做匀速运动引起的响应将会非常剧烈,会导致冰盖的承载能力迅速下降,甚至直接发生破坏。临界速度受水深变化的影响比较明显,临界速度随着水深的增加逐渐增加,当水深超过一定值时,临界速度保持不变,近似为深水情况,此时不同冰厚分别对应不同的临界速度;但是当水深较小时,不同冰厚下的临界速度变化不明显,具体分析可见文献 [8]。

8.3.2 气垫破冰船高速破冰能力影响因素分析

本节主要根据文献 [31] 的内容,简要介绍航速、水深参数、喷口 (气垫) 高度及喷口 (气垫) 压力幅值四个因素对气垫破冰船高速破冰能力的影响,有关气垫破冰船高速破冰厚度与气垫破冰船参数之间的关系的深入研究可参见文献 [32]。文献 [31] 建立了原型试验和模型试验之间的相似关系,但是在模型试验过程中,无法找到力学性能完全相似的模型冰,难以实现完全相似的模型试验条件,因此采用了聚氨酯 (polyurethane, PU) 薄膜材料代替模型冰。关于模型试验相似关系的建立可参见文献 [31],本节仅介绍模型试验的测量系统及相关结果与分析。

模型试验在拖曳水槽中进行,水槽试验段长 11m,宽 0.6m,水深 0~0.6m 可变。气垫载荷由鼓风机形成并随拖车一起运动,为避免拖车运动引起水槽振动影响测量精度,将拖车安装在水槽外侧并固定于坚实地基的导轨上,拖车运行速度通过变频调速器控制。

移动气垫载荷引起 PU 薄膜变形的位移测量系统主要包括:水槽拖曳及控制系统、移动气垫载荷定位系统、位移信号数据采集系统等。非接触式激光位移传感器是位移测量系统的核心。在激光位移传感器测点附近的水槽外侧,沿拖车运动方向安装有测速光电管和定位触发器,用于测量气垫载荷的移动速度和对气垫载荷进行准确定位。当气垫载荷正好经过激光位移传感器测点位置时,定位触发器工作,同时计算机数据采集系统获取一个脉冲信号,用于指示 PU 薄膜变形响应时历曲线中的气垫载荷位置。

水槽中模型试验的设备布置如图 8.16 所示。水槽中铺设的 PU 薄膜,由于其密度小可以自行浮于水面,因而便于开展试验。气垫载荷由低速和高速两挡鼓风机形成,对应于作用面的压力分布和冲击力不同。通过改变鼓风机喷口高度,可以调整气垫载荷的垫升高度。鼓风机由水槽外侧电机拖曳并沿水槽中心线运动,激光位移传感器固定于水槽试验段另一侧,其测量点距水槽中线距离为 y。

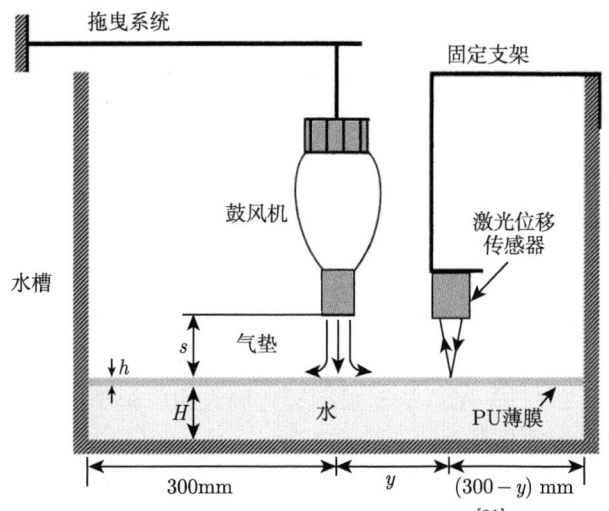

图 8.16 水槽中模型试验设备布置[31]

通过模型试验，测量移动气垫载荷激励 PU 薄膜响应的时历曲线，获取移动气垫载荷激励薄膜大幅变形的临界速度，分析气垫载荷速度、喷口高度、气垫压力及水深等参数对薄膜变形和临界速度的影响。

8.3.2.1 航速影响

对试验数据处理分析表明，在移动载荷速度小于第一临界速度和大于第一临界速度条件下，薄膜表面位移的下陷峰值要比第一临界速度下的情况小得多，如图 8.17 曲线 A 所示，临界速度对应的表面位移下陷峰值是静载荷情况的 8 倍以上。下陷峰值位置通常对应于冰层拉压、弯曲应力变化最大的地方，也是冰层首先破裂的地方[33]。

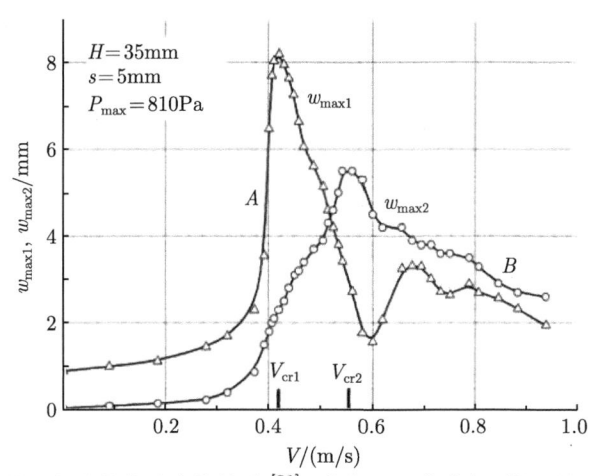

图 8.17 下陷和凸起峰值与气垫载荷速度的关系[31]（曲线 A：薄膜表面位移的下陷峰值；曲线 B：薄膜表面位移的凸起峰值）

移动载荷前的表面凸起变形最大峰值对应于第二临界速度，如图 8.17 曲线 B 所示。当小于和大于第二临界速度时，表面凸起峰值均呈下降趋势。对航速趋于零的静载荷，表面凸起峰值趋于零，表面最大凸起峰值一般小于表面最大下陷峰值，故通常冰层在移动气垫载荷之后破裂，然后扩展至移动载荷之前。在同一速度下，图 8.17 也可以反映移动载荷前后表面变形凸起峰值和下陷峰值的绝对值之和，因此，当两个临界速度值比较靠近时，表面的凸起和下陷可以带来更大的变形，有利于气垫破冰船破冰。

8.3.2.2 水深影响

水深对第一和第二临界速度都有明显影响。气垫载荷以第二临界速度运动时可以引起冰层更大的上凸变形，在波数很小或长波条件下，第二临界速度对应于 $\sqrt{gH}$，它与水深的关系形式简单，容易确定。气垫载荷以第一临界速度运动时可引起冰层更大的下陷变形，第一临界速度与水深的关系比较复杂。保持其他条件不变，仅改变水深进行的试验结果显示不同水深条件下薄膜表面下陷峰值与气垫载荷运动速度的对应关系，如图 8.18 所示，当水深由 105mm 减小为 52.5mm 时，移动气垫载荷的第一临界速度减小，最大下陷峰值增加，临界速度范围变窄，如曲线 A、B 所示。

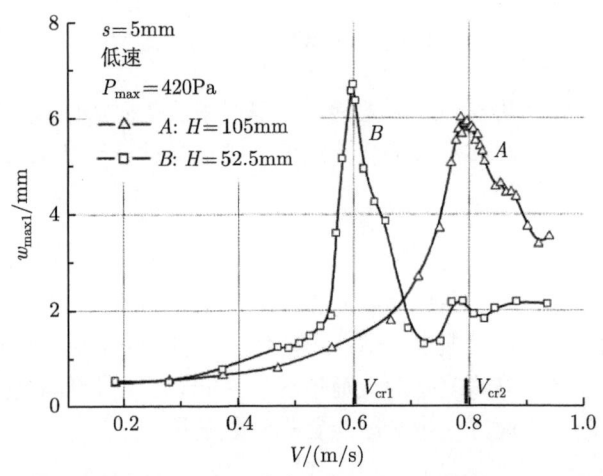

图 8.18 水深对下陷峰值和临界速度的影响[31]（曲线 A：水深 105mm；曲线 B：水深 52.5mm）

8.3.2.3 喷口（气垫）高度

气垫高度 s 增大时，虽然最大气垫压力减小，但气流作用面积增大。因此，尽管改变了喷嘴高度，但由于喷口出流速度保持不变，因而理论上气流冲击力保持不变。然而实际上，由于喷口高度增加，部分气流泄漏，因而气流冲击力有所减小，导致下陷峰值有所减小，如图 8.19 中的曲线 B 所示，但差别不大。因此，对吨位一定的气垫船，当其运行过程中遇到颠簸或气垫的垫升高度发生变化时，气垫船引起的冰层变形下陷峰值和气垫船的临界航速并不会发生明显变化，这有利于操控气垫船实施聚能共振效应和破冰运行。

8.3.2.4 喷口（气垫）压力幅值

通过改变喷气速度，进而改变喷气压力。对于不同气垫压力大小，绘制薄膜表面下陷峰值与气垫载荷移动速度之间的关系，如图 8.20 中的曲线 A、C 所示。可见气垫载荷冲击力不同引起的表面下陷峰值结果也不同，但移动气垫载荷的临界速度仍然基本保持不变。高速风机气流速度大，气垫压力高，喷流冲击力大，导致下陷深度大，在本案例中，高速气流最大压力峰值约为低速气流的 1.9 倍，高速气流导致的下陷峰值约为低速气流的 1.7 倍左右，与高速风机和低速风机对薄膜表面的冲击力之比相当。当喷流风速不同 (从而气垫冲击力或气垫船吨位不同) 时,它对移动气垫载荷的临界速度基本不产生影响。这说明,采用临界速度作为气垫船的破冰速度,临界速度只与水层和冰层参数及其边界条件有关,而与气垫船吨位关系不大。由于气垫船吨位与表面下陷峰值大小呈正相关,气垫船吨位越大,引起的冰层下陷峰值就越大,因此增加气垫船吨位对破冰更为有利。

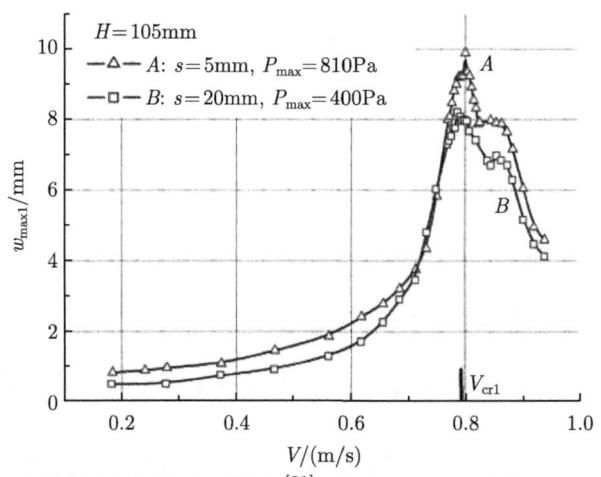

图 8.19 喷口高度对下陷峰值与临界速度的影响[31] (曲线 A:风口高度 5mm,气垫载荷压力 810Pa;曲线 B:风口高度 20mm,气垫载荷压力 400Pa)

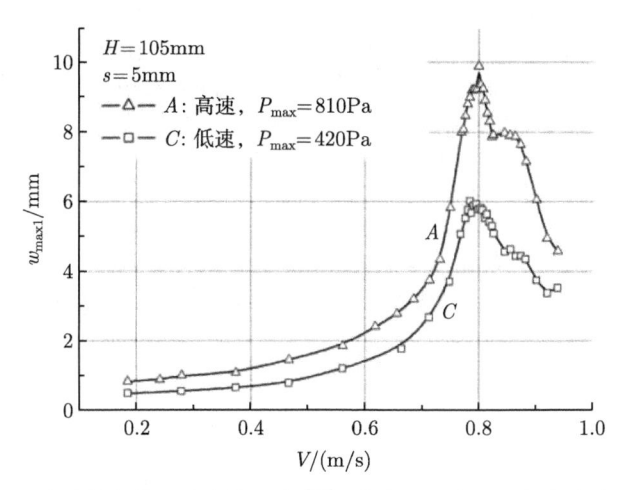

图 8.20 气垫压力对下陷峰值与临界速度的影响[31] (曲线 A:高速风机气流速度大,气垫载荷压力 810Pa;曲线 C:高速风机气流速度小,气垫载荷压力 420Pa)

8.4 小 结

本章主要介绍了气垫破冰船在低速破冰以及高速破冰两种模式下的破冰原理。针对低速破冰模式,介绍了冰下气腔的形成与传播、低速破冰的理论公式,分析了气垫破冰船低速破冰能力的影响因素;针对高速破冰模式,主要介绍了气垫破冰船激起的冰面兴波响应特点、相应的临界速度,并简要介绍航速、水深参数、气垫载荷面积及气垫压力幅值四个因素对气垫破冰船高速破冰能力的影响。本章旨在给读者在气垫破冰船冰区航行方面提供更多的参考和启发。

参 考 文 献

[1] 恽良. 气垫船原理与设计 [M]. 北京: 国防工业出版社, 1990.

[2] 张宗科, 卫琛喻, 赵曼莉. 气垫船 (国之重器: 舰船科普丛书) [M]. 上海: 上海科学技术出版社, 2020.

[3] John K H, Yagve K. The R/H Sabvabaa—A research hovercraft for marine geophysical work in the most inaccessible area of the Arctic Ocean [J]. Geophysics the Leading Edge of Exploration, 2009, 28(8): 932-935.

[4] 麻伟娇, 陶士振, 韩文学. 北极地区油气成藏条件、资源分布规律与重点含油气盆地分析 [J]. 天然气地球科学, 2016, 27(6): 1046-1056.

[5] 朱思凯. 内河破冰船破冰方式及推进性能研究论证 [D]. 哈尔滨: 哈尔滨工程大学, 2018.

[6] Projects: Air Cushion Vehicles (Hovercraft)[EB/OL]. (2024-6-15). https://dfdickins.com/our-projects/air-cushion-vehicles.

[7] 闫新光. 黄河破冰减灾应用研究 [J]. 中国防汛抗旱, 2011, 21(1): 17-20.

[8] 薛彦卓, 倪宝玉, 狄少丞, 等. 冰–水–结构物耦合运动学导论 [M]. 北京: 科学出版社, 2021.

[9] Ni B Y, Wu Q G. Auxiliary Icebreaking Methods [M]//Cui W, Fu S, Hu Z. Encyclopedia of Ocean Engineering. Singapore: Springer, 2020.

[10] Buck J, Pritchett C W. Air cushion icebreaker test and evaluation program. Volume 1: executive summary [R]. Economic Analysis, 1978.

[11] Buck J, Pritchett C W, Dennis B. Air cushion vehicle icebreaker test and evaluation program [R]. Air Cushion Vehicle Icebreaker Test & Evaluation Program, 1978.

[12] Muller E R, Ice breaking with an air cushion vehicle [J]. Siam Review, 1979, 21(1): 129-135.

[13] Whitten J, Hinchey M J, Hill B, et al. Some tests at the Institute for Marine Dynamics on high speed hovercraft icebreaking [C]. Laboratory Memorandum, 1986.

[14] Mellor M. Icebreaking concepts [C]. Explosives, 1980.

[15] Hinchey M, Colbourne B. Research on low and high speed hovercraft icebreaking [J]. Revue Canadienne De Génie Civil, 1995, 22(1): 32-42.

[16] 毕嵩钰. 气垫船低速破冰过程数值研究 [D]. 哈尔滨: 哈尔滨工程大学, 2023.

[17] 薛彦卓, 曾令东, 刘仁伟. 气垫船破冰能力研究 [J]. 华中科技大学学报, 2018, 46(7): 89-93.

[18] Benjamin B T. Gravity currents and related phenomena [J]. Journal of Fluid Mechanics, 1968, 31(2): 209.

[19] 苏子恒. 冰区气垫船低速破冰机理数值研究 [D]. 哈尔滨: 哈尔滨工程大学, 2022.

[20] Yih C S. Dynamics of Nonhomogeneous Fluids [M]. New York: Macmillan, 1965.

[21] Keulegan G H. Twelfth Progress Report on Model Laws for Density Currents: The Motion of Saline Fronts in Still Water [M]. US Department of Commerce, National Bureau of Standards, 1958.

[22] Middleton G V. Experiments on density and turbidity currents. Parts I-III [J]. Canadian Journal of Earth Sciences, 2011, 3(4): 523-546.

[23] Zuev V, Larina E, Ronnov E, et al. Breaking the ice sheet and extending navigation with hovercraft technology [J]. International Scientific Siberian Transport Forum TransSiberia, 2022, 402: 1186-1194.

[24] Tsuprik V G. Study energy of mechanical destruction of ice for calculation of ice load on ships and offshore structures [J]. Journal of the Korean Society of Marine Engineering, 2013, 37(7): 718-728.

[25] 周秀红. 载荷作用下冰层应力——应变问题分析 [C]. 北京造船工程学会 2016—2017 年学术论文集. 北京造船工程学会, 2018: 159-164.

[26] Davys J W, Hosking R J, Sneyd A D. Waves due to a steadily moving source on a floating ice plate [J]. Journal of Fluid Mechanics, 1985, 158(1): 269.

[27] Schulkes R M S M, Sneyd A D. Time-dependent response of floating ice to a steadily moving load [J]. Journal of Fluid Mechanics, 1988, 186(1): 25.

[28] Milinazzo F, Shinbrot M, Evans N W. A mathematical analysis of the steady response of floating ice to the uniform motion of a rectangular load [J]. Journal of Fluid Mechanics, 1995, 287(1): 173.

[29] Squire V A, Robinson W H, Langhorne P J, et al. Vehicles and aircraft on floating ice [J]. Nature, 1988, 333(6169): 159-161.

[30] 曾令东. 移动压力面诱导的黏弹性冰板弯曲重力波研究 [D]. 哈尔滨: 哈尔滨工程大学, 2022.

[31] 张志宏, 顾建农, 王冲, 等. 航行气垫船激励浮冰响应的模型实验研究 [J]. 力学学报, 2014, 46(5): 655-664.

[32] Kozin M V. Results of experimental and theoretical studies of the possibilities of the resonance method of ice cover destruction [J]. Mechanics of Solids, 2023, 58(3): 671-684.

[33] 卢再华, 张志宏, 胡明勇, 等. 全垫升式气垫船破冰过程的数值模拟 [J]. 振动与冲击, 2012, 31(24): 148-154.